基层图书馆的建设与发展创新

解爱林　程斐◎著

吉林科学技术出版社

图书在版编目（CIP）数据

基层图书馆的建设与发展创新 / 解爱林，程斐著
. -- 长春 : 吉林科学技术出版社，2023.3
ISBN 978-7-5744-0286-7

Ⅰ. ①基… Ⅱ. ①解… ②程… Ⅲ. ①基层图书馆—图书馆工作—研究 Ⅳ. ①G258.23

中国国家版本馆 CIP 数据核字(2023)第 065314 号

基层图书馆的建设与发展创新

著 解爱林 程 斐
出版人 宛 霞
责任编辑 马 爽
封面设计 皓麒图书
制 版 皓麒图书
幅面尺寸 185mm×260mm
开 本 16
字 数 290 千字
印 张 12.5
印 数 1–1500 册
版 次 2023年3月第1版
印 次 2023年10月第1次印刷

出 版 吉林科学技术出版社
发 行 吉林科学技术出版社
地 址 长春市福祉大路5788号
邮 编 130118
发行部电话/传真 0431-81629529 81629530 81629531
81629532 81629533 81629534
储运部电话 0431-86059116
编辑部电话 0431-81629518
印 刷 廊坊市印艺阁数字科技有限公司

书 号 ISBN 978-7-5744-0286-7
定 价 75.00元

解爱林，女，汉族，1971年7月出生，山东青岛人，本科毕业于山东行政学院，现任副研究馆员，长期从事总分馆建设、阅读推广活动等课题研究，公开发表论文40余篇，曾获山东省农村优秀文化人才、山东省古籍保护先进个人、山东省“边疆万里数字文化长廊建设先进工作者”“青岛文化之星”“即墨市第二批优秀文化人才”等称号。2曾担任即墨区十二、十三、十四届政协委员，2022年当选青岛市第十七届人大代表。

程斐，女，汉族，1979年11月出生，山东省青岛市黄岛区人，大学毕业于山东理工大学，现任青岛市黄岛区图书馆，图书馆员，辅导部负责人。长期从事图书馆阅读推广、数字图书馆建设等工作，公开发表论文5篇，参与本地区24小时自助图书馆建设、国家级文化和旅游服务机构功能融合试点创建、总分馆制建设、新馆建设等工作

目 录

第一章 概 述

现代公共图书馆的服务理念是什么？什么是基层公共图书馆？名称里的前缀词“基层”与“公共”意味着什么？这些问题常常困扰着为数不少的公众。

从字面意义上看，“图书”代表着一种工作职能或对象，“馆”代表一种处所或区域，如此说来，“图书馆”成了一个与图书及由图书衍生而出的服务相关的场所。而事实上，图书馆并不是一个简单的方位名词，图书馆也不是一家单一的职能机构，图书馆更不是一处单纯的公共文化场所。从藏书阁、图书阅览室到独立的公共图书馆，再到各类专题专业图书馆，图书馆的历史可谓悠长而璀璨。在漫长的图书馆变迁历程里，各种形态各种类型的图书馆应运而生，各种各样的图书馆服务理念、服务载体与技术伴随着图书馆的发展而发生不同程度的质变与量变，尤其是随着社会化分工的愈来愈精细，图书馆的服务性质、职能与服务范围、对象也发生了巨大的变化。因此，简单的“顾名思义”已难以准确描述现代公共图书馆的定义。目前，世界图书馆界普遍认为，现代意义上的公共图书馆的发端，以 1852 年英国曼彻斯特公共图书馆的建立为标志。也就是从那一年开始，作为汇聚全人类智慧、知识结晶的现代公共图书馆，无可厚非地代表着“社会民主、公民权利和社会平等现代人文意识成熟的结果”。显然，从上述表述看来，现代公共图书馆的外延与内涵均已呈几何级别的拓展。

在现代公共图书馆走过的 160 多年的沧桑岁月里，无数现代图书馆在实现社会民主与平等之路上孜孜以求，无数现代图书馆人在践行普惠公平的公民权利上不懈进取，才换来今天蔚然成风、繁复多姿的现代公共图书馆的壮观景象。毋庸置疑，在庞大的现代公共图书馆队伍中，基层公共图书馆不仅在数量上占绝大多数，而且在服务基层读者方面就是一群活力四射的生力军。基层公共图书馆以其所处的特殊地理位置、灵活的服务机制与极富创新的能力，在服务基层读者、践行奉献精神、推进社会公平之路上发挥了其他类型的现代公共图书馆所无法替代的作用。可以说，现代公共图书馆发展至今，最大的成就与最突出的亮点，就是通过建立无数个基层公共图书馆，将原本束之高阁、仅有少数人可以享受到的图书馆服务，延伸到乡间巷陌，普及到寻常百姓身边，让更多的人群能够便捷、快速地享受到现代公共图书馆优质的公共文化服务。从这里，我们就可以清楚地看到，“基层”与“公共”这两个词是如何紧密地与图书馆服务结合在一起。

众所周知，由于社会文化生活是由低端向高端、由单一向多元不断发展，现代公共图书馆的服务外延与内涵也必将随之得到深层次的发展，而作为现代公共图书馆重要组成部分的基层公共图书馆，如何在开展基层公共文化服务中既保持个性特色又提升服务质量？我们以为，很大程度上有赖于基层公共图书馆的特色资源建设与创新性读者服务。本书试以一个县级公共图书馆为实例，从上述两方面内容来探讨与论述基层公共图书馆的公共文化服务征程。

第一节　基层公共图书馆的定义与任务

有人认为，评价一座城市的文化底蕴深厚与否，只需考察这座城市的“三馆”建设与发展现状即可得知。这里的“三馆”指的是：图书馆、博物馆和展览馆。虽然这种说法听起来未免有点武断，但我们还是可以从上述三馆的排序中发现，图书馆在城市文化生活中的作用与地位不容小觑。这里，所谈的“图书馆”，主要指的是公共图书馆。

那么，何谓公共图书馆？单纯就字面上解，“公共”与“私有”是语义相对的一组词，“图书”两字又限定了“馆”的资源与功能，若把上述几个语词串起来似乎可以如此表述，即以图书为固有资源向社会公众提供公开免费服务的图书馆就是公共图书馆。当然，如此解读仅就字面上论，未免过于简单化而可能陷入词不达意之境。

从广义上说，公共图书馆是一个社会文化机构，其职能既涉及向社会公众传播文化知识，丰富群众的精神生活，又承担着为社会公众的终身学习提供服务的责任。在多元的信息化时代，公共图书馆的服务职能也发生了质的蜕变，既成为全社会的“信息中心，又是知识中心、知识宝库和知识源泉。”从中，我们不难看出，知识与图书馆之间的关系是如此紧密，以至于可以说，公共图书馆在人类的发展进程中，扮演着不可或缺的角色——只要有人类的存在，只要有社会的活动，图书馆就不可能消亡。事实上，关于公共图书馆的概念或定义，国内外诸多有关图书馆的文献多有阐述，本章之所以再次赘言，旨在解释附加在“公共图书馆”上的前缀词“基层”。

翻开《现代汉语词典》，所谓“基层”，指的是“各种组织中最低的一层，它跟群众的联系最直接。”在我们看来，这是一个歧义丛生的解释。“组织”的范畴有多广？“群众”又指哪些人群？当然，这里目的不是为了辨别词典的正误，而是要从上述解释出发，反观“公共图书馆”这个组织，试图给“基层公共图书馆”一个准确定义，但我们发现，颇为艰难。由此，我们不得不再次回到“公共图书馆”的概念中去。

国际图书馆协会联合会（IFLA）（以下简称“国际图联”）在2010年修订的《公共图书馆服务指南》中指出：由社区通过国家、地方政府或其他社区组织建立、支持和资助的图书馆；它向一个社区的所有成员平等开放，不管其种族、国籍、年龄、性别、宗教、语言、身体条件、经济及就业状况如何；通过向社区成员提供各类资源和服务，使他们可以获取知识、信息及创作类作品。

严格地说，就上述内容看，由国家中央或地方政府管理、资助和支持的、免费为社会公众服务的图书馆，均应属于公共图书馆范畴。与专业图书馆不同，公共图书馆的服务对象颇为宽泛，即面对社会公众提供非专业的图书文献、公共资讯、数字信息、互联网服务与社会教育等。当然，基于保存文化遗产的职能，公共图书馆也会收集具有地域特色的书籍和资讯，并提供公众参与活动的场地。

但实际上，公共图书馆的职能还有更加具体的表述，1975年国际图联在法国里昂召开的图书馆职能科学讨论会上，一致认为主要有4种：一是作为保存人类文化遗产的需要；二是担负更多的教育职能，成为继续教育、终身教育的基地，开展社会教育；三是传递科学情报成为一项重要职能；四是开发智力资源，承担人才培养的职能。

另外，公共图书馆作为一个社会文化教育机构，在社会公众生活水平日益提高的今天，还为公众提供了第5种功能——提供文化娱乐。公共图书馆提供的服务，满足了社会公众对文化娱乐的需要，丰富和活跃了公众的文化生活，在社会精神文明建设当中，起到了不可或缺的作用。

综上所述，公共图书馆的服务外延极其宽泛，似乎给人一种“无所不包、无所不能”的印象。但事实如是乎？不然。众所周知，公共图书馆就是一个专门收集、整理、保存、传播文献知识并提供利用的科学、文化、教育和科研机构。在这一服务过程中，文献是公共图书馆开展一切工作的物质基础。因此，若说公共图书馆的职能宽泛到“无所不包、无所不能”，其实就是针对文献服务以及由文献衍生而出的其他社会职能。

现在，在解释清楚公共图书馆的概念后，我们可以回到上文的困惑中去了——即什么是“基层公共图书馆”？在查阅了国内相关专业文献资料后，我们发现，实际上呈现在我国的政府公文、图书馆专业文献以及统计学范畴里的“公共图书馆”，指的是县（市）级以上的图书馆。

那么，若按词典对“基层”的释义，似乎可以这样认定，在这个县（市）级以上公共图书馆的庞大“组织”里，“最低的一层”当属“县级图书馆”，但若论跟“群众的联系最直接”，则还有镇（街道）、村（社区）图书馆等，但从见之于公开文件、文献、新闻报道中，镇（街道）、村（社区）图书馆又不被纳入公共图书馆的范畴。

通常意义上，我们已习惯从行政的角度来划分公共图书馆的层级。从国家人事编制上，虽然公共图书馆自国家至地方，均为事业单位，从业者也以专业技术人员的身份展开工作，但于政府行政序列中的隶属关系论之，公共图书馆还是有国家级、省级、副省级、地市级、县级等的划分。

但在本书里，我们首次将所有具备上述服务职能的县级及县级以下的公共图书馆通称为“基层公共图书馆”，这里面既包括县级图书馆，也包括镇（街道）、村（社区）图书馆，甚至包括对馆外读者开放免费服务的民营企业图书馆、民办高校图书馆等。也就是说，所谓“基层公共图书馆（以下基层公共图书馆除特殊标明外，均简称为基层图书馆）”，指的就是由县级及以下的政府管理、资助和支持，免费为基层群众提供公益服务的各级各类图书馆。

“图书馆应该是继承文化、传递信息、扫盲和长期教育战略的基本组成部分。”国际图联与联合国教科文组织联合发布的《公共图书馆宣言》详尽地提出了公共图书馆与信息、读写能力、教育与文化艺术等相关的12条使命，其中包括为儿童阅读习惯的培养、社会教育、文化传统、艺术修养等提供服务。

但于我国绝大多数的基层图书馆而言，其使命与任务可以用3个关键词来概括。一是基层，指的是基层图书馆的角色定位，图书馆的服务应该立足基层、面向基层，直接服务最底层的人民群众，此关键词回答了基层图书馆立身与发展的基本出发点；二是公共，这个关键词确定了基层图书馆资源服务的性质，基层图书馆应该保证其资源服务的公开、公益与平等，面对社会公众免费开放；第三个词当是“图书馆”，无论现代公共图书馆如何日进日新，万变不离其宗，基层图书馆的工作职能指向，均应与图书馆这一特定服务载体与环境紧密相连。但又不能局限于“图书”二字，或可由“图书”二字而生发开去，广而化之，举凡涉及图书文献、阅读推广、文化艺术、人文交流、学术研讨、展览展示等，无论是以展览或陈列等静态展示，或是以讲座、解说、参观等动态表现，均应纳入基层图书馆的工作服务范畴。综上归结起来，基层图书馆开展服务的第一要义就是“公共”，即“普惠服务”，第二要义是基层，也就是服务的立足点与普及面；第三要义是“图书馆”，指的是，基层图书馆实施普惠服务与普及基层群众的基本抓手与资源平台。

具体而言，基层图书馆的工作任务，主要有三：一是信息资源建设的任务，主要着眼于建设实用型与特色化相兼顾的信息资源建设体系。二是满足基层人民群众终身学习的需求，为当地群众提供自觉学习科学文化知识的机会，享受休闲的文化生活的场所。三是服务当地社会经济文化环境发展的需要，基层图书馆凭借其丰富的馆藏文献与现代信息技术实力，为当地政府的政策决策及社会经济发展提供智力支持与理论依据。当然，上述三项任务之间并非各自独立、自成一体，而是相辅相成、相互作用、互补共享。

尽管基层图书馆的工作任务概括起来只有短短的三句话，但具体实施起来则远非如此简单。尤其是在高速发展的现代网络环境下，基层图书馆的工作琐碎而繁杂，其任务与使命既要有保存当地人文传统与历史文化精华的功能，又要有传播知识、促成阅读习惯形成等职责，还要提

供各种文化艺术展示的机会，甚至还必须为地方政府、社会团体、地方企业提供信息咨询与服务工作。尽管基层图书馆的工作内容繁多而杂乱，但定位却非常明确：基层图书馆既是文献典藏之所，又是信息咨询中心，还是社会教育机构，更是读者文化休闲去处。纷繁诸事，无不指向公共与基层。在我们看来，基层图书馆重中之重的工作任务，归纳起来主要集中在两大方面，一为特色资源建设，二是创新读者服务。

第二节　基层图书馆的创新服务

在讨论基层图书馆的创新服务之前，有必要先厘清资源建设与创新服务之间的关系。我们认为，资源建设与读者服务在基层图书馆业务工作中并非互相独立，而是一个共生共进、不可分割的统一体，前者是读者服务的基础，后者是资源效益的体现。众所周知，资源建设是基层图书馆立馆的重要任务与职责所在。从通常意义上看，一座资源建设薄弱的基层图书馆，开展读者服务工作也一定相形见绌，难以取得多大的成效；同样的，只一味重视资源建设，而忽略与懈怠读者服务的基层图书馆，也不能称得上是一座真正意义上的公共图书馆，至多也就是一座藏书楼罢了。

综上所述，信息资源建设是基层图书馆开展读者服务工作的基础与载体，只有拥有丰富的信息资源，图书馆的读者服务工作才能有不竭的源泉与雄厚的根基。打个通俗的比方，信息资源是水是米是油，优质的读者服务就是那一盘盘可口的饭菜，无水无油无米，再高明的基层图书馆也要慨叹“巧妇难为无米之炊”。因此可以说，基层图书馆面对读者开展公共文化服务，不仅仅是职责之所在，而且是实现自我价值的有效途径。换一句话说，读者服务愈是丰富多彩，图书馆的自我价值愈发能得到提升。因此，从图书馆服务的本源与过程论，资源建设与读者服务两者之间相互作用、互为补充。

基层图书馆的公众服务既包括概念层面上的服务方式、原则与内容及态度外，还包括公众服务的精神实质、核心理念与最终目标。这就涉及以下论题——什么样的图书馆服务精神，更能标识图书馆服务的发展方向，更能代表基层图书馆的服务形象，更能彰显基层图书馆的价值取向。

关于基层图书馆的公众服务，人们更愿意从服务出发，以服务谈服务，从琐碎的服务细节里找寻服务的精神，如从图书馆的文献借阅、活动策划、定题研究、参考咨询等具体服务工作中发掘图书馆的服务精神与服务理念。由此衍生出图书馆服务应该“以人为本”，应该“读者至上”，应该“普遍均等”，应该“共建共享”等，时序进入21世纪后，甚至以国家立法的方式确定公共图书馆服务必须进入“免费开放”的时代。上述诸论，明确指出图书馆开展公众服务的价值所在，但无论基于哪一种表述，图书馆的公众服务倘若缺乏“创新”要素，一切都是空谈。

所谓“创新”，至少应该包含两层意思：一是创造；二是革新。通常认为，创新是一个在经济领域点击率极高的语词。但实际上，创新早已不属于经济领域的专用词。

创新，应该是任何一个时代的重要命题。任何领域、任何行业倘若缺乏创新精神，在竞争日趋白热化的时代，必将被淘汰出局。对于基层图书馆而言，创新是取得持续长远发展的动力与源泉。只有拥有创新精神并付诸具体的图书馆服务工作中，才能“以人为本”“读者至上”，也才能最终实现公益、平等、公开的图书馆服务理念。我们常说，“一千个人有一千个哈姆雷特”，每一个读者个体对基层图书馆服务有自己独特的需求。显然，基层图书馆必须以读者为中心，持续不断地策划与设计贴心的服务，因为一成不变的读者服务难以满足个性化的需求；另一方面，只有创新读者服务，才能做到“普遍均等”与“共建共享”，因为需求多样化，服务无止境，这就要求基层图书馆要通过不断地创新服务的模式与方法，满足各种层次的读者多元化的服务需求。

但是基层图书馆的创新服务并非像一些人所理解的那样，只一味重视新技术的研发与应用，无限放大新技术、新产品在图书馆公众服务中的作用，甚至轻视图书馆与读者的零距离交流，过分依赖新技术新产品的应用。

21世纪是一个新技术、新产品不断研发、推陈出新的时代，基层图书馆“重视利用现代信息技术，提高数字资源提供能力和使用效率，以服务创新应对信息时代的挑战”，也已是一个不争的事实。举个例子，近两三年来，各地投入大量物力财力兴建“24小时街区自助图书馆”方兴未艾，从政府决策层的角度看，自助图书馆的建设，与大张旗鼓地建设实体公共图书馆相较，既少占用土地，又省事省钱。何乐而不为？诚然，这种现代图书馆设备具有传统实体图书馆所没有的优势与先进性，如能实现时间上永不闭馆、空间上延伸至家门口、办证与借还书更加便捷等。但若从投入成本与社会效益上看，无论如何“24小时街区自助图书馆”怎可与有图书馆工作人员与读者穿梭其间的公共图书馆同日而语呢？再比如，电子图书借阅机与各种手持终端阅读器等，存储容量之庞大、操作使用之便捷当然无可非议，但也容易养成读者浮躁肤浅的阅读习惯。

因此，新技术、新产品在基层图书馆的应用，只能是作为一种辅助与补充载体，而不是根本手段，更不是基层图书馆服务创新的核心要义。过分地依赖新技术、新产品，必然导致基层图书馆核心的服务精神缺失，“人+人”的情感交流将渐次被“人+机器”所取代，温暖的纸质书籍将渐次被冷冰冰的电子书所替代，图书馆人性化的服务理念就更无从谈起。

我们所理解的基层图书馆的创新服务，指的是理念上的颠覆、思想上的转变、行为上的革新，基层图书馆的服务创新应该是一种由内及外的变革，是一种多元而立体的变革，是一种自发的全方位自我变革，而不是止于某一种行为、某一项载体、某一个平台或某一场活动的创新。基层图书馆服务创新是图书馆自身发展的需要，是在图书馆内生力量的驱使下的一场变革，是主动性的创新行为，而非被动性的接受。创新服务的方式与内容并不局限于某个层面、某个方向，既可以是资源整合上，也可以是服务模式上，既可以是人员管理上，也可以是服务形态上。基层图书馆的服务创新无处不在，它应该是存在于图书馆日常服务工作的每一个细节里，存在于图书馆管理者的每一个决策里，存在于每一个图书馆工作人员的一言一行里。

基层图书馆的创新服务主要针对与读者服务息息相关的领域，如读者活动策划实施、延伸服务策略、共享联盟服务、数字化服务、少年儿童图书馆建设服务模式、全民阅读推广实践、弱势群体与未成年人服务，甚至还包括基层图书馆志愿者服务等文明单位必检服务项目。当然，常规服务不在讨论范畴，但这里需着重指出，基层图书馆的常规服务中也常常有创新之举。我们谈创新服务，并非否定固有，并非要将一切推倒重来，创新服务本身也应该成为基层图书馆信息资源建设中的一项不可多得的资源，而被加以开发与利用。

诚然，关于“创新”，从来就不是一个新鲜的话题，无论是在公共图书馆领域，还是社会经济文化生活的其他领域。对于多数基层图书馆而言，资源建设与创新服务，就像唇齿相依，缺一不可。墨守成规不思进取注定会走向绝境，因循旧例而不善变通，同样也会走向没落。综上，一言以蔽之，特色化的信息资源建设与创新性的读者服务模式，就是基层图书馆在当代社会转型期得到可持续良性发展的不二法宝，以特色化建设推进资源服务的优化与提升，以创新性服务促进基层图书馆社会效益的最大化，两项工作任务齐头并进、共建共享，基层图书馆事业才能得以蓬勃发展，也才能不为高速发展的信息时代所摒弃。

第三节　基层图书馆部室设置原则

基层图书馆的业务功能部室是否应该完全由图书馆自身来设置？业务功能部室的运营费用是否应该全部由公共财政承担？是否有其他途径来延伸与拓展业务部室的功能？在国家鼓励政府部门购买社会服务参与公共文化服务工作的背景下，基层图书馆的业务部室设置是否有想象的空间？诸多问题，均指向基层图书馆资源建设体系中的业务职能部室设置。

多数基层图书馆的业务部室设置，通常结合馆藏分布与读者服务性质为依据，如针对读者的基本文献借阅需求设立“读者流通服务部”或“文献借阅部”；专门承担策划与开展读者活动的职能的“读者活动部”或“协调共享部”；基于参考咨询工作而设立的“参考咨询部”或“咨询辅导部”（不少基层图书馆限于人员短缺或人员业务素质低下等原因而将参考咨询工作并入读者流通服务部）；承担全馆图书、视听文献、报刊等的采访编目工作的“采编部”或“采编中心”，也有些基层图书馆独立析出“报刊部”或“期刊部”；基于特色文献的收藏、开发与利用而设立的“特藏部”与“地方文献部”，以及负责行政后勤事务工作的“行政管理部”或“办公室”，专门负责数字资源的开发应用与服务的“数字资源部”或“现代技术中心”等，业务部室数量的多寡与业务部室名称因馆而异，但无论起什么样的名称，是以服务对象或者以工作性质为依据，从政府部门的角度论之，这些业务部室是基层图书馆的内生部室，属图书馆正常编制，业务部室的存在与发展以图书馆的服务范围与服务对象及服务能力为依据。

第二章　基层图书馆人才培养管理模式

探索图书馆人才培养模式不仅是21世纪我国基层图书馆提升读者服务质量的关键所在，也是我国基层图书馆储备高层次人才、应对发展新挑战的必要举措。

第一节　基层图书馆专业技术人才概况

当前我国基层图书馆事业正处在高速发展期，无论是馆藏文献资源，还是高新信息技术的应用，以及读者服务理念，均处于一个不断完善的提升期。但一个不容回避的事实是，多数基层图书馆专业技术人才短缺，人才培养相对滞后。不少基层图书馆为了维持正常开馆，使出浑身解数，采取各种各样的渠道招录，诸如通过事业单位招考、从外单位调人、聘用临时人员等。其中有很大一部分通过各种错综复杂的关系照顾入馆，特别是20世纪80年代中后期，招进来的人员学历普遍不高、能力偏低，与岗位要求相去甚远，读者服务水平不尽如人意。近几年来，虽通过各种形式的学习提升学历层次，但多以党校函授为主，且所修专业又多为行政管理、法律等，缺乏系统的图书馆专业知识，难以适应信息时代图书馆工作的需要。另外，年龄结构上，以中老年居多。整体上看，队伍在年轻化、知识化、专业化建设上乏力。可以说，目前全国基层图书馆绝大多数存在上述类似情况。因此，实施人才培养战略成为解决当前基层图书馆专业技术人才短缺的关键。

公共图书馆专业技术人才的来源不外乎两种，一是从馆外引进，二靠馆内自行培养。馆内开发与培养人才因其成本低、融入快、针对性强、忠诚度高，将逐渐成为基层图书馆实施人才战略的核心。如何整合各种资源，高效节俭地开展人才培养，这是广大公共图书馆，尤其是人员编制不足、人员结构不合理的基层图书馆值得深入探究的话题。

第二节　基层图书馆人才培养的现实意义

一、人才培养的现状与目的

人才培养通常以各种形式的培训来实现其目的。首先应该明确培训既不是包治百病的灵丹妙药，也不可能起到立竿见影的效果，因此不可急功近利。有的基层图书馆在培训前期踌躇满志，当收效甚微时，又选择了忍痛割爱；有的馆将培训视为日常例行性工作，可谓之“被动式”培训；有的馆甚至觉得培训不但费时，而且浪费人力、物力、财力，于是培训成了“赔训”。如窗口服务部门开展培训，往往与工作时间冲突，正常开馆时间，需要工作人员坚守岗位，而培训则要让其暂时离岗，“坚守”与“暂离”

成为两难之择。大多数基层图书馆在疲于应付后，最终选择了“坚守”，于是培训就成了一件“说起来重要，做起来次要，忙起来不要”的事情。

二、人才培养的重要性

人才培养可以看作一种长期投资行为，通过潜移默化的培养过程，增强工作人员对图书馆工作的认知度与认同感，架设起人才与图书馆之间沟通的桥梁，增强工作人员的凝聚力及团队精神。美国著名人力资源管理大师舒尔茨通过运用自己创造的“经济增长余数分析法”，测算了美国1929～1957年国民经济增长额中，约有33%是由教育和培训形成的人力资源作出的贡献。经济分析如是，基层图书馆人才培养的道理亦然。因此，作为图书馆不应奢望从短期的突击培训中获得丰厚回报，而应一如既往地支持工作人员参与各种层次的培训，关注每一次培训的效果评估，将对工作人员的培养视为图书馆服务水平提升的一种持续投入，使基层图书馆事业获得长期综合的社会效益。

第三节　基层图书馆人才培养管理模式研究

随着信息知识经济时代的到来，可供基层图书馆选择的人才培养方式也越来越多。如果基层图书馆能建立起符合自身需求的人才培养管理模式，由内及外，就能收到意想不到的效果。

一、组建讲师团

讲师团的组建一般有两种来源，一种是直接从馆内选拔一批业务精湛的人员担任兼职讲师，组成人才培养梯队，不定期选派这些讲师出外学习与培训，然后将所学的知识“转授”给工作人员，打造图书馆名师效应。另一种是与外单位或机构签订培训资源共享协议，从高校图书馆、知名院校或其他公共图书馆中聘请一批富有创新精神的专家学者来馆做顾问，并直接参与图书馆人才培养模式设计，实现互惠共赢。后一种方式不但可以减少派出培养的成本，还能针对馆内出现的一些特殊问题设置课程。授课人员在培训前必须对图书馆工作人员的需求进行分析、调研，有针对性地拟定培训提纲与教材。 在图书馆内部进行培训，熟悉的学习环境有助于受训的工作人员进入最佳的学习状态，达到内外互动、相互提升的效果；另外，外聘讲师带来的培训

因其互动性强、专业化程度高、技能提升快，可以给图书馆带来解决问题的新思维、新方法，将越来越受到图书馆工作人员的欢迎。

二、成立馆内导师制

聘请馆内具有高级职称、富有经验的专家，或在计算机、采访编目、活动策划、流通服务等专业领域有较深造诣的专业人员担任导师，采取“一对一”或“一对二”的方式授课。导师制与讲师团最大的区别在于，导师的日常辅导是最重要的培训形式。导师要担当起日常辅导的责任，对辅导对象业务工作中出现的问题，在现场予以纠正，因为时间拖得越长，纠正效果将越差。要把导师制的培养方式与图书馆的职级晋升、职称评聘、年度考核等激励机制结合起来，建立人力资源培养计划，真正做到“教好了徒弟，提拔了师傅”，让这一培训方式发挥更大的效用。

三、利用信息技术培训

随着信息技术的日新月异，信息资源越来越丰富，为人才培养提供了海量的知识支撑。不少基层图书馆充分利用现代信息技术，多角度多层次地开展培训。如有的馆利用内部局域网对工作人员进行培训，负责培训的部门选取一些经典的培训课程或案例，以共享或发送的形式给相关人员观看与学习；有的通过购买培训名家的教学光碟，组织工作人员集中观看，现场安排一名辅导员进行分析、讲解，帮助馆员消化知识，获得提升；有的通过接收一些专家学者的远程培训课程，或充分利用全国文化信息资源共享工程开展培训；有的以低于现场培训十倍，甚至数十倍的价格，购买终端用户使用权限，让图书馆工作人员享受到学习乐趣。

四、提倡在工作中学习

在工作中学习是很多人取得事业成功的必由之路。为工作而学习，这是现今大多数图书馆工作人员提倡的一种学习方法。在工作中遇到了问题，既可以马上请别人解疑释惑，也可直接从图书馆海量的文献信息资源中寻求答案。经过自己一番努力的求索，问题迎刃而解后就变成了自身的经验积累与知识储备。另一方面，通过有意识地让工作人员承担一些具有挑战性的工作，可以锻炼承受某种工作的特定能力，培养果敢的创新精神。如实行轮岗制度，每季度全馆窗口部门工作人员进行互换，这样既有利于人才的历练，又有利于培养复合型的人才。

五、创建学习型单位

要提高人才培养的成效，事先必须对全馆工作人员的需求、兴趣与爱好进行调研，汇总归类，从而组建一些针对性强的学习型团队，鼓励工作人员报名参加，打造学习型的单位。如图书馆提出打造“书香型干部”的目标，在馆内设立培训基地，举办“英痞角”“日语培训班”，引入市文艺评论协会、市青年文学协会、市青年文化活动基地等学习型组织，图书馆工作人员可以根据个人喜好选择加入，从中得到的磨炼机会与培养效果明显优于传统的课堂教学。事实证明，这种学习型单位的创建既有利于提高了工作人员的素质，又增强了团队的凝聚力。

六、选派人员出外学习

基层图书馆工作人员因其服务对象的多样化、服务需求的多元化，往往陷于繁杂而琐碎的服务上，而难以获得继续接受高等教育的机会，接触与研究图书馆专业前沿理论知识的机会则更少。基于此，有计划、分批次地派员到高校图书馆学习，无疑是基层图书馆培养高素质人才的重要方式。另外，随着图书馆 2.0 时代的到来，现代图书馆的人才结构发生了质的变化，复合型人才成为人才需求的主要群体，这就要求我们的人才培养不能囿于图书馆学的学科知识，不能局限于馆际之间的学术交流与互动，应该充分考虑与之相适应的人才培养计划。比如政府设立了市民大讲堂，不定期邀请一批在国内外享有盛誉的专家学者来设坛讲学，其中既有央视“百家讲坛”的主讲嘉宾，也有港台知名学者，讲学内容旁征博引，涉及国学、经济、新闻、政治等范畴，图书馆每期都专门选派了既有需求又是培养目标的工作人员参加，同时还派员到党政部门跟班学习管理、策划、信息采写报道等知识，派员到同类型的公共图书馆参加中短期的集训。通过开展多层次的外派学习与培训，为复合型人才的培养创造适宜生长的土壤。

第四节　创新人才培训管理方式

如何考核培训效果？如何对培训工作进行管理？培训的后续工作又要如何开展？这些问题都属于培训管理的范畴。基层图书馆人才培养是一个长久而复杂的战略计划，因此，在人才培养管理上的创新，决定了基层图书馆人才战略实施的可持续性发展。

一、制定合理的培养计划

“工欲善其事，必先利其器”，人才培养战略的实施必须要有完善的计划予以保证。在管理学上，计划实现的关键与培养对象的需求度息息相关。因此，培养计划应以工作人员的需求为导向，合理地统筹安排。培训需求包括两个方面：一是年度整体培训需求；二是临时性培训需求。前者是刚性需求，既定的，没有变通的余地；后者是柔性需求，可以根据实际适时调整。图书馆可以通过以下方式识别工作人员的培训需求，从而进行针对性的培养：一是通过部门主任的反馈，确定工作人员的培训需求；二是采用问卷调查或观察法搜集工作人员的培训需求；三是通过竞赛、测验或考试，找出工作人员的知识弱项，纳入培训需求；四是通过绩效考核，找出工作中的薄弱环节纳入培训需求；五是通过个案分析（如读者投诉、活动策划等），找出管理漏洞，纳入培训需求；六是通过工作分析，建立各岗位的能力素质模型，识别岗位能力素质要求，有针对性地确定培训需求。

良好的计划必须要靠强有力的执行来实现。持续地检查与考核是提升培训执行力的关键。因此，需要配置专职的培训管理人员，每一次培训都有专人组织与主持，每一次培训都有学员反馈与考核，每一次培训都有记录与存档，每一次培训都有总结与通报。有了这些硬性管理措施的保障，才能保证人才培养计划的高效实施。

二、实施有效的激励机制

“绩效本身就是激励”，著名的管理大师彼得-德鲁克如是说，培训的实施需要一个与之相适应的激励机制。首先应该明确，培训本身就是一种激励。培训是图书馆对工作人员个人的一种开发，是图书馆对工作人员的重视和尊重。帮助工作人员达成其工作目标，让其看到自身的价值和成长，这本身就是对工作人员最好的激励。其次，培训工作本身也需要有效的激励予以推动，激励是培训的催化剂。培训工作的三个主体一一培训师、学员和组织者都不可或缺的需要激励。要设立专项资金进行绩效奖励，给培训师精神和物质的双重激励，培训师不仅希望获得丰厚的授课报酬，而且希望打造出培训品牌。图书馆在评选优秀工作人员或年度考核时应对培训师予以倾斜，或每年组织一次“品牌培训课程”“最佳培训师”等评选活动，让优秀的培训师获得崇高的荣誉。而对于品学兼优、成绩突出的工作人员，不但应从物质上给予奖励，还应运用馆内外各种文化传播平台予以大力宣传。对于通过培训或继续教育获得更高学历或更高职称的工作人员，应为其创造晋级或评聘的机会。

三、倡导实现自我价值

图书馆对工作人员采取物质或精神上的鼓励，目的是使其严格要求自己，竭尽所能提升自我素质、服务好读者。但如果过于依赖激励的话，一旦激励机制难以为继，

图书馆服务必将大打折扣。如果不热爱自己所从事的工作，采取任何激励措施都是徒劳，何况图书馆

工作本身待遇相对低下，职称与职务晋升空间狭窄，可利用的激励资源并不多。因此，提倡全体工作人员实现自我价值就显得至关重要。首先可以通过举办“金点子策划”或各种竞赛，在全馆兴起“治庸治懒”的风气，打破“得过且过”的思想，引导全体工作人员进行创造性的实践和探索，培养其创新思维与果敢精神，使其工作更富有成效，并从中获得成就感；其次以评选“图书馆服务之星”或“读者最喜爱的图书馆员”为契机，激发馆员的进取心与荣誉感，引导其树立正确的价值观，培养其履行社会责任的信心，实现自我价值的升华；再次，通过各种讲座、例会、宣传、专题报告会等形式，让工作人员明白图书馆工作既是一种职业，也是一种人生追求，更是一项伟大的事业。只有将图书馆工作当作事业来奋斗，才能用心对待每一个读者；只有具有献身图书馆事业的普世情怀，才会有乐观进取的人生态度与实现自我价值的人生抱负。

培养人才、传播文化，实现知识共享，既是公共图书馆的价值追求，也是构建和谐社会的有效途径。在知识经济时代，基层图书馆只有重视人才的培养，不断创新培养的理念、方式和管理，才能提升基层图书馆在21世纪的核心竞争力，应对未来发展的新挑战。

第三章　基层图书馆馆藏建设与采访策略

在开始本章的话题之前，先来回顾一下曾经在 20 世纪图书馆界纷争不断的关于“公共图书馆的存在目的”，在众说纷纭的各种论断中，既包括图书馆的教育目标，也包括图书馆的公民目标，甚至还有娱乐目标。那么，如今重提公共图书馆的存在目的，是否已经过时？

我们认为，公共图书馆无论是被视为一座“敞开的大门”，人们“通过它，吸取全人类的所积累的智慧”，还是为“民主社会的公民提供资料，使他们成为见多识广而有智慧的公民”，抑或是仅仅作为提供一般性娱乐读物的场所，只要公共图书馆存在一日，就必须向公众无偿提供“信息与知识”，这是公共图书馆存在的基本目的，也是最为重要的功能，而且这一功能将伴随着公共图书馆的发展而发展。更进一步地说，公共图书馆要实现上述目的，文献的采访策略与馆藏建设是一个至关重要的环节。

因此，今天重提公共图书馆存在目的之话题，主要基于该目的与图书馆的馆藏建设乃至采书策略密切相关。因为目标不同，图书馆的馆藏结构与建设策略亦必将随之迥异。如研究型图书馆的文献采访策略会将“重点放在为学者建设馆藏”，而对于多数基层图书馆而言，往往将采访策略明确定位在为今天的读者收集典藏现当代的文献信息资料。那么，基层图书馆要如何作出适合自身采访策略，又要如何着手进行馆藏建设？人们常说，条条大道通罗马，答案应该不止一种。我们认为，基层图书馆的馆藏建设与采访策略至少应该遵守下列依据：一是基层图书馆的服务性质和工作任务；二是读者的类型与文献需求。也就是说，“图书馆藏书是以图书馆的类型、方针、任务和读者对象的情报要求为依据，经过精心选择、加工与组织，并为读者利用的各种文献资料”，基层图书馆的馆藏建设应该从馆情实际出发，以服务读者文献需求为第一要义，采取灵活多样的采访策略，务实而细致地开展文献采访工作，避免作出无谓又不切实际的馆藏建设。

第一节　建立基本藏书目录库

基层图书馆馆藏建设的首要任务就是建立一个基本藏书目录库。所谓基本藏书目录库，其实就是基本书库目录、总书库目录，有的公共图书馆称之为保障本目录库。基本藏书目录库是公共图书馆馆藏中的一级藏书，也是公共图书馆的主要书库和藏书的中心。有的公共图书馆的基本藏书目录涉及的藏书数量大、门类广，财力雄厚的公共图书馆甚至可以做到凡是入藏开架的图书，保障本目录库里至少保存 1 本，如深圳市图书馆。

基本藏书目录库里保存的图书主要包括推荐性的常用书目与部分供研究用的参考书目，也包含一部分不常用的资料性书目。目前，我国不少基层图书馆并不具备雄厚的财力完成每年基本的文献采访与文献更新，有保障本目录书库的则更少。但是，无论经费多寡，基层图书馆均有必要建立基本藏书目录库，尤其是对经费不足的基层图书馆，经费愈是欠缺，愈应建立基本藏书目录，保障图书馆基本藏书量，满足基层群众最基本的阅读需求。

全国少年儿童图书馆指导性的基本藏书目录库已经出台近 3 年，与之相比，多数基层图书馆仍没有建立自己的基本藏书目录，文献采访视经费多寡而定，既没有弹性的年度采访计划，也不建立常规采访目录，更谈不上系统性的馆藏文献体系建设，杂乱无序的文献采访与入藏工作，导致基本藏书目录残缺不全，根本无法满足读者基本的文献借阅需求。近年来，比如图书馆的做法是按文献种类分类、分级的方式进行编目，建立一个总册数为 5000 册的基本藏书目录，每年适当予以更新调整充实一次。图书馆建立基本藏书目录库的依据有三：一是馆藏评价，二是读者需求，三是馆藏发展空间。建立基本藏书目录库的主要目的在于，为读者提供图书馆核心馆藏提示，指导各图书馆分馆及镇街等下一级图书阅览室的藏书建设工作，提升馆藏文献资源质量，以有限的购书经费有效配置图书，最大限度提高各图书馆分馆、图书阅览室的服务效率与服务效果，满足读者的借阅需求。

第二节　采访策略与馆藏建设

在基层图书馆的各种交流场合中，常听见有关购书经费额度的相互问询。询问的结果是，设有专项购书经费的基层图书馆往往引人注目，尤其是每年拥有大笔专项购书经费的更令人艳羡。遗憾的是，很少有人思考，如何合理有效地使用与管理购书经费？购书经费的额度与年度采访计划之间的关系？采访策略与馆藏结构之间的关联度有多少？

所谓采访策略，主要针对图书馆采访部门仅凭书目数据下单的传统采访方式而言。有人认为，采访是采访，入藏是入藏，中间不过是以一个编目加工维系而已。但实际上，在图书的入藏过程中，采访与编目并非两个不相干的环节。采访与入藏的关系，就像一件大衣的表与里，合而为一、互为整体；或者可以更形象点说，文献采访是农民播种的过程，而文献的入藏就像收获果实。基层图书馆的文献采访与入藏，不可分割、唇齿相依。基于此，文献采访策略应当成为基层图书馆馆藏建设工作中的重要组成部分。

我们认为，基层图书馆拟定采访策略至少应该综合考虑以下 3 方面的因素。

一是可资利用的馆藏物理空间。基层图书馆若能拥有专项的购书经费而且年年有保障，当然是一件好事。但若单纯追求经费的多寡而忽视馆舍书库与借阅室的容量，即实际馆藏空间，以及未来的馆藏发展空间，必将导致馆藏分布的无序以及文献资源的浪费，同时也不利于读者的文献借阅。更进一步说，采访策略的制定若没有考虑馆藏空间，将会给后续的文献入藏带来麻烦，有时候甚至是灾难性的麻烦。这方面的例子并不鲜见，如采购了大批时效性不高的文献或者流通借阅率过低的图书，既占用了大量的馆藏空间，又造成公共财政的浪费。

二是读者的实际需求。基层图书馆制定采访策略应从读者的实际需求出发，因为读者对文献的个性化需求必然影响图书馆的馆藏质量。基层图书馆的购书经费多数花在普通文献的采购上，因为特殊文献、珍贵文献本就可遇不可求，在整体购书经费的分配上仅占很小的一部分。如何在普通文献的采访上满足多数读者的普遍需求，又能兼顾少数读者的个性化需求呢？这就要求基层图书馆采访编目部门在制定采访策略前，必须要深入调查研究读者的实际需求，而后再拟定采访计划。唯其如此，才能解决读者的共性与个性需要的两难之境，最大限度地避免入藏大量少有人问津的文献。

三是适宜的馆藏评价。目前，多数基层图书馆主要依据购书经费多寡来开展文献采访工作，显然，这种类似“看米下锅”的文献采访方式非常不靠谱。基层图书馆每年的文献采访工作必须以年度馆藏计划为方向标，制定目的性明确的采访计划，而采访计划的制定应以适宜的馆藏评价为依据。馆藏评价是图书馆对文献采访与入藏、馆藏满足读者需求度及馆藏空间等方面进行调查研究并作出评价的过程。这里所说的馆藏评价，指的是对馆藏某一阶段或某方面的评价，如馆藏物理空间方面，而非全面系统的评价。基层图书馆整体的馆藏评价既要考虑馆藏分布的均衡性，又要突出该馆的馆藏特色；既要考虑当前的工作任务，也要从长远着想；既要考虑文献的实用功能，也要考虑与文献相关联的专业性，在此基础上，建立一个灵活而多元的馆藏评价体系。我们认为，馆藏评价是基层图书馆制定采访策略过程中不可或缺的一部分，理应提前进入文献采访环节，唯其如此，文献采访才有利于图书馆的馆藏发展。

在当前基层图书馆购书经费不甚充足，文献年度更新费用普遍难以保证的背景下，基层图书馆更应将采访策略与馆藏建设综合起来考虑，任何孤立地看待两者之间关系的采访行为，必将导致文献资源的浪费，馆藏空间被无谓挤占，以及人力资源被束缚，进而影响图书馆馆藏评价。说到底既制约了基层图书馆对馆藏文献的有效管理，很大程度上也影响了读者对文献资源的使用。

第三节　基层图书馆的采访策略

基层图书馆的文献采访工作，以“策略”之说展开叙述，主要是相对于文献的无序与无计划采集而言。在这里，我们将要讨论的采访策略包括资金申请、采访策略实施及步骤等。

一、资金申请

图书馆的文献采访工作首先要解决的是资金申请，尤其是对经费不甚充足的基层图书馆。只有申请到具体的资金额度，才能综合考虑馆藏空间与读者需求，进而展开相应的馆藏评价，最终拟定文献采访计划。那么如何进行资金申请呢？我们知道，我国基层图书馆均为财政全额拨款事业单位，图书馆事业发展的各项经费包括文献采购经费均依赖地方财政拨给，因此地方政府是否同意图书馆提出的文献采访计划和馆藏建设规模是资金申请的关键所在。基于此，基层图书馆在制定文献采访计划前，前期调研、事前沟通与事后反馈的程序必不可少。具体而言，基层图书馆在向当地财政部门呈交资金申请报告前需要做好以下功课：第一步，图书馆应该对服务区域内的读者群开展以文献服务需求为主题的调查，汇总分析相关数据，该调查包括被调查对象的年龄结构、文化程度、阅读习惯、文献需求等方面；第二步，适时展开针对性的馆藏评价，提出切实可行的馆藏建设计划，因为馆藏评价是馆藏建设的基本内容之一。该计划不能单纯以图书馆的工作目标与任务作为唯一依据，而应结合当地的市情民意，综合考虑人文特点、经济发展状况等社会因素。唯其如此，馆藏建设计划才能得到当地财政部门的认同与支持。最后一步，汇总相关调查数据、概况说明、馆藏评价作为附件，连同文献采访与馆藏建设资金申请报告一并递交当地财政部门。这里，需要着重说明，建议先提出一份完整的图书馆文献采访使用资金总额的计划，该计划由若干子项目资金包组成。当地财政部门可据上述计划分阶段、按完成进度拨付款项目。即图书馆以一个年度为单位时间进行申请，而后依据计划完成情况申请下一阶段资金。当然，申请资金拨付的方式视地方财政的实力灵活提出，因馆而异、因地制宜，不必拘泥上述说法。

二、采访策略实施及步骤

在互联网高速发展的背景下，基层图书馆的采书策略若一味因循旧规，囿于有限的图书品种及线下采购渠道，必将产生文献采访的工作量大、效率低下且难以及时满足读者的文献服务需求等情况。因此，基层图书馆应该创新思维，顺势而上，突破固有的采访渠道与方式，实现线上与线下、现场采访与书目圈选（指传统意义上图书馆采访人员按馆配商提供的自建图书目录进行圈选）、图书馆采访人员采书与读者自行荐书相结合的多元化采书策略。那么，具体如何实施？

第一步是设立采访策略部门。在图书馆内部设立一个专门负责实施文献采访工作的业务部门。许多基层图书馆一般采取设立采编中心（采访编目中心），作为统筹全馆采访编目工作的中枢部门，负责图书馆每年的采访编目入藏工作。比如对采编中心采取项目负责制与任务包干制的双轨制模式进行管理。所谓项目负责制，就是在上一年的年底拟定项目，如台湾文献资料室首期文献入藏项目、要求采编中心在第二个年度完成该项目，完成时限为一年，采编中心主任为该项目具体负责人，与图书馆签订项目任务责任书，下一年度年终考评将以项目的完成情况作为重要考评依据。任务包干制主要针对每年专项文献购置经费而设，如图书馆采编中心必须完成全馆每年 400 万实洋的普通文献入藏任务，该任务由采编中心全体人员承担，具体任务指标由采编中心主任细化分配至采编中心每一个工作人员手中，按时保质完成。图书馆的项目负责制主要针对特色文献馆藏建设，而任务包干制则针对常规采访编目任务，两项采访编目入藏任务均交由图书馆采编中心统一组织实施。

第二步是明确采访招标程序。本步骤主要针对购书量较大，无法单独进行零星采购，按《政府采购法》规定必须实行招标采购流程的基层图书馆而言。在实施招标流程过程中，标书制作是关键，除了应该遵守国家的法律法规与行业标准如商业分数、技术参数等外，尤其要注意体现图书馆的采访策略。基于节约招投标成本及培育稳定的文献供需合作关系，采访计划原则上定为两年一招标，这就需要对当年度的中标馆配商提出相应的约束条款，中标馆配商若能不违约，下一年度则顺延与之合作；反之，中标馆配商若无法遵守约定的条款，则合同只完成一年即告结束。再如，文献的物理加工流程以及加工过程中产生的耗材成本也应在标书中一一明确该由谁来承担，有时还直接规定文献的物理加工由中标馆配商承担，数据编目与上架由图书馆负责等约定。标书拟定后，只能说是成功了一半，接下来图书馆需要将标书交由政府采购部门组织实施。

第三步是实施立体的采访方式。主要有以下三种：一是通过书目搜索实现采访。多数基层图书馆一般采取由书商或出版社提供上一年度或当月的图书目录，交由采编部门的采访人员进行圈选采访。该方式让图书馆采访人员不必四处奔走，安坐于图书馆即可获取国内外正式出版物的相关信息，并据此下单，完成采访任务。但这样做的局限性也非常明显，该采访书目由中标馆配商自建，难免存在出版社与馆配商在图书资源占有量方面的极限，一定程度约束了采访的有效范围。不过，最近有一个面对图书馆馆配的服务平台——书虫网，刚刚上线，该平台以图书书目数据为核心，通过技术驱动，结合出版社、馆配商和图书馆各方需求，实现出版社、图书馆、馆配商之间的无缝衔接，既避免采书的盲目性，又极大提高了配书效率。

二是组织采访人员现采。近年来，不少基层图书馆组织采访人员参与全国大型图书市场馆配图书的现采。比如每年均派采访编目人员出外现采。图书现采能让采访人员拥有更多的自主权，能够更加详细地了解到附着于图书之上的信息、特征，除图书的装帧版式设计、纸质外，还有图书的篇幅、章节、主要内容、陈述语气等，均可在现场获取，而这些是馆配商与出版社提供的书目信息上所缺少的。在现采地点的选择上，我们采取固定场所与异地不固定地点相结合的形式。所谓固定场所，即在图书馆内设立一个叫“采书乐坊”的编外部室（具体介绍见本书第二章），该部室上架的所有图书均由馆配商提供，而且是最新图书，读者可以借阅任意一册图书，图书一经读者借出，图书馆查重后即按当年度采访计划向馆配商下单。异地现采，则由馆配商按中标合同所约定的条款提供现采地点，每年定期邀请图书馆 8～12 人次的采访人员参与异地书市或大型书店的现采。另外，图书馆还专门针对少年儿童读物启动异地现采活动，采访人员由 10 名经过短期文献采访培训的少年儿童组成，每年 1 次，参与人员从图书馆每年一度的少年儿童“一生阅读计划”的 100 名小读者中产生，该现采方式一定程度上保证了图书馆入藏的少年儿童读物为该年龄段的少年儿童所喜爱。

三是设立多层次的荐书制度。主动贴近读者多元化的阅读需求，面向读者开展简易便捷的读书荐书服务，将通过该服务获取的图书信息作为图书馆文献采访与馆藏建设的一项重要依据。这样做既让专项购书经费用到实处，又提高了图书的知晓率与利用率。从 2009 年起，图书馆启动了读者常年荐书制度，采取线上与线下相结合的形式丰富读者荐书制度，每一名来馆读者，无论是图书馆持证读者或者无证读者，均享受向图书馆荐书的权利。所谓线上与线下，既可在馆内现场填写荐书单或者写荐书留言条，也可以在图书馆网站、公众微信平台、短信上进行实时荐书。通常情况下，读者所荐的图书一经图书馆查重与甄别后，若经确认尚未采访入藏，采编中心即给予下单。同时，为了激发读者的荐书热情，图书馆每年还汇总梳理读者所荐的书目，从中选取若干名积极参与荐书的读者予以奖励。

第四节 采访策略对馆藏评价的意义

传统的公共图书馆较为看重文献的馆藏，因其馆藏评价较为单一，主要着眼于文献的入藏量及珍本、善本的多寡。现代公共图书馆则侧重文献的服务功能，读者的文献需求就自然成为馆藏评价的重要依据。

基层图书馆通过开展馆藏评价，既是对文献进行一次包括清点、剔除与保管等方面的改进工作，又是一次发现与弥补馆藏不足与缺陷的良机。图书馆据馆藏评价判断本馆馆藏的特色、任务、工作目标，为采访策略的制定、馆藏建设计划、文献经费预算以及购书经费分配等方面提供依据。

虽然影响基层图书馆馆藏评价水平的因素很多，但是采访策略的执行情况是图书馆提升馆藏评价水平、优化馆藏结构最关键的一步，也是基础步骤。换句话说，基层图书馆的文献采访若毫不讲究方法，乱采一气，其馆藏结构肯定不值一提，馆藏评价更无从做起。一项良好的采访策略，一定程度上会促进馆藏结构趋向合理，这不仅仅体现在基本馆藏目录的建设上，更体现到馆藏评价体系的优劣上。这方面的例子并不鲜见，有的基层图书馆的文献采访量很大，文献入藏速度也快，几乎可以说，只要新书一上市，即马上购置至少 1 册作为保障本入库。我们在慨叹其财力之雄厚的同时，不禁要发问，以如此大气魄采访购置文献，究竟得建设多大的馆舍才能容纳每年巨大的图书出版量呢？这里，可能有人会质疑，一方面要求图书馆采书要量力而行，另一方面又要符合馆藏建设实际与适宜的馆藏评价，二者之间的取舍该如何权衡？应该说，我们所谈的采访策略，主要基于有节制的文献采访行为提出，这种节制体现的是图书馆的计划意识与务实作风，更进一步说，体现的是图书馆对读者、对社会的高度负责。事实上，采访策略无关乎购书经费的多寡，以及经费是否列为专项开支。对文献资源的采购采取有计划的节制行为，就是要发挥文献资源最大的社会效益。只有运用灵活合理的采访策略，才能让馆藏结构更加完善，也才能有效地提升馆藏评价水平。因此，建设一座馆藏评价合适、馆藏结构合理、馆藏资源丰富的基层图书馆，文献最初的入口关——采访关的重要性不言而喻，可以说，馆藏评价之高低始于最初的采访策略的制定。

第四章　国内主要文献资源检索系统及其利用

目前，国内公开出版发行并具有一定影响力的电子文献信息资源达到百余种。涉及的文献类型众多，表现形式多样。本章挂一漏万，主要介绍国内比较常用的、在行业内影响较大的几个电子文献信息系统及其检索利用方法，以便大家对此类检索系统的利用有基本的了解和把握。

第一节　学术搜索与全文递送系统

一、学术搜索与全文递送系统简介

学术搜索与全文递送系统（以下简称“搜递系统”）是一个学术搜索和文献传递的综合服务平台。能够帮助用户更方便快捷地发现、获取和利用所有成员图书馆的各类资源。解决了长期困扰图书馆的关于资源增长与多平台复杂操作之间的矛盾，使找到、得到所有存在的学术资源成为可能。

目前搜递系统已搜集到700多个中外文数据库，3亿多条元数据，其中已有264个中外文数据库对用户开放，包括的资源有：中外文图书、中外文期刊、中外文学位论文、会议论文、专利、标准、OA资源、视频、音频、图片、随书光盘等，能查询到623家其他图书馆的馆藏和电子资源状况。文献传递系统实现与600多家图书馆的系统集成，读者直接通过网络提交文献传递（免费）申请，实时查询申请处理情况，真正实现检索速度快、检索结果无重复，格式统一的一站式检索。

搜递系统为用户提供深入内容的章节和全文检索，部分文献的原文试读，以及高效查找、获取各种类型学术文献资料的一站式检索，周到的参考咨询服务，是一个真正意义上的学术搜索引擎及文献资料服务平台。

二、学术搜索与全文递送系统检索方法

（一）图书搜索

选择“图书”，在搜索框输入关键词，然后单击“中文搜索”，在海量的图书数据资源中进行查找。如果希望获得外文资源，可单击“外文搜索”。还可以在搜索框下方选择：全部字段、书名或作者，进行查找。

还可以通过右侧的高级检索来更精确地查找图书。

（二）查看图书详细信息

从搜索结果页面单击书名或封面进入图书详细信息页面，关于本书的题名、作者、页数、封面、出版社、出版时间、主题词、内容提要等详细信息将一一罗列。可以通过两处“试读”按钮单击试读图书的版权页、前言页、目录页、正文。

在本馆没有本书的情况下，提供了推荐购买功能，可以通过单击“推荐购买纸本图书”来推荐本校图书馆购买此书。还可以查看有哪些用户收藏了此书，单击用户名即可进入对方的个人图书馆。

（三）获得图书的方式

如果本馆购买了图书的电子文本，单击“本馆电子文本”按钮即可获取该书。

如果本馆尚未购买该书，可以单击“邮箱接收全文”按钮，进入“图书馆参考咨询服务”页面。按照提示填写所需资源信息和个人电子邮箱等内容，即可在所填写的电子邮箱内获得该书。

需要注意的是：每本图书单次咨询不超过50页，同一图书每周的咨询量不超过全书的20%;所有咨询内容有效期为20天;回复邮件可能会被当作未知邮件或垃圾邮件，若没有收到回信，请查看一下不明文件夹或垃圾邮件箱。

搜递系统还可进行期刊、报纸、学位论文、会议论文、专利、标准、视频、信息资讯等其他类型文献的检索和获取，具体方法可参考图书。

第二节　中国知网

国家知识基础设施（NKI）的概念，于1998年由世界银行提出。CNKI工程是以实现全社会知识资源传播共享与增值利用为目标的信息化建设项目，由清华大学、清华同方发起，始建于1999年6月。在党和国家领导人以及教育部、中宣部、科技部、新闻出版总署、国家版权局、国家计委的大力支持下，在全国学术界、教育界、出版界、图书情报界等社会各界的密切配合和清华大学的直接领导下，CNKI工程集团经过多年努力，采用自主开发并具有国际领先水平的数字图书馆技术，建成了世界上全文信息量规模最大的“CNKI数字图书馆”，并正式启动建设《中国知网资源总库》及CNKI网格资源共享平台，通过产业化运作，为全社会知识资源高效共享提供最丰富的知识信息资源和最有效的知识传播与数字化学习平台。

CNKI工程的具体目标，一是大规模集成整合知识信息资源，整体提高资源的综合和增值利用价值；二是建设知识资源互联网传播扩散与增值服务平台，为全社会提供资源共享、数字化学习、知识创新信息化条件；三是建设知识资源的深度开发利用平台，为社会各方面提供知识管理与知识服务的信息化手段；四是为知识资源生产出版部门创造互联网出版发行的市场环境与商业机制，大力促进文化出版事业、产业的现代化建设与跨越式发展。

《中国知网资源总库》（以下简称《总库》），是具有完备知识体系和规范知识管理功能的、由海量知识信息资源构成的学习系统和知识挖掘系统。由清华大学主办、中国学术期刊（光盘版）电子杂志社出版、清华同方知网（北京）技术有限公司发行。《总库》有数百位科学家、院士、学者参与建设，历经数十年精心打造，是一个大型动态知识库、知识服务平台和数字化学习平台。目前，《总库》拥有国内9100多种期刊、700多种报纸、600多家博硕士培养单位的优秀博硕士学位论文、数百家出版社已出版图书、全国各学会/协会重要会议论文、百科全书、中小学多媒体教学软件、专利、年鉴、标准、科技成果、政府文件、互联网信息汇总以及国内外上千个各类加盟数据库等知识资源。内容涵盖数学、物理、力学、天文、地理、生物、化学、化工、冶金、环境、航空、交通、水利、建筑、能源、农业、医药卫生、文史哲、政治军事和法律、教育与社会科学、电子技术与信息科学、经济与管理等学科领域。《总库》中数据库的种类不断增加，数据库中的内容每日更新，每日新增数据上万条。

《总库》基于CNKI传播共享平台，以开放式资源网格系统的形式，将分布在全球互联网上的知识资源集成整合为内容关联的知识网络，通过中国知识门户网站一“中国知网”（http：//www.cnki.net/）进行实时网络出版传播，为用户提供在资源高度共享基础上的网上学习、研究、情报和知识管理等综合性知识增值应用服务。数据库高度整合，可实现一站式检索，具有引文链接功能，构建了相关的知识网格，可用于个人、机构、论文、期刊等方面的计量与评价。

中国知网对机构用户采用 IP 地址控制使用权限，机构内用户不需要登录账户即可访问并检索获取本机构购买的相关资源信息。

一、中国知网资源简介

中国知网资源的产品体系主要包含丰富的文献资源数据库和知识服务平台两大类。

（一）文献资源数据库

1.源数据库

（1）中国学术期刊（网络版）。

（2）中国学术辑刊全文数据库。

（3）世纪期刊。

（4）商业评论数据库。

（5）中国学术期刊网络出版总库-特刊。

（6）中国博士学位论文全文数据库。

（7）中国优秀硕士学位论文全文数据库。

（8）中国重要报纸全文数据库。

（9）中国重要会议论文全文数据库。

（10）国际会议论文全文数据库。

2.行业知识库

（1）人民军医知识库。

（2）人民军医出版社图书数据库。

（3）“三新农”图书库。

（4）“三新农”视频库。

（5）“三新农”期刊库。

（6）现代农业产业技术一万个为什么。

（7）科普挂图资源库。

（8）中国高等教育期刊文献库。

（9）中国基础教育文献资源库。

（10）中国城市规划知识仓库。

（11）中国建筑知识仓库。

（12）中国法律知识资源总库。

（13）中国政报公报期刊文献总库。

（14）中国党建期刊文献总库。

（15）党政领导决策参考信息库。

3.特色资源

（1）中国年鉴网络出版总库。

（2）中国经济社会发展统计数据库。

（3）中国经济信息文献数据库。

（4）中国法律知识资源总库法律法规库。

（5）中国科技项目创新成果鉴定意见数据库。

（6）工具书总库。

（7）专利总库。

（8）标准总库。

（9）古籍（国学宝典）。

（10）cnki 学术图片知识库。

（11）cnki 外观专利检索分析系统。

（12）职业教育特色资源总库。

4. 作品欣赏

（1）中国精品文化期刊文献库。

（2）中国精品文艺作品期刊文献库。

（3）中国精品科普期刊文献库。

5. 国外资源

（1）EBSCO ASRD-学术研发情报分析库。

（2）EBSCO BSC 全球产业（企业）案例分析库。

（3）EBSCO EPS，际能源情报分析库。

（4）EBSCO MGC 每事政治情报分析库。

（5）DynaMed-循证医学数据库。

（6）Springer 期刊数据库。

（7）Taylor&Francis 期刊数据库。

（8）Wiley（期刊/图书）。

（9）Emerald 期刊。

（10）IOS 期刊数据库（知网版）。

（11）ProQuest 期刊。

（12）PubMed 期刊。

（13）IOP 期刊。

（14）美国数学学会期刊。

（15）英国皇家学会期刊。

（16）汉斯期刊。

（17）剑桥大学出版社期刊。

（18）Frontiers 系列期刊数据库。

（19）Academy 期刊。

（20）Annual Reviews 期刊。

6. 指标索引

（1）全国专家学者。

（2）机构。

（3）指数。

（4）概念知识元数据库。

（5）中国引文数据库。

（6）CNKI 翻译助手。

下面简单介绍几个重要的数据库。

第一，中国学术期刊网络出版总库。

该库是目前世界上最大的连续动态更新的中国学术期刊全文数据库，是“十一五”国家重大网络出版工程子项目，是《国家“十一五”时期文化发展规划纲要》国家“知识资源数据库”出版工程的重要组成部分。收录内容以学术、技术、政策指导、高等科普及教育类期刊为主，内容覆盖自然科学、工程技术、农业、哲学、医学、人文社会科学等各个领域。分为十大专辑 168 个专题。收录中国自 1915 年至今出版的期刊，部分期刊回溯至创刊。收录国内学术期刊 8000 多种，全文文献总量达 4300 余万篇。

第二，中国博士学位论文全文数据库。

该库收录全国自1984年以来985、211工程等重点高校，中国科学院、社会科学院等研究院所的博士学位论文。收录来自420余家培养单位的博士学位论文25万余篇。

第三，中国优秀硕士学位论文全文数据库。

该库收录全国各高校、中国科学院、社会科学院等机构的优秀硕士学位论文和重要特色学科的优秀硕士论文。收录自1984年以来650多家培养单位的优秀硕士论文220万篇。

第四，中国重要报纸全文数据库。

主要收录2000年以来中国国内国内公开发行的近570多种重要报纸，累积出版报纸全文文献近1105万篇。

第五，中国重要会议论文全文数据库。

重点收录1999年以来，中国科协、社科联系统及省级以上的学会、协会，高校、科研机构，政府机关等举办的重要会议以及在国内召开的国际会议上发表的文献。全国性会议文献超过总量的80%，部分连续召开的重要会议论文回溯至1953年，已收录出版1.5万多个国内重要会议投稿的论文，累积文献总量180多万篇。

第六，国际会议论文全文数据库。

重点收录1999年以来，中国科协系统及其他重要会议主办单位举办的在国内召开的国际会议上发表的文献，部分重点会议文献回溯至1981年，累积文献总量38万篇。

第七，中国科技项目创新成果鉴定意见数据库。

重点收录正式登记的中国科技成果，按行业、成果级别、学科领域分类。成果信息包含成果概况、立项、评价、知识产权状况、成果应用、成果完成单位、完成人等基本信息。核心数据为登记成果数据，具备正规的政府采集渠道，权威且准确。并且每项成果的知网节集成了与该成果相关的最新文献、科技成果、标准等信息，能够完整地展现该成果产生的背景、最新发展动态、相关领域的发展趋势。收录了从1978年以来的科技成果，部分成果回溯到1920年，累计成果超过64万项。

（二）知识服务平台

1.CNKI检索平台。

2.CNKI E-Study数字化学习与研究平台。

3.数字化出版与合作平台。

4.文献计量评价研究平台。

5.知识管理软件平台。

另外，还有年鉴、经济、法律、科技成果工具书、专利、标准、古籍等特色资源数据库和知名国外数据库资源可以利用。

二、中国知网检索方法

中国知网网址：http：//www.cnki.net，进入CNKI首页。有授权使用中国期刊网或建有镜像站点的单位，在首页填入正式注册的账号和密码，选中购买了使用权的全文数据库，单击“登录”按钮确认，可以进入全文数据库检索平台。

对于郑州轻工业学院校园网内的用户，可以通过图书馆主页，单击“中国知网（网上包库）”，进入CNKI总站。页面中有一个框式检索平台，用户可以在文本框内直接输入检索词即可进行检索。检索标签默认为“文献”，在此状态下进行的是文献跨库检索，即可以在包含文献类的七个数据库——期刊、博士、硕士、国内重要会议、国际会议、报纸和年鉴等数据库中实现跨库检索。通过单击数据库标签，可以在相应的数据库中进行单库检索。

中国知网提供了168个学科为基础的文献导航，单击“文献全部分类”可控制检索的学科范围，提高检索准确率和检索速度，还可以直接浏览每个导航类目下的文献。

采用鼠标滑动逐层打开各学科的子类目，直到出现所需子类目下的全部文献目录，单击文献名称可获取文献信息。

《中国学术期刊网络出版总库》为中国知网中利用率最高和检索功能最多的一个字库，现以此为例详细介绍该数据库的检索方法。

《中国学术期刊网络出版总库》收录国内公开出版发行的7400多种重要期刊，其中核心期刊、重要评价性数据库来源期刊近2700种。以学术、技术、政策指导、高等科普及教育类为主，内容覆盖自然科学、工程技术、农业、哲学、医学、人文社会科学等各个领域，收录年限为1915年至今（部分刊物回溯至创刊）。其产品形式有Web版（网上包库）、镜像站版、光盘版和流量计费等。

CNKI中心网站及数据库交换服务中心每日更新，各镜像站点通过互联网或卫星传送数据，可实现每日更新，专辑光盘每月更新，专题光盘年度更新。

产品分为十大专辑：基础科学、工程科技Ⅰ、工程科技Ⅱ、农业科技、医药卫生科技、哲学与人文科学、社会科学Ⅰ、社会科学Ⅱ、信息科技、经济与管理科学。十大专辑下分为168个专题。

（一）登录CNKI知识网络服务平台

出现全文数据库检索平台。登录“中国学术期刊网络出版总库”后，用户可以在“期刊”“期刊导航”之间进行切换。默认为“期刊”，即文献检索。

（二）文献检索平台

1.分类导航

《中国学术期刊网络出版总库》提供了以168个学科导航为基础的文献导航。通过使用文献导航既可控制检索的学科范围，也可直接查看/浏览每个导航类目下的文献。单击“全选”可一次性选择全部导航类目，单击“清除”可一次性清除全部所选导航类目，单击学科名称类目前的“+”可将检索范围控制在一个类或多个类中进行检索。层层单击类目名称，可层层展开显示各层类目名称和类级，并直接导出末级类目下的全部文献。单击类目，可显示该类目下的全部文献。

2.多种检索方式

根据学术文献检索的需求，检索平台提供了快速检索、高级检索、专业检索、作者发文检索、科研基金检索、句子检索、来源期刊检索七种面向不同需要的检索式。

（1）快速检索。快速检索提供了类似搜索引擎的检索方式，用户只需要输入所要找的关键词，单击“检索”按钮就能查到相关的文献。

（2）高级检索。单击“高级检索”，即可进入检索界面。

检索过程规范为三个步骤。

第一步：输入检索控制条件，通过对发表时间、来源期刊、来源类别、支持基金、作者、作者单位等检索范围的限定，准确控制检索的目标结果。

第二步：输入内容检索条件，包括：基于文献的内容特征的主题、篇名、关键词、摘要、全文、参考文献、中图分类号等。若一个检索项需要两个关键词做控制，可选择“并且包含”“或含”或“不含”的关系，在第二个检索框中输入另一个关键词。单击检索项前的增加逻辑检索行，添加另一个文献内容特征检索项；然后减少逻辑检索行。

第三步：对检索结果的分组排序，反复筛选修正检索式得到最终结果。

（3）专业检索。专业检索是指使用数据库的所有检索项，采用系统所提供的检索语法，将各种检索条件构造成检索表达式，并将其直接输入检索框中进行检索的方法。专业检索项可选择18个检索字段——主题、题名（篇名）、关键词、摘要、全文、作者、第一责任人（第一作者）、机构（单位）、中文刊名&英文刊名（刊名）、引文（参考文献）、发表时间、年、基金、中图分类号、ISSN、统一刊号、ISBN 和被引频次等。专业检索的检索表达式使用“AND”“OR”“NOT”进行组合；三种逻辑运算符的优先级相同；如要改变组合的顺序，使用英文半角圆括号“（）”将条件括起。专业检索的所有符号和英文字母，都必须使用英文半角字符，逻辑关系符号“AND”“OR”“NOT”前后要空一个字节。单击搜索表达式语法，可以查看专业检索语法表。

（4）作者发文检索。作者发文检索是通过作者姓名、单位等信息，查找作者发表的全部文献及被引下载情况。通过作者发文检索不仅能找到某一作者发表的文献，还可以通过对结果的分组筛选情况全方位地了解作者主要研究领域、研究成果等情况。检索项包括作者姓名、第一作者名和作者单位，可在检索框中直接输入相关名称进行检索。对于作者单位检索项，单击检索项前增加逻辑检索行，单击减少逻辑检索行。

（5）科研基金检索。科研基金检索是通过科研基金名称，查找科研基金资助的文献。通过对检索结果的分组筛选，还可全面了解科研基金资助学科范围，科研主题领域等信息。在检索中，可直接在检索框中输入基金名称的关键词，也可以单击检索框后的按钮，选择支持基金输入检索框。

（6）句子检索。句子检索是通过用户输入的两个关键词，查找同时包含这两个词的句子。由于句子中包含了大量的事实信息，通过检索句子可以为用户提供有关事实的问题的答案。可在全文的同一段或同一句话中进行检索。同句指两个标点符号之间，同段指 5 句之内。单击加号键增加逻辑检索行，单击减号键减少逻辑检索行，在每个检索项后输入检索词。

（7）来源期刊检索。来源期刊检索是通过输入来源期刊的名称、类别和年期等信息，来查找包含相关信息的期刊。可在检索框中直接输入相应期刊名称作为检索词。根据期刊所属类别，选择全部期刊、SCI 来源期刊、EI 来源期刊或者核心期刊，默认为“全部期刊”。

（8）二次检索。一次检索后可能会有很多记录是用户所不期望的文献，这时可在第一次检索的基础上进行二次检索，二次检索只是在上次检索结果的范围内进行检索，可以多次进行。这样可逐步缩小检索范围，使检索结果越来越靠近自己想要的结果。七种检索方式均可进行二次检索，即在一次检索结果的基础上，在检索框内输入二次检索词，单击“在结果中检索”即可。

（三）期刊导航平台

期刊导航按期刊的不同属性对收录期刊分类，设置以下导航：首字母导航、专辑导航、世纪期刊导航、核心期刊导航、数据库刊源导航、期刊荣誉榜导航、中国高校精品科技期刊导航、刊期导航、出版地导航、主办单位导航、发行系统导航等。

单击各类特征，显示相应类下的刊种，此时期刊导航以三种方式显示：图形显示、列表显示、详细显示。默认为图形显示。

1. 图形显示。完整显示纸本期刊的封面。单击封面或其下的刊名，可浏览期刊库所收录该刊的全部文章。

2. 列表显示。刊名呈列表形式，单击刊名，可浏览期刊库所收录该刊的全部文章。

3. 详细显示。显示纸本期刊的封面及刊名。单击封面“阅读期刊”可浏览期刊库所收录该刊的全部文章。

（四）文献知网节

提供单篇文献的详细信息和扩展信息浏览的页面被称为“知网节”。它不仅包含了单篇文献的详细信息，还是各种扩展信息的入口汇集点。这些扩展信息通过概念相关、事实相关等方法提示知识之间的关联关系，达到知识扩展的目的，有助于新知识的学习和发现，帮助实现知识获取、知识发现。

节点文献信息包括：篇名（中文/英文）、作者、作者单位、摘要（中文/英文）、关键词（中文/英文）、基金、文献出处、DOI、节点文献全文搜索、知网节下载，其中文献出处显示内容为：刊名（中文/英文）、编辑部邮箱、年期。

三、中国知网检索结果处理

如果用户想要浏览、下载和打印检索到的文章的全文，需要预先下载 CNKI 提供的专用全文浏览器软件。系统将全文浏览器软件以压缩文件格式存放在 CNKI 主页中，用户可单击全文浏览器图标进行下载并安装。

在完成检索操作获得检索结果后，可以进行两类操作，一是选择“导出/参考文献”，二是直接打开或下载文献全文。

（一）导出/参考文献

在选择好要保存的文献记录后，单击页面右上方的“导出/参考文献”，则系统将选中文献题录以默认的引文格式显示，包括题名、作者、关键词、作者机构、文献来源和摘要等。系统提供 10 种参考文献的导出格式：CAJ-CD 格式引文、查新（引文格式）、查新（自定义引文格式）、CNKI E-Learing 格式、RefWorks、EndNote、NoteExpres 和自定义等。如果要改变导出格式，可选择上述格式中的任意一种，可显示相应格式的参考文献信息。还可根据需要生成相应的“检索报告”。具体步骤为选择题录—导出—选择导出格式—预览—打印或复制保存。

1. 选择题录。在检索结果页面中选择需要的条目，可单击检索结果页面的“全选”按钮选中当前页的题录，或者在篇名前的方框内勾选选中需要的题录。

2. 导出题录。单击“导出/参考文献”进入检索结果组合页面，再进一步选择要导出的文献，单击“导出/参考文献”即可进入存盘页面。

3. 预览。选择格式，可查看相应的输出格式。

4. 保存。单击“复制到剪贴板”按钮，可直接将内容粘贴到 TXT\Word 各类文本中。单击“导出”按钮可将内容存入 TXT 文档中。

（二）原文浏览及下载

用户一般可通过检索结果显示的篇名、作者、中文摘要、刊名等信息对检索出的文章进行初步筛选和取舍。如果要浏览和载选中文章的原文，只有正常登录的正式用户才可以下载保存和浏览文献全文。系统提供两种途径下载浏览全文：一是直接单击选中文献篇名前的“原文下载”图标；二是通过单击篇名打开“节点文献”显示窗口，然后单击该窗口中“CAJ 下载”或“PDF 下载”，进行原文下载。推荐使用 CAJ 格式。系统提供在线浏览和下载阅读两种方式。下载后可通过 CAJ 阅读器进行阅读和使用编辑。

第三节　超星数字资源

超星数字图书馆建设于 1993 年，是国家“863”计划中国数字图书馆示范工程项目，由北京世纪超星信息技术发展有限责任公司制作。该公司是国内专业的数字图书馆解决方案提供商和数字图书资源供应商。超星数字图书馆资源主要包括超星电子图书、独秀学术搜索、学术视频（超星名师讲坛）、慕课以及超星发现等资源。

一、超星电子图书及其检索

超星电子图书是于2000年1月正式推出，由公司联合中国社会科学院、中山图书馆、深圳图书馆、美国加州大学、电子工业出版社等几十家单位共同建设的，设文学、历史、法律、军事、经济、科学、医药、工程、建筑、交通、计算机和环保等几十个分馆，收录1977年至今三百多万种图书资源，涵盖中图法22大类，涉及哲学、宗教、社科总论、经典理论、民族学、经济学、自然科学总论、计算机等各个学科门类。阅读图书全文，需要下载安装专用阅读器——超星阅读器。

进入超星电子图书首页，可实现图书分类检索、快速检索和高级检索（如图445所示）。

（一）图书分类检索

超星电子图书按照《中国图书馆分类法（第四版）》将图书分为22个大类，包括马克思主义、列宁主义、毛泽东思想、邓小平理论；哲学、宗教；社会科学总论；政治、法律；军事；经济；文化科学、教育、体育；语言、文字；文学；艺术；历史、地理；自然科学总论；数理科学和化学；天文学、地球科学；生物科学；医药、卫生；农业科学；工业技术；交通运输；航空、航天；环境科学、安全科学和综合性图书。每个大类下面又有若干小的类目，依次逐级细分。利用分类进行检索时，首先根据所要查找的图书内容确定其所属类别，然后按分类体系逐级选择相应类目，会出现该类目所包含的全部图书，单击该书目下方的阅读按钮即进入阅读状态。

（二）快速检索

快速检索页面为默认检索页面，提供书名、作者、目录和全文检索四个检索字段功能。检索时，可以选择相应的检索字段，直接输入关键词进行单项模糊查询。

（三）高级检索

如果我们需要精确地搜索某一本书时，可以进行高级搜索。单击主页上的“高级搜索”按钮，则会进入高级检索界面。根据检索需求，在书名、作者、主题词、分类、年代、中图分类号等项目对应检索框中输入检索词，给读者提供更加精准的检索结果。本检索方式的优点是查询结果冗余少，命中率高。

（四）图书阅读、下载

超星数字图书提供图书的“阅读器阅读”和“网页阅读”两种在线阅读方式>“网页阅读”方式提供文字提取、打印、下载和书内搜索等功能。“阅读器阅读”方式可在超星阅读器中打开图书，可提供下载、打印、标注、截图、书签等更多的功能。

（五）超星阅读器的使用

超星阅读器具有电子图书阅读、资源整理、网页采集、电子图书制作等一系列功能，是超星电子图书的专用阅读器。

1.读者可以在超星数字图书馆主页上免费下载安装。安装过程中需要注意的事项：

（1）进入自动安装向导，阅读许可协议后，要单击“我接受”按钮。

（2）阅读器不能选择安装在中文路径下。

（3）如果按照阅读器后无法阅读图书全文，要检查上网方式。确认是直接上网方式（如电话拨号上网、ISDN上网、ADSL上网和网关路由上网等方式）还是代理服务器上网（如小区代理服务器上网、多人共享上网和公司代理上网等）。主要为代理方式和使用配置脚本方式。使用ISA作为代理服务器上网的网络，具有防火墙功能，限制过多造成无法使用阅读器。这种情况，要进行代理服务器设置。

2.阅读器的主要功能有：

（1）阅读和翻页：可通过单击书的封面、版权页、目录和正文，实现逐页浏览或直接到任意章节浏览。

（2）文字识别（OCR）：在阅读页面，单击“文字识别”按钮，在要识别的文字上画框，框中的文字就会被识别为文本显示在弹出的面板中，选择“加入采集”可在编辑中修改识别效果，选择“保存”即可将识别结果保存为TXT文本文件。

（3）标注：在阅读页面，单击“标注”按钮，可弹出标注工具栏；也可用鼠标右键快捷菜单选择标注工具，共有批注、铅笔、直线、元、高亮和链接等6种标注工具供选择。

（4）书签：单击“添加书签”按钮，可在指定位置添加书签，以便下次再看时回到上次看的位置。可在“书签管理器”中打开、修改已保存的书签。

（5）书评：通过“发表书评”按钮，可在弹出的发表书评信息栏中输入读后感想等，提交后可与其他读者进行交流。

二、超星名师讲坛及其检索

超星名师讲坛是超星公司邀请国内众多知名专家学者、学术权威，通过影像技术将他们多年的学术研究成果系统地记录、保存并传播。目前，超星学术视频收录超过千位名师名家讲坛，视频总时长超过30000小时，全面覆盖哲学、文学、经济学、历史学、法学、工学、理学、医学等学科门类，授课老师大多是来自著名高校和中国社会科学院，这些专家教授都是相关领域的学术权威和学科带头人。

超星名师讲坛的使用较为简便，在主页提供了讲座名称、字幕和主讲人三个检索途径，可根据需要在检索框内输入关键词即可实现检索。还可进行分类检索，讲座分为哲学、经济学、法律政治、教育学、文学、历史学、理学、工学、医学、军事学、管理学以及大师风采、治学方法等内容，可根据需要单击相应的类目进行检索。

找到所需讲座后，单击即可进入播放页面，可以在线观看名师讲座，也可只收听音频。页面中配合讲座实时显示讲座字幕，方便读者做笔记。

第五章　数字化时代的基层图书馆服务

进入 21 世纪，人类开启了一个信息呈几何等级爆炸的时代。对基层图书馆而言，网络化、数字化、“互联网+”等的到来，冲击力度之大，不言而喻。在信息多元化的今天，公共图书馆还有存在之必要吗？有人如是质询，甚而断言，公共图书馆的存废只是时间的问题，纸本图书必将退出这个浮躁的时代。不可否认，这些声音曾经甚嚣尘上。虽然今天看来，上述言论纯属无稽之谈，但从另一个角度提醒了我们：在纷繁复杂的大数据时代，如何从容迎接挑战，又能恪守传统，这是基层图书馆需要共同面对的重要课题。

无论时代如何发展，传统与现代历来如影相随。传统文化价值与现代创新精神之冲突从来不曾消失过，并非于今天这个时代表现更甚。对于公共图书馆而言，从将文献束之高阁的藏书楼到纸本图书全开架对公众开放，本身就是从传统到现代的一大变革；从完全依赖纸质文献开展读者服务工作到利用互联网等现代媒介实现时空不限的全方位服务，更是一次跨越式的革新。但无论如何，从读者对馆藏资源的利用角度，探讨汇聚于公共图书馆身上的传统纸本阅读与现代数字阅读，究竟孰轻孰重，说到底就是一个伪命题。若将纸质文献与数字信息资源，拿来做一个通俗比喻，那就像萝卜和青菜，各有所爱。即便读者的需求愈来愈多元化，读者在使用公共图书馆时，仍然会保留着这样那样的喜好，仍然会秉持着与他人迥异的阅读个性，有的喜欢纸质阅读，有的则习惯数字信息浏览，有的这一刻翻翻书，下一刻又跑去刷刷屏。何来纸质文献将退出时代舞台，数字阅读独领风骚之说呢？

1995 年，联合国教科文卫组织将每年的 4 月 23 日定为“世界读书日”，以纪念同在这一天辞世的文坛巨匠塞万提斯与莎士比亚，从此阅读成为有纪念意义的行为。人类文明博大精深源远流长，先人的智慧因书籍而遗世，时代的文明因阅读而传承。阅读使得那些亘古的智慧得以挖掘、传承并发扬光大。但一个不争的事实，延续数千年的阅读方式在信息多元化的今天已经在发生渐变，那么，作为承载着人们很多阅读期望的公共图书馆今后要如何应对与发展？

第一节　阅读方式的产生与演变

众所周知，界定阅读的方式通常以阅读所借助的载体来区分。以纸质为载体的阅读是传统阅读；而借助网络、电子书、手机等各种便利的电子媒介的阅读，则视为数字化阅读。这两种阅读方式的产生与演变有一定的过程。

从公元前 25 世纪人类在陶器上镌刻符号开始，阅读成为一种具象的行为，博大精深的古代文明伴随着阅读源远流长。公元 105 年，东汉蔡伦发明植物纤维纸，使阅读方式更加便利。在传统的阅读世界里，“书香弥漫”成为阅读者心中的美景。1974 年世界第一台微型计算机的诞生标志着数字化阅读方式的萌芽，1995年因特网（Internet）的全球覆盖则标志着人类获取信息资讯的方式发生了根本性的变化。鼠标轻点，全世界的图书尽收眼底，所需信息资讯瞬间展现，时空之限灰飞烟灭，传统阅读遭到挑战，数字阅读初露峥嵘。埋首于字里行间的阅读者渐渐抬头凝望荧光屏幕，翻动纸张的纤纤细指开始流连于键盘鼠标，数字阅读成为既时尚又便捷的阅读方式。如今，时间已走到21世纪，传统阅读与数字阅读现状究竟如何？

第二节　传统阅读与数字化阅读的比较

有人说，阅读无纸化是一件很痛苦的事，因为习惯读到兴起时拿笔做标记、写批语。有人说读纸质图书最大的不便就是看到喜欢的章节，除了拿笔纸抄下来，就只有记诵了。前者涉及个体的阅读习惯，后者却点出了读书的应用问题。应该说，二者都言之凿凿。现在，我们以承载着传统阅读的图书馆以及代表着数字阅读的网络等电子媒介为例来比较这两种阅读方式。

一、从阅读的深度来看，传统阅读的优势显著

传统阅读的阵地通常是图书馆，而传统图书馆以收藏纸张文献信息为载体，收集、加工、整理、管理这些珍贵的文献资源，以供读者借阅，这一职能决定了对读者所提供的服务围绕着纸质图书与馆舍之间展开。我们都知道，纸质载体历史悠久，资料信息来源固定，存储信息持久，并且通过了分类和整序，可以世代相传，适合深度阅读与休闲阅读，尤其适合从深层次研读品味，进行深度学术思想研究。正如意大利著名小说家翁贝托-艾柯所说：“到目前为止，书还是最经济、最灵活、最方便的信息传输方式，而且花费非常低廉，书是那种一旦发明，便无须再做改进的工具，因为它已经完善，就像镰刀、刀子、勺子或者剪子一样。”而数字阅读往往是在不停地打开一个又一的界面，快餐式的阅读，虽然方便，但大多停留在泛读或者浅读上。再则，并非所有文献资料均宜数字化，有的在数字化后明显失真，无法保持原汁原味，如绘画、书法等以图像格式储存的信息，这就难以构成完整的知识体系。因此，虽然数字阅读增长了知识的宽度，但却忽视了知识的深度与系统性，一定程度上还会弱化思维能力。学知识、做学问都必须从查阅大量的书籍中汲取营养，在某些方面上，纸质图书的作用是其他阅读媒介替代不了的。

二、从阅读的广度来看，数字化阅读获取的信息量大

传统阅读中对知识的存储依赖于记忆与誊写，但因纸质载体占用空间大，信息存储量小，检索速度慢，查全率偏低，收藏和整序也比较烦琐，既给阅读带来相当大的麻烦，一定程度上也导致了阅读面的狭窄。而数字化阅读中所借助的信息载体因其容量大、体积小，既实现存储自如，又节省了大量空间G另外一方面，从保存的角度来说，纸质图书随着阅读的深入，图书的保存日渐成为高成本高付出的工作，尤其是对有保存价值的内容，一定程度上影响了人们阅读面的拓宽，而如果付之电子化或数字加工，既利于推广阅读，又实现永久保存，在保护珍本、善本、古籍等文献资料方面作用更凸显。再则，数字阅读因其所借助的媒介不受时空限制的远程高速特点，以及

强大的检索查询功能使资源共享成为现实，极大地提高了人们获取文献的效率。

三、从阅读习惯来看，传统阅读更贴近人们的心理

中国3000多年的出版历史，人们对纸质书籍滋生了浓厚而特殊的感情，阅读代表着一种文化传统与理念。无论是淡雅的装帧，还是轻翻纸张的声响，以及书页间淡淡的墨香，无不让阅读者感受到浓郁的文化气息。尤值得一提的是，在手触摸纸质书的阅读中，最能够传达细致入微的情感和深刻思想，阅读者更容易与著书立说者进行无声的交流，从而产生共鸣。另外一方面，轻盈的纸质图书符合人们长期养成的阅读习性，随手翻阅，阅后随意放，简便易带，老少咸宜，这是电子书等数字阅读文本所无法做到的。数字阅读因其载体闪烁不定的屏幕具有的冰冷共性，而难以与阅读者“肌肤相亲”，文化意味浅显。更重要的是，失却了与著者、作者进行思想交流的可能。

四、从阅读成本来看，数字化阅读更节省

纸质书往往是“一版定终身”，一旦成书，即便发现错误，也只能等再版时再予以修正，可以说是一种难以尽善尽美的“遗憾艺术”。纸质

图书的不可更改和以版论成本的特点，决定了其阅读的成本高于缩微品、磁性材料、数字光盘、芯片等新型电子文献载体。相形之下，数字阅读所依赖的载体可更改率高，任何一个电子读物无论是版式或图文，只要需要，都可以进行无数次的修正，这一点对纸质图书而言是不可想象的。

另外，人们不会因阅读而阅读，往往从阅读延伸到生活的层面上来，比如人际交往中礼尚往来的馈赠，赠送纸质书更体现品位、更富有个性、更让人珍惜，也更适合传统阅读文化的心理需求，同时又可以满足藏书的需要a而冰冷的电子载体，因其共性的面孔及淘汰率高而不为大多数人青睐。

虽然数字阅读拓展了阅读的空间，但它不是颠覆，更不是取代。传统阅读与数字阅读各有优势，互不矛盾。既要充分认识到数字阅读对传统阅读的挑战，但也要看到二者之间相融共赢的可能。有一句流行语说，“上帝已改变了约会地点，我们不能在老地方等待。”人们的阅读方式正在发生渐变，作为提供阅读最大阵地的公共图书馆，目前最需要探讨的是，该以什么样的服务来应对。

第三节　阅读方式渐变中的基层图书馆服务

人类文明传承于阅读，更兴盛于阅读。阅读既是个体的渴求，也是社会进步的需要，人们阅读方式的渐变既赋予图书馆新的职能，同时也对图书馆的定位提出了新命题。从最早的府、阁、观、院式的藏书楼到如今开放式的现代图书馆，图书馆为阅读提供的服务外延愈来愈广阔，内涵也愈来愈丰富。图书馆的角色定位渐渐演化为使图书和信息的使用更民主化，最终实现全民平等阅读。实现这一目标，图书馆的服务应具有哪些方面的特征呢？

一、开放与融合的服务

传统阅读与数字阅读对基层图书馆最大的挑战更多体现在办馆理念上，图书馆服务理念应保持更大限度的开放与融合。在高速发展的现代经济社会中，无论是纸质资

源，还是数字资源，包括图像、文本、语言、音像、影像、软件和科学数据等多媒体信息，甚至其他诸如金石、器皿、字画等任何资源类型、技术、模式、载体，在基层图书馆均应拥有一席之地与用武之处，均应具有为读者提供更个性化服务的可能。这里首先体现的是各类资源的整合，其次是资源服务的开放，图书馆尽可能采用开放资源进行服务，包括开放内容和开放软件等。充分整合各类开放资源，同时代表读者的利益，并不为一家所左右，利用自己的核心资源和核心能力发展事业。不可拘泥于“图书”两字，不能在概念的泥淖里纠缠，更不要因政府或民间的某些利益而作出让步牺牲。在这个意义上，保持图书馆在维护与利用文献资源立场上的中立，是基层图书馆面对阅读方式的多样性最根本的服务理念。

二、主动的双向服务

图书馆的服务对象是读者，图书馆因读者存在而存在。因此，读者既有的阅读习惯发生变化，图书馆服务也应随之改变，而不是为了维护图书馆固有的服务模式而存在。基层图书馆应该变定点的被动式的服务为主动的双向的服务，不能固步自封。以读者需求作为工作的轴心，随时应对需要提供与传统服务所不同的服务，并且走出去，打破馆界限制，寻找与挖掘更有效的服务项目0诸如为读者提供社区服务、推荐书目、定题咨询等。这样做的目的是，需要一个拥有更多功能的图书馆，让读者通过更简单的程序获得更人性的服务与更多的转变，从而达到图书馆资源服务的最大化，更好地满足读者需求。比如通过个性化图书馆主页，或者实体服务，允许读者召集即兴的读书座谈、讨论等。当然，这些协作努力需要图书馆工作人员具有注重读者反馈的意识和评估更新、改进服务的详细方案。

三、隐性读者的服务

过去的服务习惯于集中在已有的读者身上，习惯于给同样的群体提供同样的服务和一成不变的程序，重视已有读者而忽略了隐性读者，安于现状而不思变革。因为这样的习惯，导致我们所提供的大部分服务，还是没有被大多数人所利用。但是要想满足已有读者与隐性读者的需求并不容易，受限于经济和空间，图书馆不能将每个人所想要的每本书都带到他们的身边，这是传统阅读与读者需求难以调和的矛盾，即便通过实体的服务，也很难和他们建立联系。目前，很多基层图书馆正在尝试提供各类需求驱动的馆藏构建计划，将现有读者的需求较多的文献资料找出来，这将解决一部分采取传统阅读习惯的人的需求Q

四、提供全方位的服务

全方位服务，指为满足当今读者的需求和愿望而不断调整自己，图书馆无论何时何地都能够向读者提供其所需要的信息，并保证消除使用或重用图书馆的任何障碍。包括专业服务与个性服务、实体服务与虚拟服务。基层图书馆可以利用其独特的地位，与资源提供商取得平等的合作关系，从而实现全方位的服务。从网上书店的按需订购，到馆际互借，再到与高校图书馆的共享资源，从送书上门服务到更多的电子文献资源的个性定制服务，实现阅读最大化的读者需求。对于广大基层图书馆而言，无论是传统阅读还是数字阅读，均不应将之对立或割裂开来。在读者的阅读习惯发生渐变时，图书馆更应建设、保存好已有文献资源，兼容并蓄，让各种不同的阅读方式在图书馆里都能得到尊重与实现，让读者在图书馆服务和利用服务的方式上能够更好地与人分享。只有这样，才能顺应阅读发展的需求，而不至于随波逐流。

图书馆承载着“知识的撷取与传递”的任务，以服务广大读者，特别是弱势读者，谋求社会和谐为最终目的。人类的阅读历来与社会的发展变化相伴随，从辩证的角度看，变化势在必行而且顺理成章。上海图书馆馆长吴建中说：“如果图书馆只是把目光放在印刷型资源的话，那么图书馆就不能再叫做知识中心了，因为在现代社会很多东西一开始就是以数字化形式出现的-今天，数字化已经影响到社会生活的方方面面，难道我们还要错过这个时代给我们留下的极为丰富的智慧与财产吗？”我们既不能拒绝数字阅读，更不能废弃传统阅读，因为这是一个纸质阅读与数字化阅读并存的时代。

无论是驻留于纸质文献上的传统阅读，还是痴迷于网络、手机等载体的数字阅读，基层图书馆都应该为读者不断产生的多样化需求提供服务，任何服务只要能够成功地传递给读者，得到读者的认可，并把所思所获反过来与图书馆共享，就是成功的图书馆服务，也体现了现代图书馆在面对人们阅读方式渐变时的立场。唯其如此，我们的图书馆才能在日进日新的公众阅读生活中扮演不可或缺的重要角色。

第六章　弱势群体在基层图书馆的位置

第一节　弱势群体的定义与现状

弱势群体又称弱势社群或弱势族群，从百度上搜索到的定义，指社会上生活困难的弱者群体。例如露宿者、独居长者、性工作者、失业工人、上访民众、农民与农民工、低收入者、残障（身心障碍）人士等。相对于非弱势群体而言，弱势群体往往因竞争力不足、适应力不佳、缺乏某些生活能力或环境因素，而遭受不同程度的压抑、剥削或不平等的对待，以致比较缺乏创造财富的能力因弱势群体的社会地位低，无权、无势、无投票权、无人脉关系，在社会上又常常被标签化及歧视。我国长期没有“弱势群体”这一概念，而惯常以“困难群众”等名称予以甄别。2002 年 3 月，时任国务院总理朱镕基在第九届全国人大第 5 次会议所做的《政府工作报告》中，首次出现“弱势群体”这一提法。这似乎可以理解为，官方对弱势群体存在的首次认同。在我国，弱势群体愈是基层、声音愈是微弱，亦愈得不到应有的尊重与服务。举个例子，专为视障人士设置的盲道，在现代城市公共设施中早已不鲜见，但在我国广大乡村，仍是闻所未闻的新鲜事，遑论其他专为弱势群体设置的服务设施。

近几年来，随着我国公共图书馆事业的蓬勃发展，针对弱势群体建设的专用设施及开展的专门服务日益增多。诸如铺设专用盲道、设立视障阅览室、开辟残障人士专用卫生间、开展公益免费技能培训等。但就服务对象而言，范围还是较窄，主要面对残障人士，即残疾群体和阅读障碍群体（主要指由于身体的某种缺陷，无法正常使用图书馆服务的群体），较少顾及其他弱势群体，如失业者、低收入人群以及无家可归者等。另外，不少基层图书馆比较注重物理设施等硬件的投入，而忽视服务理念、服务方法、服务规范上的提升，因此，服务水平与服务能力离弱势群体的真正需求还有一段不小的距离。

第二节　弱势群体与基层图书馆服务

在联合国教科文组织《公共图书馆宣言 1994》里有这样的表述：“公共图书馆，作为人们寻求知识的重要渠道，为个人和社会群体进行终身教育、自主决策和文化发展提供了基本条件。”这里所说的“个人与社会群体”当然包括弱势群体。在具体实施过程中，基层公共图书馆的均等性与公益性往往被理解为仅面对能够正常使用图书馆资源的人群，殊不知，弱势群体更亟须图书馆服务。事实上，在大多数基层图书馆，弱势群体的需求，往往被忽视。无论是馆舍设计与建设、内部设施陈列，还是藏书结构与服务内容，均在有意无意间将弱势群体排除在外。

究其因不外乎以下 3 种：一是认为弱势群体需要的是物质层面的援助，而不是公共图书馆等精神层面上的服务；二是基层图书馆管理者的习惯性思维使然，以为开展弱势群体服务更费心劳神，普通人群的基础服务尚忙不过来，何来精力应付弱势群体；三是社会主流的价值观失之偏颇，在图书馆等公众场合，弱势群体普遍遭受歧视或者排斥。因此，当我们走入一座崭新的基层图书馆，若连一条简单的盲道都看不到，其他面对弱势群体开展的服务就更谈不上了。

众所周知，基层图书馆服务的对象，既包括能够正常使用图书馆的读者，也包括不能正常使用图书馆服务的弱势群体。因此，基层图书馆若撇开或者忽视弱势群体的服务，则其所秉承的公益普惠原则，就是一句空话。近年来，随着基层图书馆事业新一轮发展机遇的到来，愈来愈多的弱势群体走进图书馆、使用图书馆，他们不仅仅需要阅读、需要图书馆，他们更希望能平等地享有图书馆的公益服务。但上述诸多因素，直接导致不少基层图书馆设施上的缺失与服务上的缺位，常常让弱势群体在基层图书馆里得不到应有的服务，或者服务大打折扣，更有甚者因图书馆服务的不规范，而与图书馆产生不必要的冲突等。所有的这些，不能不引起基层图书馆的关注与重视。

第三节　基层图书馆服务弱势群体的原则

我们认为，基层图书馆在面对弱势群体开展服务应该遵循三大原则：一是在物理空间与设备设施上的“区别对待”原则；二是在馆藏建设与分布上的“一视同仁”原则；三是在服务理念与规范上的“趋同心理”原则。

一、在物理空间与设施上，要“区别对待”

众所周知，一座公共图书馆要体现“读者至上”的服务精神，馆舍建设与设施布设是第一要素 Q 弱势群体置身于图书馆，最先接触到的就是馆舍与设施，一座外观设计与内部装饰均能让读者感到温暖贴心的基层图书馆，不仅对于普通读者很重要，对弱势群体更为重要。弱势群体在使用图书馆时确实存在着诸多不便，造成这些不便既有生理与心理上的原因，又有社会地位、物质条件及时间成本等方面的原因。因此，我们认为，图书馆的馆舍设计、设备设施建设等方面应该遵循“区别对待”的原则。所谓“区别对待”，就是将弱势群体按弱势差异类型进行分类，相应的对馆舍空间与设施设备采取针对性地设计与布置，力求避免图书馆在物理空间上给弱势群体造成使用障碍，充分保证其平等地获取公共图书馆服务。

上述表达，听起来似乎隐含歧视与不平等之嫌。其实不然。我们知道，“弱势群体”只是对某一个群体的统称，在这一群体里，每一个个体的弱势各有不同，如果基层图书馆不推行区别对待的服务原则，难免顾此失彼，容易导致图书馆的服务质量大打折扣。例如对视力有障碍的人群，专门开辟一处阅览专区，设置为视障阅览室，购置专用计算机、放大镜、助听器、点显器等辅助器具，为视障读者提供一个舒适的阅读空间；对肢体行动不便的人士从馆舍外围至馆内阅览区，铺上无障碍盲道，并配备专用助力推车，建造残障人士洗手间、残障人士专属阅览座席等，为他们使用图书馆资源提供一臂之力；对低收入人群，专门开辟过刊及旧书区，只要他们喜欢可以直接将书刊带回家阅览，无须办理借阅手续；设立农民工咨询室，为其提供政策咨询等相关服务。总之，基层图书馆应千方百计在馆舍设施上充分考虑弱势群体的差异化需求，从细节上加以完善，让他们感受到图书馆的人性化服务。

二、在馆藏建设上，要“一视同仁”

1994 年 10 月，联合国教科文组织与国际图联发布的《公共图书馆宣言 1994》明确提出，“各年龄群体的图书馆用户必须能够找到与其需求相关的资料”。这一句表述明确指出公共图书馆馆藏建设面对全体公众的实用意义，当然，这里说的全体公众也包括弱势群体。我们知道，馆藏结构很大程度上与服务对象有关。也就是说，一座公共图书馆的文献采访计划与馆藏建设目标应该尽可能考虑该区域各类型读者的实际阅读需求。那么，基层图书馆是否有必要在馆藏建设上倾向于弱势群体？我们认为大可不必，反而应该遵循“一视同仁”的原则，即无论是对普通读者，还是弱势群体读者，基层图书馆在馆藏建设上均应一视同仁，平等对待，不应厚此而失彼。具体而言，基层图书馆不应将政府财政提供的资金，在每个年度采访计划上专为某一特定人群倾斜，即便该特定人群是弱势群体，也概莫能外。因为基层图书馆不是专业图书馆，也不是某一读者群体或者某一机构的专门图书馆，如“残障人士图书馆”“产业图书馆”“医院图书馆”“农民工图书馆”等。基层图书馆最基本的服务宗旨就是要体现公正与平等，具体表现到馆藏资源建设上，更应彰显对全体公众的公平与平等。

但是，弱势群体在获取馆藏资源服务上确实存在着诸多不便，这是一个不争的事实，基层图书馆有责任、有义务为之实施个性化的馆藏服务。那么，如何做到让弱势群体既方便获取馆藏资源，又不与“一视同仁”的原则相悖呢？我们的做法是，例如针对弱势群体中的残障人士，包括盲人与视力、听力障碍者，设立视障阅览室，每年专门为其安排适量的文献采购经费用于购置盲文图书与视听资料；针对低收入人群读者，专门开辟一个剔除文献交换区与自由赠阅区，方便他们免费获取图书馆文献服务；针对外来务工人员，以图书流通车及送书上门的形式，将馆藏图书文献直接送到企业与外来务工人员聚居区，开展文献上门服务等工作；再者，常年开展弱势群体为图书馆荐书活动，在每年的馆藏建设计划里充分考虑并采纳他们推荐的图书文献。

三、在服务规范上，要“趋同心理”

《公共图书馆宣言 1994》里提到：“每一个人都有平等享受公共图书馆服务的权利，而不受年龄、种族、性别、宗教信仰、国籍、语言或社会地位的限制。对因故不能享用常规服务和资料的用户，例如少数民族用户、残疾用户、医院病人或监狱囚犯，必须向其提供特殊服务和资料。依据上述表达，弱势群体也同样拥有“平等享受公共图书馆服务的权利”。但是公共图书馆的服务体系又讲究规范化与标准化，因此在具体的服务过程中，对于不能正常使用图书馆的弱势群体而言，势必会因“规范化与标准化”的要求而可能被边缘化，成为公共图书馆服务的盲区。例如盲人读者在使用图书馆时常常会大声说话，破坏了宁静的阅读环境；再如，文化程度较低的农民工在计算机终端搜索电子文献时，往往需要图书馆工作人员更多的协助等。鉴于上述情况，基层图书馆开展针对弱势群体的服务，理应秉承“趋同心理”的原则。

什么是“趋同心理”？现代汉语词典这样解释，“趋同心理，也叫作遵从性，指的是个人希望与群体中多数意见保持一致，避免因孤立而遭受群体制裁的心理。在多数情况下，个人被迫接受多数意见，正是处于这种担忧。”概念是生硬的，还原到公共图书馆服务上，不妨将之解读为在服务方式与服务内容上的趋同心理。弱势群体因在人数比例上的少数，致其在获取公共图书馆服务上往往带有强烈的趋同心理。通俗地说，就是所谓的“少数服从多数”，具体表现在接受图书馆服务时不敢大胆表达自己的诉求，或者表达服务诉求的方式、渠道不合常规、考虑不周，由此引起弱势群体难以得到完善的图书馆服务。那么，基层图书馆如何面对弱势群体的趋同心理表现呢？我们认为，图书馆理应尽力秉持感同身受的心理体验，按弱势群体对象的不同，因人而异，采取相应的服务方式，以消弭趋同心理的影响，让弱势群体感受到图书馆真诚的服务。例如对行动不便的残疾人士采取送书上门，开展图书预约与信息咨询等服务；对体弱多病的老年人，在市老年大学为他们开设有关养生健康主题数字资源讲座与培训；对被征地农民及上访人群，利用图书馆政府信息公开专架，开展相关政策咨询服务工作，化解他们心中的疑惑；对低收入人群，除了每年开展学费资助活动，如寒门学子助残金外，还组织工作人员开展“一对一”帮扶工作；在节前返乡时节，图书馆主动介入，帮助外出务工人员网上订火车票，帮助他们早日回到家乡；在民营企业用工高峰期，如春节、元旦刚过时，为务工人员提供企业就业与政府政策资讯查询等工作；为育龄妇女，提供孕期保健咨询服务及开展与孕期相关的知识讲座；举办视障人士计算机与盲文培训班等。另外，基层图书馆对弱势群体“趋同心理”的关注，还体现在服务规范上，如服务用语等。众所周知，弱势群体往往比较缺乏自信，自尊心极强，表现为更在意别人的言辞态度，尤其是在获取图书馆服务的语言交流上。这就要求我们日常在接待弱势群体时，要善于换位思考，既严禁使用歧视性话语或不当的肢体语言，也不可过度关注他们弱势的事实，避免给他们造成不必要的二次伤害。

第四节　整合社会资源服务弱势群体

毋庸置疑，弱势群体是我们这个多元社会的重要组成部分，全社会的每一个个体，均有权利平等享受到公共图书馆提供的公共文化服务，弱势群体也不例外。但仅凭图书馆一馆之力来实施与推进面对弱势群体的公共文化服务，显然过于势单力薄。在公平的民主社会，任何一个政府部门、社会机构或者社会公众均有义务为弱势群体提供必要的帮助与服务。这为基层图书馆整合社会资源参与弱势群体的公共文化服务，提供了广泛的群众基础与坚实的保障土壤。

我们认为，在公共文化服务均等化之路上，利用各种资源服务弱势群体，政府资源是主体，是主要物质保障；社会资源是客体，是辅助补充力量。在政府资源整合上，可以在基层图书馆内设立弱势群体专项扶助资金，联合相关政府部门共同推动弱势群体的公共文化服务，例如图书馆视障阅览室，就是采取由市残联出资、图书馆承建的方式建设，建成后常年开展一系列面对残障人士的培训与服务工作；再如图书馆与市妇联联合常年举办针对外来工子女的阅读推广活动，由市妇联派遣师资力量，图书馆负责策划活动方案并组织实施；与市总工会联合开展面对外来务工人群及低收入人群的志愿服务，以及合作推进农民工职工图书室建设等。在社会资源整合上，主要借助蓬勃发展的民营企业，利用其雄厚的资金、丰富的人力资源与成熟的物流系统等，开展为弱势群体送书上门、奖励阅读先进、提供阅读资助金等活动。实践证明，只有充分挖掘政府与社会的资源，从资金、人力、场所、管理等方面开展全方位的合作共建，将图书馆“一元化”资源转化为政府、社会各界的多元化力量，这不仅能有效地壮大面对弱势群体的服务队伍，又能汇聚各方面优势资源，实现优势互补，共同促进基层图书馆服务弱势群体的内涵与外延得到明显提升。

从公共图书馆的基本定义上，我们可以清楚地感受到“平等”两字的分量。在基层图书馆的公众服务上，“平等”不是驻留于纸面之上毫无生气的字词，“平等”是一种态度，是一种姿态，甚至是一种追求。平等地对待读者，尤其是面对弱势群体，更应秉持一份平等的情怀。当然，知易行难，如何以平等之心面对弱势群体，向无约定之说、亘定之途，但只要我们秉承着平等对待每一个读者的理念，让无论是弱势群体，还是普通读者，均能在图书馆里，感受到一份温暖、一份贴心、一份惬意。这也是基层图书馆立馆之要义。

第七章　基层图书馆服务路径拓展

21 世纪第一个 10 年间，公共图书馆进入突飞猛进的信息技术时代，人们的阅读方式发生嬗变，数字化阅读蔚然成风，读者对图书馆的期望值愈来愈高。也是在这 10 年间，我国基层图书馆事业空前发展，基础设施日益改善、经费投入逐年增加，基层图书馆服务亦随之发生悄然变化。这种变化一方面得益于 30 年的改革开放带给公共文化领域的良好机遇，另一方面也得益于基层图书馆人自身的不懈追求-变化固然可喜，但我们也应正视这样一个事实：相对于各种设施环境的改善，基层图书馆的服务能力与服务水平并没有明显提升，不少基层图书馆的公众服务还仅局限于馆舍之内，走出图书馆开展公共文化服务仍然踌躇不前。

众所周知，新世纪是一个信息技术高度发达的时代，各种资讯蜂拥而至，让人目不暇接，也催生了图书馆资源服务发生质变。基层图书馆作为基层公共文化主要的服务阵地，随着读者需求的多元化，对图书馆服务水平的要求也愈来愈高。在这样的背景下，墨守成规、固步自封将成为基层图书馆事业生存与发展的屏障。

第一节　重新审视与解读图书馆服务的要义

有人说，图书馆已走过数千年历程，重提图书馆服务绝非明智之举。众所周知，图书馆以服务彰显其价值，只要图书馆存在一日，图书馆服务就相生相随。进入 21 世纪以来、各国图书馆对服务提出新的发展要求，美国将图书馆服务具体到“扩展馆藏的可访问性”，使其由“全球用户免费、民主地访问”；日本倡导建立“循环图书馆”或“再生图书馆”，节约资源以服务读者，中国则在 2008 年正式发布《图书馆服务宣言》，系统地阐述了现代图书馆的服务精神与服务理念。图书馆是一项传统又年轻的事业，因此，图书馆服务这一主题不但亘古不老，而且日进日新，需要不断地审视与解读。

一、图书馆服务是一项系统工程

戈曼这样描述图书馆服务：服务于人类文化；重视传播知识；善用科技以提升服务质量；维护知识自由；尊重过去，开创未来。在他的话语里，我们看到，图书馆服务不是一个简单的语言或者符号，而是涵盖开放、平等、传播、自由、创新等理念，它是一项复杂的系统工程，不容许任意肢解、割裂，更不允许断章取义、急功近利。

二、图书馆服务应彰显人文关怀

今日的图书馆已从馆藏的单一化走向多样化，进而拓展至汇聚了全人类智慧的成果，成为一个集文献采访、流通服务、收藏利用、知识传播等功能于一体的服务体系。随着图书馆服务外延的拓展，必然催生服务内涵的质变，但万变不离其宗。彰显人文关怀，闪耀人性光辉，关注读者的心灵需求，必将成为图书馆服务的核心内涵。

三、评价图书馆服务要以读者为重

我们常说图书馆服务要“以读者作为一切工作的出发点与归宿点”，那么衡量这项工作的标准是什么？全国公共图书馆评估定级已经开展了5届，用一整套评估体系对图书馆服务进行细致的量化。但严格地说，这种业界的评估过于注重专业数据，缺少读者参与，难免有失公允。读者是图书馆服务唯一的受众，因此，衡量图书馆服务优劣的标准应是读者的评价。令人欣喜的是，目前已出台的评估标准里增添了“读者问卷调查”，考评图书馆服务的读者满意率。

第二节　基层图书馆服务现状

读者服务是基层图书馆生存与发展的生命线，也是基层图书馆人孜孜以求的终极目标，但总有一些因素或多或少地阻碍着基层图书馆人追求的步履。主要体现在4个方面：

一、运行经费捉襟见肘

资金是基层图书馆服务的物质基础，从投入状态看，有静态与动态两类。前者指馆舍、书架、办公桌椅、计算机设备等，大多为一次性投入；每年的购书费、人员办公费、活动经费等则属后者，需要长期而持续的投入，随着基层图书馆事业的发展，需求还将水涨船高，但这一方面需求往往被忽视，导致不少基层图书馆设备老化、文献资源更新迟缓等问题，很大程度上造成常规服务乏力，甚至出现有的基层图书馆在新建或改造后，因运行经费时断时续而难于维计，不得不只开放个别服务窗口。这需要基层图书馆与政府相关部门加强沟通，让他们充分认识到对基层图书馆事业的支持需要一以贯之，难以一劳永逸。

二、人员素质参差不齐

读者服务的具体实施者是基层图书馆工作人员，因此，这一群体的素质与意识决定了服务的优劣。目前多数基层图书馆人员结构不合理，特别是大部分通过关系而非技能竞争进入图书馆的工作人员，文化水平普遍低下，遑论业务能力，而且相当一部分人视图书馆为疗养所，不思进取，久而久之养成好逸恶劳的习性。再则，不少基层图书馆工作人员以管理者自居，忽视作为服务人员的定位；强调读者的义务而无视保障读者权益，更有甚者，视图书馆为私人资源任意胡为。在这种情形下，基层图书馆服务成为奢谈。

三、资源配置厚此薄彼

据零点咨询机构连续4年以公共评价视角对中国公共服务水平进行系统性研究发现，在基层图书馆服务配置上普遍存在区域、城乡与群体不均等Q有些新建行政区域将图书馆作为配套一并纳入，固然是好事，客观上却造成中心城区与边缘地带图书馆服务的不均衡，中心城区读者享受到多重的图书馆服务，边缘地带则相差甚远。其次，政府在分配城乡公共资源时，农村得到的图书馆服务产品与城市不可同日而语。再次是群体差别，外来人口与本土人员、贫困人群与富裕阶层在享受图书馆服务上，前者弱势，后者明显占优势。

四、服务流程零乱无序

古语云，“不以规矩，不能成方圆”。很大一部分的基层图书馆从管理层到中层再到一线窗口，管理过于随意，没有形成一以贯之的规范的服务流程，服务水平不高、读者投诉率增加就不足怪了。有的图书馆，虽有分工，但职责不清，出现问题互相推诿；有的图书馆仅有几名人员，既要做流通服务，又要搞读者活动，还要兼顾参考咨询，自然顾此失彼；有的图书馆多年来由文化主管部门的副手兼任馆长，甚至随意指派人员暂时看管；有的图书馆在服务管理上“等、靠、要”思想严重，主动有为不足；有的图书馆服务有始无终，没有跟踪与反馈，服务停留在点上，没有形成以点带面。因此，要提升基层图书馆服务的有效供给和质量，形成相应的服务体系至关重要。

综上，我们发现，提升基层图书馆的服务水平从一开始的困境，可能是资金问题，但愈往后，就涉及人员素质、服务观念、制度设计等众多环节，而解决这一系列问题则需要一个较长的过程，无法一蹴而就。挑战不可避免，但机遇同样存在。其一，国家重大文化工程的实施，特别是全国文化信息资源共享、送书下乡等工程，以及农家书屋、职工书屋等项目的推进，提升了基层图书馆自动化水平及服务能力，为延伸服务提供了有效的途径；其二，读者需求的多样化与各种图书馆服务新技术的应用，给基层图书馆事业的发展以动力，也带来了变革之机；其三，四年一度的全国公共图书馆评估定级工作，既有利于基层图书馆的业务建设，也有助于推动政府加大对图书馆的投入，促进城乡一体的图书馆服务网络的形成。因此，我们有理由相信，基层图书馆事业的前景必将广阔无限。

第三节　基层图书馆服务创新与拓展的路径

时代日进日新，基层图书馆的快速蓬勃发展，早已颠覆了过去以图书馆馆舍为中心，或可称之为“守株待兔”式的读者服务，无论是图书馆服务理念、服务方式，还是服务模式均发生了巨大变化。读者获取图书馆资讯，接受图书馆服务，已经不必非亲自到馆不可，在馆外、在家里，均可轻松获取。可以说，基层图书馆的服务外延与内涵已发生几何级的裂变。这种变化，既是渐进式，又是颠覆性的，既大大提高了基层图书馆的服务效率，也提升了基层图书馆服务的社会效益。所有这一切的实现，既得益于现代科学技术在基层图书馆的大力应用，也得益于基层图书馆人的不断创新。但应该指出，无论物理空间如何扩大，技术载体如何更新，若缺乏服务创新意识，因循旧规，不思变革，固守一馆一舍，不主动走出去开展读者服务，基层图书馆必将逐渐沦落为无人问津的藏书楼。

一、从服务主体上拓展

图书馆服务的主体是图书馆自身，《图书馆服务宣言》说，“图书馆人与一切关心图书馆事业的组织和个人真诚合作。”因此，我们不妨将服务主体拓展为共享主体或合作主体，即采取合作或共享的形式，将政府或民间的一些机关、社团、组织纳入图书馆服务主体中。服务主体由一元变为多元，各成员利用自身不可替代的资源合作共享，直接或间接为读者提供服务，前提是必须保证服务的公益性。服务主体的成员除团体组织外，还可以是读者个体。读者既是基层图书馆的服务对象，也是可供利用的服务资源。读者资源因个体差异而丰富，包括阅历、时间、知识、人际关系等。例如，图书馆招募了近300名图书馆志愿者，有大学生、机关干部等，经图书馆培训后主要从事图书物理加工、巡架与上架、读者活动组织与协调等工作。读者以合作主体又是服务对象的双重身份，参与到图书馆服务中，这种方式促使他们所提供的服务更贴近读者的需求。拓展服务主体的目的不是要把基层图书馆的公共服务职能分担给其他机构、团体或个人，而是借助外力扩大服务主体外延，为读者提供更丰富多彩的公共服务产品，同时，图书馆工作人员也可以在与其他主体成员的合作中交流碰撞，既拓宽了知识视野，又从中得到无形的培训与提升。

二、从服务形态上创新

图书馆的读者服务形态有静态与动态之分。前者以基层图书馆和自有资源为中心，以馆为界，服务时长有限，服务内容与形式几乎不变。这是传统图书馆的主要服务形态，服务行为相对静态，较为被动，有"守株待兔"之嫌，后者则不受时空之缚，以用户为中心，根据需求开展服务，可以将图书馆服务发挥到极致，真正实现永不闭馆。通常以馆际合作、联合咨询、24小时自动还书箱、街区自助图书馆、即时短信服务等平台突破时间之限，或以图书流通点、流动图书车、图书漂流、通借通还等形式，走进军营、学校、机关、社区、民企、农村，开展图书借阅、信息推广、读者咨询、知识讲座等服务。创新服务形态要以静态服务为基础，动静结合，拓展服务外延，实现无时空之限的动态服务。近年来，图书馆通过在外来工子弟学校设立图书流通点、在部队设立分馆等做法，解决外来工子女及部队官兵看书难的问题；通过与高校图书馆签订合作共享协议、与其他基层图书馆签订地方文献互赠协议，既丰富了馆藏，又为读者提供更广泛的资源服务；通过举办市直机关与民营企业读者联谊活动，将图书漂流到外来务工人群中去。

三、从服务载体上衍生

图书馆服务产品从来源上看可分为固有与衍生的。固有服务产品指馆藏的文献信息资源，含纸本文献、缩微文献、视听文献、电子文献、实体文献与虚拟文献等，是"载体化"和"固化"的，传统图书馆据此开展服务。实际上，随着社会的发展，读者对图书馆服务产品的需求远不止于此。基层图书馆不仅要致力于固有服务产品的供给，还应自觉衍生扩充其他服务产品。例如书画、刻字、花卉、石雕艺术、摄影作品、家居装饰等，这些均属图书馆衍生出的静态服务产品，在基层图书馆应有一席之地。可设专区展览，或散置于阅览区域，配上简短的文本说明，让读者阅读之余陶冶情操、提高修养。还可以通过戏曲展示、木偶展演、文艺沙龙等动态服务产品，让读者近距离感受到艺术的魅力。衍生服务产品中无论是静态或是动态，都是为了营造水乳交融、和谐相生的人文氛围，满足读者的多元化需求。例如图书馆在周末引入颇具闽南特色的提线木偶演出《西游记》《大明府》等剧种，读者好评如潮；再如在馆内开辟专门展览区，由摄影家协会、书法家协会等提供作品，定期举办专题展或个人作品展，利用馆舍内外多余的空间长期举办奇石与花卉展。这些动态服务产品的展示，既装饰美化了环境，又让读者领略到脉脉的文化韵味。

四、从服务模式上变革

服务以资金支持为保障，虽然图书馆的公益属性决定其责任主体是政府，但若单纯依赖政府投入，服务难免有受制之时。服务模式的变革主要在两个层面。一是内生模式，即将运营机制引入基层图书馆，在保证公益性基础上，面对有需求读者适当开设营利性服务项目。这种公益与营利相结合的服务模式既可弥补日常投入的不足，又能扩大基层图书馆服务的影响力，拓展生存空间。运作的前提应保证公益服务能够满足大部分读者的需求，杜绝将公益服务全盘转化为营利性服务。在保证免费办证、无证阅览、免费使用馆藏资源与各种服务的前提下，利用与台湾一衣带水的区域优势，引入部分读者需求的台湾职业培训等。《图书馆服务宣言》指出，“图书馆鼓励社会各界通过投资、捐赠、媒体宣传、志愿者活动等，促进中国图书馆事业的发展。”由此引出另外一种模式——外生模式，即在图书馆外生成另外一种力量，如成立基层图书馆发展慈善机构（图书馆慈善基金、图书馆私人基金会、图书馆发展基金等），依托这些力量兴资办馆，共同推行公益服务，或以冠名、树碑立传等形式鼓励民间力量参与基层图书馆公益服务，凝聚全社会力量共同推进基层图书馆事业发展。慈善机构独立运作，有独立的董事会、独立的财务收支，作为基层图书馆服务的外生力量，保障与引导图书馆服务向乡村、边缘地区、外来人口集中地区及弱势群体倾斜，一定程度上解决因公共资源配置不均造成的图书馆服务的缺失。

如果说“服务是图书馆的永恒主题”，那么创新就是动力。唯有不断创新，服务才能日臻完善，图书馆也才能如阮冈纳赞所言的“生长着的有机体”。已故的阿根廷国立图书馆馆长博尔赫斯曾说：“我心里一直在暗暗设想，天堂应该是图书馆的模样。”这是一个作家对图书馆诗意的描绘，也是一个图书馆人对图书馆美好的梦想。在辞典里，图书馆是这样定义的：“搜集、整理、收藏图书资料供人阅览、参考的机构”。图书馆服务的意义远不止于此。时代在变化，基层图书馆应该跳出概念的框架，探寻新的福祉。图书馆给读者提供的，不仅仅是知识的殿堂，而且是陶冶身心之地，还应是终身教育的学校，更应是文化交流中心。倘能如是，那么博翁话语里天堂般的图书馆则指日可待矣。

第八章　基层图书馆立馆理念与发展目标

第一节　基层图书馆的立馆理念

基层图书馆的发展定位是什么，未来将走向何方？这些问题与基层图书馆的立馆理念紧密相关。每一个基层图书馆均有专属于自己的立馆理念，就像每一所大学都有自己的治校之思。立馆理念就像航标，决定图书馆发展与前进的方向。纵观我国的基层图书馆，立馆理念的表述虽有所迥异，但推敲起来大同小异，立足点大致离不开"公益""免费"与"公平"三个元素。当然，这是基层图书馆立馆之根本。

对于基层图书馆而言，服务基层群众是主要的工作目标，但服务并非基层图书馆的唯一宗旨。从建馆伊始，基层图书馆就需要找准自身定位，既要考虑图书馆作为专业机构在当地文化事业发展体系中的位置，又要考虑图书馆作为公共文化服务窗口应该承担的工作职能，还应考虑图书馆事业可持续发展的潜在力量。基层图书馆的立馆理念，既非三言两语可以概括，也非恒久不变，而应随着社会经济文化水平的发展而变化。

但无论社会如何发展，图书馆如何定位，服务是基层公共图书馆永恒的主题。服务的主题涵盖的范围广而泛，诸如服务对象、服务方式、服务理念及服务创新与服务效益等。其中，无论是服务外延或者服务内涵的任何一方面发生变化，图书馆的服务质量与社会效益均需重新评估。正所谓"牵一发而动全身"，随着社会的多元化发展，基层图书馆面临的问题层出不穷，有的问题并非朝夕可解，这就要求基层图书馆除了要有处变不惊的能力，更重要的是，要有坚定的立馆理念为方向，指引基层图书馆的前行之路。

"县级公共图书馆在我国公共图书馆服务体系中处于事业基石、体系枢纽、服务前端和总分馆中心的地位，"这既是高屋建瓴的定位，也是颇具创造性的战略目标，清晰地标示出基层图书馆今后的发展脉络。迈克尔-波特说"战略就是形成一套独具的运营活动，去创建一个价值独特的定位"。对于当前的基层图书馆而言，只有理清创新与服务两者之间的关系，并作为图书馆定位的双翅，基层图书馆事业才能得到繁荣发展。

美国著名的"定位之父"彼得•德鲁克曾说，"努力创造未来是要冒很大的风险的，然而，它的风险比被动地接受未来小得多"。基层图书馆的未来将呈现什么样的图景？是否如过去一段时间"图书馆消亡说"所描述的那般？我们坚信，前行之路充满各种可能，一切尽在图书馆人的努力创造之中。

第二节　基层图书馆立馆理念与社会的关系

基层图书馆与社会、与公众的关系是什么？回答这个问题前，先要弄明白基层图书馆是什么，能做什么？也许有人会回答，基层图书馆就是面对基层，开展公益性服务的文化单位。

显然，这样的回答未免过于简单化，与基层图书馆追求的人文精神相去甚远，更谈不上所谓的立馆理念。我们认为，基层图书馆的立馆宗旨或者立馆理念，必须存在于图书馆本身之外。为什么这样说呢？基层图书馆作为一个独立的专业服务机构，同时又是社会公共文化的组成部分，其立馆理念必须与社会公共生活紧密相连，也就是说，必须存在于社会之中。因此，基层图书馆的立馆理念，应该由社会公众来决定，而不是由地方政府的一纸指令，或者图书馆人闭门造车商定。

也许上述观点，可能招致众矢之。有人说，倘若一座基层图书馆读者缺失，无人问津，是否还有存在之必要？倘若基层社会公众漠视基层图书馆的存在，图书馆的生存危机是否已经来临？萨特说，存在就是合理的。在读者缺失、公众漠视之下，基层图书馆倘若还能一息尚存，恐怕就是沦为藏书楼之境地了。但即便是一座藏书楼，也有义务为基层社会公众保存全人类智慧与知识的责任。因此，无论基层图书馆最终成为什么、做了什么，基层图书馆与社会公众的关系始终不可分割、鱼水交融；基层图书馆的立馆理念，应该与社会的发展齐头并进、相得益彰；基层图书馆的社会责任，应该充分体现基层社会公众的利益；基层图书馆的服务精神，应该以满足基层社会公众的公益文化诉求为导向。正因为基层图书馆要满足基层社会公众对知识的渴求，基层图书馆才有存在之必要。读者等基层社会公众是基层图书馆存在的理由与基础，也是基层图书馆可持续发展的源泉与动力。基层图书馆策划层出不穷的读者活动，开展各种各样创新性的公益服务，就是要最大限度地满足基层社会公众的文化需求，就是要为基层图书馆的立身、立馆提供最有力的证明。因此，基层图书馆的立馆之本、立馆理念，倘若离开社会公众、撇开社会责任，就只能是无稽之谈、空中楼阁。

第三节　基层图书馆的发展目标

毋庸置疑，基层图书馆因基层社会公众而存在，基层图书馆事业伴随着基层群众日益增长的各种公共文化需求而得以发展。那么，是否可以说，基层图书馆的发展目标至少应该包含两个基本点：一是服务，二是创新；或者可以说，“服务”与“创新”，既是基层图书馆立馆的基本出发点，也是基层图书馆的基本服务职能。

众所周知，服务是图书馆永恒的主题，这早已成为图书馆界的共识。随着多元化社会的到来，社会公众对基层图书馆提出各种各样的要求，期望从图书馆里获得更加人性化、更为完善的公益服务。这就要求基层图书馆必须从读者需求、现实情况和图书馆价值观等方面入手，将满足基层读者不断变化的服务需求作为图书馆追求的目标，甚而作为评价与衡量图书馆服务得失成败的标准。因此，基层图书馆的立馆理念，倘若撇开服务谈事业发展，撇开服务谈社会效益，就是无根之木、无源之水、无米之炊。另一方面，基层图书馆仅仅谈服务够吗？一味注重服务的基层图书馆，是否深受基层社会公众所喜爱？什么又是基层图书馆服务的源泉与根基？服务需要资源，服务需要理念，服务更需要创新。只有秉承开拓的思维，只有善于开辟不竭的资源，只有在不断创新中开展服务，基层图书馆才能永存在于社会公众之中，才能成就“百年老馆”之愿景。换言之，创新是基层图书馆的核心动力，变革与创新应该成为基层图书馆内生的动力而被主动接受，而不仅仅是受迫于图书馆外部世界日进日新的需求而被动为之。“创新”这个语词对基层图书馆而言，就是创造性地满足各种类型的读者在不同时期提出的差异化需求。满足的过程就是一次完整的服务过程，满足的前提条件是基层图书馆必须能够提供优质、丰富的公共文化服务产品。为了圆满完成这样的服务过程，基层图书馆本身未必要变得更强大、更宏伟，但持续地改进与不断地创新则是必然的要求与趋势。

尽管准确表达一座基层图书馆的使命与发展目标何其艰难，但只有明确目标定位，才能统筹各种资源、确定发展方向、制定发展规划，也才能最终实现基层图书馆社会效益的最大化。基层图书馆的各项发展规划与目标，必须立足于本专业领域，思考基层图书馆的将来会是什么，以及应该是什么。尤为重要的是，基层图书馆的发展目标不应该只是一个抽象的说辞或模糊的定位，而应该视为是基层图书馆对读者的某种服务承诺，是实现基层图书馆使命的一种必然投入。换另一个说法，就是代表着基层图书馆的基本发展战略。这就要求基层图书馆的发展目标或使命必须具有可操作性，不但能转化为具体的、日常的工作计划与安排，还能成为图书馆服务与馆员成就的基础与激励因素；另外，基层图书馆的使命与目标必须能有效地集中各种各类资源为图书馆所用，更进一步说，基层图书馆的使命与发展目标应该具有创新性，因此基层图书馆可以拥有多种使命与目标，而不是唯一的使命或目标，而且必须与时俱进。

一言以蔽之，基层图书馆的使命与发展目标“不是命运，而是方向；不是命令，而是承诺。”基层图书馆的使命与发展目标并不能完全代表基层图书馆的未来，而是为了创造未来而进行公共服务资源配置的一种手段。基于上述理解，我们认为基层图书馆在使命与发展目标的建立过程中，以下三种目标的制定必不可少。

首先是创新的目标。基层图书馆的创新目标主要指服务创新与管理创新，其中包括服务方式与服务产品的创新，以及面对读者的各种技能与活动的创新。对于图书馆而言，创新既是服务理念，又是服务产品。创新意味着无论是服务方式、模式、理念，还是服务产品、资源、形态均非恒定不变，相反的却是一个不断修正、不断更新的过程。基层图书馆确立与实现创新目标，与当地的人文气息与历史底蕴息息相关。多元的文化宝库，催生了各种各样的文化活动得以蓬勃开展，基层群众对文化知识充沛的渴求，必然促进图书馆对创新目标的不懈追求。文化的渗透力向来是“润物细无声”，一个地方的人文底蕴与品性，决定了斯地的价值取向与阅读习惯，文化的多元与包容性，势必转化成为图书馆立馆之人文底蕴，成为图书馆创新目标坚实的土壤，而且必将促进图书馆创新目标的最终实现。

第二个是资源的目标。完成基层图书馆的使命必然离不开资源建设，发展基层图书馆事业必然与资源目标紧密相连。这里所说的资源包括人力资源与资金资源，以及无形的社会资源，诸如地利之便、人文优势、时政环境等。基层图书馆只有充分吸引各种资源为其所用，才能实现图书馆事业的可持续发展。那么，基层图书馆要如何做到呢？首先就是设立合理的资源目标，然后据此制定详尽的发展方向与计划。基层图书馆在制定资源目标时，不可局限于某一种资源对应某一种目标，而应倡导资源的多目标化。例如人力资源目标的设定，不必拘泥于体制内外，只要能为图书馆所用，并能产生良好的社会效益，均可列入基层图书馆人力资源的目标。基层图书馆资源目标的确立应该立足当地的资源环境，从实际情况出发，分析优劣利弊加以利用。

第三个是社会责任目标。社会责任即社会维度，关系着基层图书馆的生存与发展。基层图书馆既然存在于社会生活中，就不可能置于真空，独善其身。对整个社会而言，图书馆就必须是从事着必要的、有价值的工作，这也是基层图书馆的立足之源。任何公益文化机构均承担着一份不可推卸的社会责任，基层图书馆作为社会公共文化公益服务机构，社会责任远远大于其他公益机构。因此，将社会责任纳入基层图书馆事业的发展目标无可厚非。但是，可能会有这样的声音弥漫：所谓的社会责任，只是代表某种道义上的东西，是抽象的，难以捉摸，难以转化成基层图书馆可操作、可量化的目标。于是乎，在这种声音的驱使之下，基层图书馆的社会责任演变成一种只在嘴皮上动动，而没有付诸现实，甚至是没有多少实质意义的目标，可谓“似有如无、可有可无”。殊不知，看似无形的社会责任，完全可以通过某些活动载体或者项目平台转化为有形的目标。不妨以保障公众平等获取知识的权利为例来加以说明：在履行上述权利的责任与义务上，社会上往往对教育主管部门、各级各类学校提出明确的要求与期望，而对基层图书馆则没有具体的要求。事实上，基层图书馆作为“公民大学”，是公众的终身教育基地，更有责任与义务承担上述工作任务。基层图书馆可以整合自身与社会的资源，通过举办形式多样的阅读推广活动，吸引广大基层读者参与，提升读者的文明素质与文化程度，将无形的社会责任转化为有形的社会效益。

基层图书馆立身基层，与基层公众面对面，服务基层公众，满足基层公众对公共文化的服务需求，日常所为，多为琐碎；日常所思，不够宏大。但只要基层图书馆存在一日，就必须践行作为社会公共文化服务机构的使命与任务，就需要实施“创新”“资源”与“社会责任”三项发展目标的建设。“目标”一词，往往被理解为梦想或者愿景，实现与否尚未可知，但对于基层图书馆而言，则是必须要努力去实现的目标。

因此，基层图书馆应该将上述目标纳入图书馆的整体发展战略中，让图书馆全体工作人员为共同的目标去努力，将目标变成可实施与可实现的工作任务。在实施的过程中，困难在所难免。在困境面前，因循旧规不可取，随波逐流将失去自我，只有找准定位，不断创造、创新，基层图书馆才能拥有可持续发展的动力与活力。

第九章　我国图书馆地方文献建设理论

第一节　地方文献的概念与特征

对于图书馆发展与文献建设工作而言，地方文献的搜集是一项重要内容，地方文献的整理不仅可以实现文献特色价值最大化，还可以提高图书馆服务质量，因此分析地方文献的收集工作具有重要意义。

一、地方文献的概念

地方文献是区域文化的重要组成部分，是人类社会宝贵的文化遗产，以区域为中心，详实记录了该区域内天文地理、物产资源、风土人情和名胜古迹等自然和社会现象，以及人的群体活动方式。记地理则有沿革、疆域、面积、分野；记政治则有建置、职官、兵备、大事记；记经济则有户口、田赋、关税；记社会则有风俗、方言、奇观、祥异；记文献则有人物、艺文、金石、古迹。地方文献是地方文化的积淀，是地区发展的缩影，也是文化传承的印记，记载着当地历朝历代不同时期的政治、经济、文化、教育等各个领域的发展变化以及重大事件，是外界了解当地风土人情的简便工具。当代，地方文献对于促进当地经济建设和社会发展起着重要作用。

（一）地方文献的定义

地方文献是该地区对不同历史时期政治、经济、社会、人文、教育、民俗、传说等各领域重大历史事件的真实记录。地方文献既有古代文献，也有现当代文献，具有重要的开发与利用价值。地方文献真实地记录了该地区的社会发展史和时代变迁史，是对后人有借鉴启迪作用的文献。地方文献又是各级图书馆馆藏建设的重点之一，受到国内外图书馆界的高度关注。

地方文献中的“地方”一词，是相对的概念，是相对于世界、各洲和各国而言。国家及以上区域的文献一般被称为世界史、洲史或国史；国家以下区域的则通常被称为“地方文献”，并且“地方”的范围是变化的区域，如大的范围可指我国东北地区、西南地区，较小的范围可指各省、直辖市、自治区，更小的也可指地、市、州和县的范围。

（二）国外对地方文献的代表性观点

随着人们对地方文献在社会经济发展中作用认知程度的提高，国内外专家学者对地方文献进行了持续研究。由于专家学者对地方文献的理解不同，在其研究过程中衍生出多种对地方文献的定义。

（1）英国《哈罗德图书馆员术语》一书中对地方文献的表述是：“图书馆收藏有关当地的文献资料，包括书籍、地图、画片以及其他资料。”

（2）美国图书馆研究人员认为，地方文献是包括某一区域生态环境发生变化的文献资料，这一定义明确了人的作用，将人与环境的关系、人与人或政治集团的影响、生态变化对人的影响列入定义中。

（3）俄罗斯专家认为，出版物中新闻报道、历史记录、学者评论某地观察到的事情，在其他地方观察到的事件是由于本地作用发生的事件，发生在其他地方的事件对当地产生影响的研究成果，都属于地方性出版物。

（三）我国图书馆界对地方文献的代表性观点

时至今日，国内图书情报界对地方文献含义的表述，尚未取得一致意见，这无疑给开展地方文献工作的机构造成了障碍。深入探讨这个问题，无论在理论上和实践上，都具有重要意义。但总的说来，对地方文献的表述，不外乎有两种最具有代表性的观点。

1.广义的地方文献说

这一学术观点认为地方文献是有关当地任何载体的所有资料，包含当地历史资料、当地人物和著述、当地出版物，其载体形式多种多样，如图书、杂志、报纸、图片、照片、影片、画片、唱片、拓本、表格、传单、票据、手稿、印模、簿籍等。部分学者教授将这一概念定义为广义的地方文献概念，并建议图书馆应扩大地方文献的搜集范围，按照广义概念搜集地方文献。

2.狭义的地方文献说

这种学术观点认为，地方文献不论制作地、制作方式和承载形式，其在内容上必须具有当地特色。部分学者将这个概念定义为狭义的地方文献概念，并要求图书馆应该在广义上搜集地方文献，狭义上保管利用地方文献。

这两种观点均从不同角度对地方文献进行定义，但似乎又都欠完善。而不论内容如何，只有认识地方文献的特性，探讨地方文献的内涵，全面、深入地分析与了解事物的本质特性，才能揭示地方文献的本质属性和适用范围，才能科学地表述事物的概念，以便更好地开展地方文献的理论研究和实践工作。狭义的地方文献说对研究地方文献更有利，更便于操作，但完整度不够。一方面，如果定义的范围过大，在人力、物力、财力和馆舍空间上均无法应付，甚至会阻碍采集和整理地方文献工作，且范围过于宽泛则失去了“地方文献”的意义；另一方面，只以文献载体内容为划分的唯一标准，又显得不全面。因此建议：宜采用搜集“宜宽不宜窄”、收藏“宜窄不宜宽”的做法，“宽”与“窄”要从图书馆的实际出发，看图书馆的地位、层次以及规模，具体问题具体分析，根据实际情况制定出各馆的地方文献工作指导方针和具体实施细则，采用不同的方法和操作步骤。

处在网络信息时代的今天，地方文献的形式和内涵与以往相比又有了新的不同。现在，地方文献不仅在当地出版发行，也在国内其他地方甚至国外出版发行，突破了地方文献出版的地域限制。地方文献类型除了有方志、家谱、地图等传统形式外，还有专著、期刊、科技报告、专利文献、学位论文等新类型；载体形式不仅有纸质印刷型，也出现了缩微品、录音、录像、数字和网络产品等品种，更有大量的地方文献发表于各种报刊上，散见于各种会议文件中，甚至出现在各种商业性宣传作品里，用更快速度、更引人注目的方式向社会传播。面对内容如此广泛、形式如此多样的文献，对其进行系统的、多方面的、多角度的、多层次的划分，对于有效搜集和整理地方文献，充分开发和利用地方文献资源，发挥其应有的文献价值，至关重要。

简而言之，地方文献利用不同载体，真实记载了发生在当地的历史事件、自然现象和社会万象，是记录或描述在一切物质载体上的某一地域自然现象和社会现象的历史资料和现实资料，是我们对历史的一种传承，是一种真实记载人文史实的特殊载体，是外界了解当地的一张名片，更是当地经济发展、文化繁荣的宝贵财富。

二、地方文献的基本特征

地方文献是当地非常重要的非物质资源，通过不同载体承载，并由丰富的、多形式的文献内容组成，是图书馆独特的藏书体系，是其他馆藏资源无法比拟的，是独一无二的馆藏资源。其基本特征体现在以下几个方面。

（一）地域性

地域性是地方文献的基本特征，是否具有地域性是判断文献能否确认为地方文献的重要依据。远古时期的古人类以区域为单元群居生活并进行生产活动，长期以来生活在不同地域的人类以自己的生活方式沉淀文化、记录生活、保存文献。地域性文献从开始即存在地域差异性，已出土的文献中已经证明了这一点，比如通过考古发现的跨越不同历史时期和不同地域的人类文明，其中黄河文明、长江文化、巴蜀文献等均存在明显地域差异性。

在全球化高速发展的信息时代，区域范围正在扩大，全球文化互通互融，不同国家和地区的文化差异仍然存在，并且将长期存在，这是地方文献的基本特征。作为区域记载物的地方文献，是文化的深层结构。只要文献详实地记录了一个地方的政治、经济、文化、教育等人文与自然状况，文献所记载的内容能体现并兼顾反映与本地相关联的内容，有明显的区域文化特色，无论文献形式、载体、出版地、出版者乃至文种等为何，该文献都属于地方文献。

鉴别文献在内容上是否具有地域性，需要看文献记载的历史、现状、人物与当地有无关联。首先，文献应该从不同角度记载、分析、研究当地历史、现状和未来，其内容应以当地历史资料和现实资料为依据，反映当地自然资源与社会环境的沿革、变化和现状。其次，文献记载的事件不是发生在当地，但是与当地发生关联，比如当地史志资料记载的当地烈士参与的战斗故事，可能发生在国内其他地区或者国外，但因烈士属于本地人士的，也可将其认定为地方文献。最后，文献记载的内容发生在当地之外，但会对当地产生影响的，也属于地方文献。比如国家对贫困地区支持性政策对于贫困地区来讲属于地方文献，再比如国家就某一领域的表彰决定、某一地区代表到其他地区参加经验交流大会的，也属于地方文献。

（二）真实性

地方文献必须真实、客观地展示当地的历史和现状，把当地有文字记录以来发生的历史真实事件、经济发展过程、产业结构变化、社会制度变迁、民风民俗传承等全部记录下来，具有较强的文献参考价值和史料研究价值，是研究本地域的重要工具，具有参考使用价值。

地方文献由本土人士采用纪实手法创作，属于实际生活的原始记载，其每一份资料都经过深入研究而成。因此，其文献内容真实，资料数据准确。地方文献中一批资料由手工完成，尤其是从古代传承下来的文献资料，比如手稿、画册、史志资料、20世纪中期之前的文献资料等，手工完成的文献资料可以体现其原始性、真实性，能为当地党政领导、科技工作者等提供真实的地方史实，增强人们对当地政治、经济、文化的了解。正是因为地方文献具有真实性，所以其所包含的社会信息对地域经济发展有重要的参考价值。

清代史学家章学诚在谈到修志时说过："地近则易核，时近则迹真。""核"与"真"，即真实准确。由于绝大部分的地方文献属于事件当时当地的人对事物所做的直接描述，且这些文献多出于当时当地名人手笔，许多是经过调查、采访或统计整理的实录，可靠性较大，有的还不为正史所载，故具有较高的史料价值。尤其是政府及相关部门发布的公报、文件或政府收藏的档案，更能反映当地政治、经济、军事、文教等方面的情况，不仅具有可靠性，还具有权威性。测绘和采访资料更具有较大的参考价值，特别是关于工农业生产和自然灾害的情况，都是根据实地调查统计或劳动人民提供。著名方志学家朱士嘉先生曾经说过："通志（指地方志）的可靠程度不如府志，府志的可靠程度不如县志，县志的可靠程度不如镇志，行政单位愈小，其所修志书的可靠程度愈高，这是一般规律，基层单位范围小，人口少，采访易，记述有所出，人也容易发现，容易纠正。另外，他们受到上级政治压力小，控制差，在写作方面享有较大的自由。"真实性主要反映在学术价值和史料价值，因此，地方文献可为当地党政机关在决策、规划与制定方针、政策等方面起到非常重要的参考作用。

（三）广泛性

地方文献形式多样，内容丰富，涉及领域广，对当地自然、社会、人文等历史和现实进行真实记录。地方文献涉及社会环境、自然环境两个领域。自然环境包括天文、地理、地形地貌、水文地质、气候气象、矿产资源、物种分布等，社会环境包括人文历史、地方政权、社会变革、制度创新、社会经济、地方文化、体育、教育、民族、宗教、民俗、语言和文学艺术等。地方文献时间跨度长，从有文字记载且有人类在当地活动开始，便有了地方文献，只要有人类活动的地方，文献就不会中断。大跨度、多领域、多学科、丰富内容的地方文献可以全方位、多角度地反映某一区域的整体风貌，使后人不会出现认识上的偏差，也为后世研究人员提供了充实的理论依据，促进其作出科学判断，地方党政领导可以做到科学决策。在图书馆建设中要注意地方文献形式多样性带来的无序性，与从广泛性引发的不规范性问题。

（四）多样性

地方文献研究对象包罗万象，出版形式多样，从内容到形式，从体例安排到语言文字，都没有一个固定的模式。地方文献记载内容广泛性，决定了其形式的多样性。除传统正式出版、期刊的印刷出版物之外，还有非正式出版物，其载体包括书刊、报纸、油印品、小册子、作者手稿、手抄本、图集、图片、碑帖等，还包括其他记录知识的符号与相应的物质载体，如文件档案、录音、录像、音像制品、复印品、多媒体、网络文献等文献形式，也有家谱、传说集录、历朝历代方志等历史文献，内容和形式上都呈现出多样性的特征。

第二节　地方文献的类型与作用

一、地方文献的类型

地方文献的载体多种多样，所反映的信息涉及政治、经济、社会、文化等多个领域，其类型繁多，几乎将所有文献类型都囊括其中，按照类型划分可以概括出以下种类。

（一）按著述形式划分

有地方政府发布的工作报告、地方的统计年鉴、统计公报、地方年鉴、地方史、地方志、地方档案、地方百科全书、地方丛书、地方著述、地方报刊、回忆录、传记、谱牒、地方人事碑志、地方图录、地方文献书目、地方音像资料、网络地方文献等。

（二）按出版形式划分

有公开出版物、非公开出版物和背景资料三个部分。

（1）公开出版物。公开出版物指由国家或地方正式出版单位出版发行，反映本区域的政治、经济、军事、文化、科学、教育等的图书、报纸、期刊、图片、画册和其他形式的正式出版物。由于是公开出版物，出版主体比较正规，印刷品的质量相对较好，出版前相关人员对地方文献资料进行过认真研究核对，可信度相对较高。其缺点是出版物耗时较长，出版物需要大额的经费做保障，因此，经费可能影响印刷数量。

（2）内部资料性出版物。内部资料性出版物是地方党政机关和企事业单位、团体在某一特定社会范围内出版发行的图书、报刊和年鉴、文件汇编、会议录、论文集、调查报告以及其他各种形式的出版物，其中包括由各地政府组织编制的地方史和专业志、记录、纪要、当地政府颁布的法规条文等，是地方范围的出版物，具有针对性强、信息量大、时效性好的特点，在全部地方文献体系中占比较大。

（3）背景资料。背景资料指不以出版为目的的文献，如手稿、日记、笔记、信札、抄本和文书等，还有文契、证券、商标和产品说明书等。此类文献多系原始记录，内容可靠，针对性强，并具有一定文物价值或收藏价值。从地方文献典藏角度考虑，前者因其具备图书形式，一般按内部资料性出版的文献处理。人们平时所说的非书资料，是指后面一类不具备图书形式的文献。

（三）按文献价值划分

（1）核心文献。指专门记述地方事物的文献，如地方志、地方史、地方人物传记以及各种专门的地方史料。这类文献中所含地方文献内容量大，重复利用率高，使用效果较好。

（2）辅助文献。指内容在某种程度上涉及地方事物的文献，包括上级区划文献资料涉及的部分和专业文献涉及的当地文献资料。这部分地方文献内容没有核心文献丰富，但是相比核心文献有极强的专业性和社会影响力，其文献价值较高。

（3）其他文献。指进行地方研究不可缺少的基础文献，如野史和笔记等。这类文献中，地方信息量小，但却有一些其他地方文献不具有的重要内容，并且这类文献将对于地方的研究置于更为广大的领域，开拓了研究者的视野。

此外，地方文献还可从介质形式上分为甲骨地方文献、金石地方文献、刻印型地方文献、印刷型地方文献、手抄型地方文献、缩微型地方文献、视听型地方文献、网络型地方文献等，从文献内容上分为地方社会科学文献、地方自然科学文献等，从文种形式上分为汉文地方文献、少数民族文地方文献、外文地方文献等，从时间跨度上分为地方古代文献，地方近代文献、地方现代文献、地方当代文献等。

二、地方文献的作用

地方文献客观真实地记载了当地自然环境变化情况和社会人文传承发展，具有多次利用的馆藏价值。地方文献从各个不同角度记录了特定区域内的自然环境变化与社会制度变迁，具有重复使用价值和保存价值。

从古至今，地方文献一直被后人利用，具有“了解历史、借鉴历史、激励意志”的作用，可以称作“地方百科全书”，对人们了解过去、指导现在、预测未来有着重要的借鉴作用。在信息社会高度发展的今天，地方文献所具备的史料作用主要体现在以下几个方面。

（一）提供决策依据

地方文献客观地反映了区域内的自然概况、地理历史、政治军事、经济建设、社会变迁、风俗习惯、文化教育、人文故事等方面内容，对后人借鉴历史、反映现实决策、未来具有很好的“资政”作用，因而受到历朝历代地方政府机构的高度重视，其所提供的地方史志文献，是当地政府部门进行决策时的重要参考资料和地情依据。

地方文献是帮助新到任的地方官员深入了解当地政治、经济、文化、教育等事业发展与建设的历史与现状，以及当地自然资源和社会状况等的重要文献，为当地政府制定经济发展规划和方针政策，相关部门组织实施经济建设、引导民众提供了全方位信息和历史资料。

从古至今，行政主管到一地任职必须全面了解当地风土人情，熟悉当地基本信息。通过图书馆馆藏的地方文献，行政主管可以充分了解当地基本情况、风土人情和历史沿革，使决策者能对所辖地区生态、地理、民俗等历史和现实进行综合分析，从而作出正确决策。

（二）提供文献支持

地方文献记录了本区域的一切自然现象、社会现象以及群体活动方式，涉及区域的地理位置、地形地貌、山川河流、气候灾害、建制沿革、物产资源、语言文字、风俗人情、名胜古迹、政治军事、经济生活、文化艺术和科学教育等方面的历史和现状，保留了大量前人在各方面的研究成果。地方文献能够为后人认识该地域的历史和现状提供可靠资料，能够揭示事物发展的客观规律；能为现今的科学研究提供重要参考，是科学研究的重要依据；是专家学者们进行科学研究的重要对象，是科学创造的源泉；能为区域内各行各业专业人员了解本地历史和现状、从事专业研究提供系统资料。

在国家科研事业中，地方文献为天文、气象、地质、地震、农学、地方病学等学科研究，提供了大量翔实的资料和数据。科研人员参阅大量地方文献，完成了各种科学专著。例如，中国科学院天文台汇辑方志编成的《中国天象总表》《中国天文史料汇编》，中央气象台编辑的《五百年来中国气候的变迁》《中国古天象纪年部表》，中国科学院地震工作委员会历史组从8000多种地方文献中辑录出《中国地震资料年表》，后又校补为《中国地震资料汇编》，辽宁省图书馆也从方志中辑出《东北地震资料》等。

（三）提供历史依据

区域经济的最佳发展离不开区域自然资源、历史基础、人口、民俗、技术、市场及管理机制等因素的影响，地方文献是记录区域经济状况的主要文献。在历史的发展长河中，山川河流等大自然发生着变化，某些矿产资源和传统工艺，可能面临枯竭和失传。地方文献真实记录了区域内各方面演变的过程，可以为民众还原历史、分析未来提供依据。地方文献可以指导人们利用当地优势发展经济，保护稀有资源的合理开发利用，传承传统工艺，繁荣民间制造，进而挖掘文化潜力，坚定文化自信。地方文献为各地诸多行业都提供了大量线索和数据等珍贵资料，注入了丰富的历史、文化内涵，使地方产品的生命力更加旺盛，从而更受人们青睐。

在发展区域经济时，各地都在寻找各自新的经济增长点。地方文献有利于为提高该地区的知名度寻找切入点，以吸引国内外经济实体，繁荣地方经济建设；为地方经济建设提供详细可靠的信息资料，帮助解决在经济建设中遇到的难题；为进一步发掘地方资源、发挥地方经济优势、推动地方经济建设提供历史依据。利用地方文献发展旅游经济更是其价值的体现。各地根据地方文献记载，可逐步

修复并开发历史文物遗迹、风景名胜等旅游景点，发展地方旅游经济，从而带动区域内相关产业经济发展，提高人们生活水平。

（四）提供史料支持

地方文献最为突出的一个特点是体现地方文化。地方文献在地方文化的继承和宣扬方面发挥了提供历史资料、传承文化特色、促进文化繁荣的作用。比如，对古建筑进行修缮时，可以借助地方文献资料再现古建筑风貌。又如，对于当地一些即将失传的表演艺术，可以借鉴相关文献资料对其进行抢救性传承。一些已经失传的传统工艺、民间特色小吃，通过对地方文献研究，可以再次被后世了解和掌握，这些工艺和特色文化将有可能被传承和发扬。研究地方文献的历史资料可以发掘民族交融的历史渊源，可以促进民族团结和友谊，增进民族大团结的凝聚力，既能满足群众的文化要求，又能传承地方原来的文化特色，进而为学者研究区域特色提供必要的理论基础和学术依据。

（五）提供丰富资料

地方文献跨越年代长，涉及领域多，内容丰富全面，手法客观真实，是一部历史百科书，是历次史志修订的重要参考资料。地方史志修订人员要先博览有关资料，从中选择合适的内容作为基础资料，再进行分析、对比、选择和归类，并按照史志修订要求将其进行组合，修订成地方史志或编撰成新的断代史、专业史，也可以通过新的排序、演绎、研究、提炼，形成新的史学研究成果，充实地方文献资料。

20世纪80年代初，全国编史修志工作达到高峰。以首都图书馆北京地方文献中心为例，自1989年以来，先后为北京地区的史志工作者提供了《北京金融志资料》和《北京邮史资料汇编》等大型史料汇编；辽宁省图书馆通过对地方志的辑录和研究，编制了《辽宁地方志考录》和《辽宁地方志论略》等。近年来，各地又开始了新一轮修纂新史志的热潮，对图书馆地方文献资源的利用也达到了新的高峰。

（六）爱国爱乡教育的生动教材

地方文献的记载内容翔实、形象生动、通俗易懂，极具感召力，易于众多人群阅

读借鉴，尤其适宜青少年阅读。地方文献能够使青少年通过文献资料进一步了解家乡的山川风貌和风土人情，了解家乡的仁人志士、英雄烈士、历史名人，培养青少年爱祖国、爱家乡、爱人民、爱自己的情操，孜孜不倦的学习精神与建设家乡的信念，使他们从小学习过硬本领，造福家乡人民。地方文献是教科书的有益补充。

第三节　地方文献与其他文献的关系

一、地方文献与地方文化的关系

文化的发展是社会发展的必要组成部分，而文化表现在多个领域。民族优秀文化经过代代继承与不断发展和弘扬，最终成为各具特色的地方文化。简单来说，地方文化指某一地区在社会发展历程中所形成的物质与精神成果。随着地方文化慢慢积累、逐渐深化与拓展，地方文献逐渐形成。本质上，地方文献是该地区在文化积累过程中客观环境与人类主体活动的记录。因此，地方文献内容既包含自然环境、社会概况、经济生产等信息，也包括对民俗、艺术、文教等自发群体活动的记录。

地方文献是地方文化的集成与体现，是所有类型文献中极具研究价值的一类文献。从现实角度讲，长期的文化积累和文献记载导致地方文献和地方文化互相渗透，相互影响，形成“你中有我”的局面，并分别对应记录群体的认知与实践，二者不断传承，继续交替前行。因此，在积极弘扬地方文化的使命中，对于地方文献的搜集、整理与研究是极为重要的一环。

各地区发展历程与自然环境各不相同，导致各地区形成风格迥异的独特文化。地方文化具有鲜明的历史特点与时代气息，而地方文献作为客观事实的载体，记录了地方文化的灵魂与精髓，其基本涵括了该地区的一切社会发展因素，是地方每个阶段发展的记录、集成与外在表现。地方文献保证了地方文化能够被一代又一代的群体了解和继承，对地方文化的交流、传播与发展具有明显的推动作用。

地方文献与地方文化并不仅停留在简单的单向链接中，二者相互依存，相互促进，共同成长。由于各地区地方文献地域性显著，不同地方文献对该地区文化的推动作用又各具特色，因此，在实际的文献利用过程中不能一概而论，要具体地区具体分析。

二、地方文献与地方史志的关系

在地方史志中，除少部分地方史外，绝大部分是地方志。地方志是有关地方事务的百科全书，是记载一个地区（或行政区划）内自然和社会各个方面的历史与现状的综合性著述。地方志与地方文献都属于文献范畴，而地方志是地方文献的一种载体形式。在所有地方文献中，地方志最能反映该地区的地方特色，也是最具研究价值与参考价值的文献种类。地方志较为全面地记录了该地区自然、政治、经济、文化和社会的历史与现状。对地方史志的搜集是所有地方文献搜集中的重中之重，地方史志也可以被看作是该地区大量不同领域地方文献的大集成。在地方志编纂形成过程中，艺文志包括各历史名家的著作、思想与生平记录，是地方文化中最为耀眼的明珠。

地方文献是地方志编制修订的资料来源与事实依据，是地方志存在的客观基础。地方文献的广度与深度直接决定了地方志的丰富与严密程度。地方志内容越广博、翔实，其文献对应的文化价值越珍贵，越具有现实意义与研究价值。如果地方文献的记载足够真实详尽，涵盖领域广阔，其本身能够就某一历史结论或事件形成多角度的推断与验证，那么地方志的真实性与可靠性就可得到保证。由于地方志是该地区地方文献的集大成者，因此各地方志具有独特的地方属性与研究价值。历史在不断进步，地方文化在不断发展，地方文献也在不断扩充与完善，地方志的编修必然是一个动态连续的过程，每隔一段时间，地方志需要依据既有的大量地方文献完成自我更新。

三、地方文献与地方档案的关系

地方档案是地方文献中较为常见的一种记录形式。客观上讲，地方档案是地方文献较为直观的概括性描述，是人们全面系统了解地方文献的重要索引。地方档案包括该地区一切时期具有保存价值的信息，通常以叙述性文字、简明的图表或声像等为记载方式，按照时间点的不同，可以区分为现行档案和历史档案。

我国现行的档案工作可以分为文书档案与技术档案两种类别，其中文书档案与地方文献整理具有更多关联性。进入现代社会，各地的档案管理工作已经有了较为细致的制度和划分，档案的搜集与整理直接由政府相关部门完成，并从中选

择重要信息编纂为该地政府机构的正式档案，并加以保存和记录。

由于地方文献涉及种类繁多，详略不一，其真实性考究难度各异，政府档案几乎难以同时兼顾档案材料的广博性与真实性。从这个角度出发并作为政府档案管理部门的基层数据提供者，地方档案馆与地方图书馆能够被视为政府相关部门的下级组成单元，发挥一定程度的搜集整理职能，从而分摊政府档案管理部门的工作压力，进一步拓展地方档案的内容与广度。

档案文献是为满足日后查证、研究和复制需要而留存的，经过系统整理和鉴定的信息材料，凭证作用是档案区别于其他文献的特有属性。在配合相关政府部门进行档案工作的同时，地方档案馆和地方图书馆同样能够独立地进行地方文献的搜集、整理工作，并向社会提供珍贵的文献输出，在整体工作框架中，可以与政府相关部门呈现既合作又独立的工作模式。

四、地方文献与历史文献的关系

历史文献是一个地区文化特征的精华与轮廓，完整而独特的地方历史文献能够使该地区确立更为独特的标识与文化内涵。由于地方文献较历史文献而言更为生活化与琐碎化，包含范围极广，因此在一些情况下，地方文献常常能够作为历史文献的注释与客观证据，从而帮助历史工作者确定历史细节与真实性。今天的地方文献为党和政府完成各个时期政治、经济、文化等各项工作，提供了丰富的参考资料，教育和鼓舞了广大人民群众，发扬了爱国主义精神，对人们积极投身社会主义建设起到重要作用。

历史上，通过大量地方文献的记载，人们可以了解当时的土地、财赋、人工、物产等情况，地方文献为人们保留下具有价值的史料。地方历史文献是该地区发展、变化的缩影，是当地民间艺术、建筑、历史，人文等文明沉淀的见证。从广义上讲，地方文献具有客观性、全面性与唯一性。我国历史文献浩如烟海，纵横交织，是中华民族灿烂文明的忠实见证者，更是前辈先贤留给后世的宝贵财富。大力开发和利用历史文献是奠定中国社会主义精神文明建设的基石，将对我国物质文明建设起到不可估量的作用。地方文献种类多样，其中资料性文献和实物性文献兼而有之，资料性文献通

常表现为叙述性文字或图表。

第十章　我国图书馆地方文献的搜集工作

第一节　地方文献搜集的意义与范围

一、地方文献搜集的意义

（一）地方文献搜集的重要性

1.国家文化建设的需求

中国共产党十七届六中全会指出，要认真总结我国文化改革发展的丰富实践和宝贵经验，推动社会主义文化大发展大繁荣。会议确定了 2020 年我国文化产业的发展目标，提出并部署进一步深化文化体制改革、推动社会主义文化大发展大繁荣的各项重要任务。这次会议提出了我国“增强国家文化软实力，弘扬中华文化，努力建设社会主义文化强国”的战略任务，而搜集地方文献正是文化建设中一个十分重要的方面。

2.区域文献保护的需求

地方文献负有保存地方历史、描述地区现状的重要职责，是弘扬中国文化、服务社会发展的重要推动因素。随着社会不断发展，尤其是现代化信息资源的几何级增长，地方文献资源增长也同步呈现明显的加速度趋势，其在图书馆藏书体系中的占比也在同步增长，逐渐成为一个丰富文献资源、形成特色馆藏的重要构成部分。与此同时，图书馆应注意到这一趋势，应该对日新月异的地方文献资源进行系统搜集、整理、开发与保存，推动地方文化事业和社会经济事业发展，进而为我国国民社会发展与科研生产积蓄力量。同时，图书馆自身也可以利用整理地方文献的机会，形成独特的馆藏文化，加强自身建设，从而突出图书馆的社会职能，提高自身社会地位。

3.提供文献服务的需求

地方文献搜集是地方文献开发利用的基础和前提。随着我国经济和文化事业的不断深化发展，社会更加迫切地需要与之相适应的、有价值的文献资料。地方文献正是全面研究一个地区历史发展及现状的宝贵财富，是当地各行各业的综合记载，具有独特的使用价值。(1)地方文献为地方史志的编撰提供了基础素材，为地方领导、机关制定决策、计划提供情报依据。由于地方文献内容包含社会生活各个方面，因此在当地各级党政机关进行决策时，地方文献“客籍”应该怎样界定值得探索研究。“客籍”指外来人口居住本地者，具体情况相当复杂。因此，在实际界定操作中，户籍成为区分外来地方人士著述是否同样属于地方文献的衡量标尺。

（二）完善特色的馆藏建设

搜集地方文献是图书馆藏书建设的重要组成部分，是图书馆工作的重要内容之一。

1.充实馆藏文献资源

地方文献的搜集可以使图书馆馆藏文献资源更加丰富，为其提供更好的信息咨询服务，使图书馆在社会上更具影响力，让更多读者愿意前往图书馆，还可以推动物质文明和精神文明建设。地方文献的范围非常广泛，内容也十分丰富，是宝贵的资源。所以，图书馆应将地方文献的搜集工作放在重要位置，使其特殊作用能够充分发挥出来，从而推动地方经济发展。

2.藏书建设的体系化

图书馆藏书建设的要求是体系化。图书馆藏书的特色和社会价值主要体现在体系化上。每个图书馆都要有藏书体系，并且要有自身的特色和重点，使读者的基本需求和专门需求能够得到满足。因此，在建立图书馆藏书结构时，要注重搜集地方文献，且搜集到的地方文献要能够体现图书馆藏书体系特色。

3.从事多学科的研究

各领域的学术研究在近些年得到快速发展，很多人在研究时会参考古代文化典籍，各个地方都在进行编史修志，这些变化都增加了人们对地方文献的需求。对于地方经济发展和科学研究而言，乡镇志、市县志、省志、人物传记、家谱等都具有重要的意义。对地方文献的搜集有利于对本地经济、人文的研究，有利于社会主义精神文明建设的推进。因此，在图书馆藏书建设中，地方文献搜集工作是非常艰巨的任务。

4.馆藏文献的开发利用

图书馆更应科学地开发和利用馆藏文献，对于文献信息的加工整理要按照用户需求进行，要将散乱的文献信息进行分类，排列好顺序。因此，要使用户需求得到满足，需要开发更多品种，使文献能够得到充分利用。文献的开发和利用是一项长远工作，要能够开发一种全新的文献交流体系，满足不同层次、不同需求的用户。

二、地方文献搜集范围

文献的地方特点是在地方文献搜集范围确定时首要考虑的因素。地方文献之所以与其他文献不同，是因为其具有地方特点，主要包括两方面：一是文献形式的地方特点，二是文献内容的地方特点。和当地有关的文献内容是内容的地方特点，体现在作者、出版等方面，例如该地区名人传记和该地区出版物等。因此，在确定地方文献搜集范围时，既要注重文献形式的地方特点，也要注重文献内容的地方特点，既要考虑当地的现实需要，又要考虑今后长远需要。因此，地方文献的搜集范围通常是按现行划分的行政区域。

（一）地方特点文献的搜集

在搜集地方文献时，内容上具有地方特点的文献是重中之重，地方藏书也通常主要由这些文献构成。对于地方的政治、经济、文化发展而言，内容上具有地方特点的文献具有很重要的参考价值，所以其搜集范围更宽，只要内容具有地方性均要搜集在内，尽可能搜集所有与当地有关的文献资料，让读者在选择时有更大的空间。对于内容具有地方特点的文献搜集范围，主要包括以下几个方面。

1.地方史志的搜集

（1）地方志的搜集。地方志是综合记述某一区域历史和现实状况的百科全书，是地方文献搜集的重点。在省、市级图书馆搜集对象中，地方志是首要部分，主要包括中华人民共和国成立前编写的与当地相关的岛屿志、关志、所志、卫志、里镇志、乡土志、县志、厅志、州志、府志、通志等，以及在中华人民共和国成立后编修的连队史、厂矿史、村史、乡（公社）史、县志、州志、省志等。无论是各种印刷本还是手抄本或者稿本都要搜集，不仅如此，不同时代编修的不同版本以及官私编修的不同版本也要搜集。在原书搜集不到的情况下，可以搜集其复制品。总而言之，对地方志的搜集要全面且系统。

由于历史原因，对现在行政区划已改变的旧志，其内容涉及现在省以上地区的地方志，有关地区的图书馆都要对其进行搜集。

有关地区的省馆还要搜集已经撤销建制地区的原省志。例如，已经撤销建制的西康省处西藏自治区和四川省范围内，所以西藏自治区馆和四川省馆都需要搜集《西康志稿》《西康概况》等原西康省志。

（2）总志的搜集。对于没有地方特点的全国地理总志，可以摘抄、复制其中与当地有关的内容进行搜集。

（3）专志、山水志、游记的搜集。其内容综述了全国专志和山水志等不在地方文献搜集范围之内的作品。同样，也是摘抄、复制其中与当地有关的内容。

要对与当地有关的区域性专志、游记、山水志内容进行搜集，不论是哪个历史时期的文献都要进行搜集。中华人民共和国成立之后编写的关于当地的名胜古迹介绍、水文水利志、财政税收志、交通志、矿物志等，不仅要搜集正式出版的内容，还要搜集没有出版的书稿。

（4）杂记类古地理书的搜集。杂记类古地理书对于关中地区的地理历史研究具有重要作用，其中与当地有关的要进行搜集。

（5）古籍中区域史志的搜集。古籍中的区域史志对于地区情况记录不够全面，但是其对于历史地理有详细记载，也应该将其收录进来。

2.其他地方史料的搜集

除上面所说的几种文献外，其他文书文献和历史资料在此被归为其他地方史资料。这些文献资料不仅数量多，并且情况也比较复杂，因此有很多问题需要仔细斟酌。

（1）注意“史料”的搜集范围并与“文物”相区别。文物和史料不同，但是它们也有一定的联系，无论是文物还是史料都具有历史价值。但不同的是，史料是文字资料，而文物是历史留下来的实际物品。敦煌卷子、甲骨文等古代文字资料是文物和史料重叠的部分，既是文物又是史料。对于图书馆来说，具有历史价值的文字资料是主要的搜集对象，而博物馆主要搜集具有历史价值的实物。一些古代文字资料既是文物又是史料，这时博物馆负责实物原件的搜集，图书馆搜集这些实物原件的复制品。其原因在于图书馆要为读者提供阅读服务，复制品可以让读者看到想看的内容。

（2）搜集历史文书并与档案馆分工。区域内各时代形成的历史文书档案以及外地历史文书档案中涉及当地的内容资料，应属于地方史料的搜集范围。但由于数量太多，图书馆只能选收其中参考价值较大的文献，而且只收其副本或复制品，正本和原件最好由档案馆收藏。

（3）可适当搜集反映或涉及当地历史的文艺作品。和历史文献不同，文艺作品不能将社会现实直接反映出来，但优秀的文艺作品可以将社会现实间接反映出来。因此可以搜集一些能够真实反映当地历史的电视剧本、戏剧、民族史诗、小说等资料，但是在搜集时要对其选择标准进行严格把握。

（4）对古籍中地方史料的搜集。我国有着悠久的历史，古籍数量庞大，涉及地区资料的古籍不在少数，人们可以通过复制、购买等方法搜集这些资料。在史部古籍中除了上述内容之外，其他古籍中也有很多能够节录的地方史料。子部图书有着非常庞大的体系，地方文献的搜集范围不包括通用性的技术论著和泛论性的学术著作，但应对其中有地方特点的内容进行搜集。集部古籍中大部分是文学作品，地方史料更多地出现在地方官吏的别集里，应使用复制、摘抄的方法将这些资料搜集起来。

（5）区域内革命史料的搜集。无论是当地的社会主义革命、新民主主义革命还是旧民主主义革命的史料，都应该大力搜集。现代革命史料的搜集原则是实事求是。

3.现实地方文献的搜集

目前，对于地方文献中是否包括现实地方文献，目前还没有达成共识，然而这些现实资料在进行地方文献搜集时不能被忽视。其原因在于，这些资料对今天而言是现实资料，但是对于未来而言则是历史资料。文献刚开始产生时比较容易搜集，因为具有很多复本；如果搜集不及时，等其真正成为历史资料后搜集起来则非常困难。在社会建设中，这些现实资料有很重要的作用，因此应该对其进行搜集，但是如何划定搜集范围需要进一步讨论。

（1）现实地方文献应慎选。搜集现实资料时应慎选，从严格掌握。

第一，应搜集地方特色强的。文献的内容必须具有明显的地方特点，这是搜集的基础。对社会科学的泛论性论著、自然科学的基本理论、应用技术的通用性文献等，一般不收。

第二，应搜集现实意义大的。既有地方特点，又对当地有较大指导意义或参考价值的文献应予搜集。虽有地方特点，但现实意义不大的一般性论著不予搜集。

第三，应搜集具有历史价值的。对当地发展不仅当前有用，而且在今后较长时间内也有参考价值的文献应搜集。

（2）现实地方文献的收录要抓好重点。搜集现实地方文献有以下几个重点。

第一，党和政府对当地社会建设的指导性文件，反映当地经济建设、改革开放重大成就、重要经验的文献。

第二，反映当地社会生活中重大事件的重要文献。其中包括共产党、人民政府、人大、政协、各民主党派重要会议的文献，当地的重要立法，重大的政治、军事、宗教、民族事件记述、报道。

第三，当地各种社会调查、统计资料。如人口调查、统计资料，经济建设和社会发展的调查、统计资料，民族、宗教调查资料。

第四，反映当地地质、自然资源、自然地理、水文、气象、自然灾害等的资料。上述文献，不分文献类型，不分文献载体形态，不分文献文种，均应尽全力搜集。

（3）把握好现实地方文献的划界。在搜集现实资料过程中，经常会遇到与文书档案、技术档案的划界问题，对其界限的把握如下。

第一，既具有文书性质，又属于地方文献收集范围的资料，图书馆只收其副本、复印件及报刊已发表或已汇集成册的，原件由档案馆收藏为好。

第二，对技术资料，图书馆只收具有明显地区特点而且具有历史价值的，不收通用性的。

（二）地方人士著作的搜集

关于文献搜集范围是否包括地方人士的著作，目前存在两种看法：一是主张不搜集没有当地内容的著作，二是只要是地方人士的著作都纳入搜集范围。要把所有当地人士的著作都搜集进来比较难，因此可以只对当地名人的著作进行搜集。

（1）区域内名人著作。大多数区域内名人著作都反映了当地政治、经济、文化等方面的情况。很多著作的内容与当地有很大联系，其写作背景也会与当地有关，有利于当地历史研究。写作背景是当地社会现实作品对于当地历史研究具有重要的参考价值。

当地名人指古代或者现代原籍属于当地的知名人士，例如“三苏”是四川名人。还有原籍不是当地但是在当地居住或者任职并且有影响力的人，如杜甫曾在四川居住过，也属于四川名人。

作者本人的创作是著作，其主要形式包括艺术作品、学科专著、论文、书信、文学著作等。除了搜集已经刊印的当地名人著作，对于未刊印的作品也应该进行搜集。如果没有找到原书，则要寻找复制品搜集，要尽量全面地搜集。如蜀人著作集有（宋）袁说友编《成都文类》、（明）周复俊辑《全蜀艺文志》、（明）曹学佺辑《蜀中著作集》、（明）费经虞辑《蜀诗》、（明）李调元辑《蜀雅》、（明）傅振商编《蜀藻幽胜集》、傅增湘辑《宋蜀文辑存》等。对地方丛书，如省区的“岭南遗书”“畿辅丛书”“湖北丛书”“豫章丛书”，及郡县的“盐邑志林”“泾川丛书”“金华丛书”“金陵丛刻”等，也应尽量搜集当地的名人著作。

（2）完整搜集名人著作。如果可以将当地的名人著作完整地搜集，当地图书馆的地方特色则会更强，对于地方志的编纂也非常有利。要把所有地方人士的著作都搜集起来是难以实现的，其原因在于地方人士众多，即使不搜集古代著作，现当代地方人士著作的数量也非常庞大。如果只搜集地方名人著作，搜集工作则更容易，并且地方名人的著作会更具有参考价值。

（3）区域名人的传记等。对于当地的历史研究来说，当地的名人传记、年谱、家谱等具有很大的参考价值，所以地方文献搜集范围应包括当地名人的著作及其传记。与此同时，对于地方文献较少的地区，搜集范围还可以再放宽，有些县级图书馆在搜集本区域的地方文献时，在上述地方出版物和地方人士著作不多的情况下，也可以全部搜集。

（三）地方出版物的搜集范围

图书馆界对于地方文献搜集是否应该包括地方出版物没有达成一致观点。对此，应该认真分析，不同情况不同对待。

1.当地的正式出版物

地方文献搜集范围应包括当地的正式出版物，无论其内容有没有地方特点都要搜集，原因如下。

一是根据《省（自治区、市）图书馆工作条例》，要尽可能全面地搜集当地的正式出版物，因为这些正式出版物通常会包含地方特色内容，其在出版方面也有地方特点，将其搜集进来有利于给读者提供全面的阅读服务，也方便管理。

二是当地正式出版物可以直接展现出当地出版事业的发展情况，还能间接反映当地经济、文化等情况，对于当地文化发展的研究非常有利。如果只搜集内容有地方特点的正式出版物，收藏体系则不够完整，也不符合《省（自治区、市）图书馆工作条例》的文件精神，对于读者完整地了解当地正式出版物十分不利，所以应制订切实可行的搜集方案。对当地出版社重印或翻印的版本，以及影印外国出版的书刊不予搜集。

2.出版地作为界定范围

（1）出版地的变化。出版物有自己的生产地和生产者，其生产过程分为精神产品生产、精神产品的加工和再创作、物质产品生产三个阶段。生产精神产品的过程中需要物质，同样生产物质产品的过程也需要精神。例如，在图书生产过程中，首先要创作编写书稿；其次是出版人选择和加工已经创作出来的书稿，使书稿的使用和审美价值进一步提升；最后要将书稿印刷成图书并大量复制。拥有版权的出版单位和出版人所在的地点是出版地，拥有版权的出版单位和出版人所在地的出版物是地方出版物。

（2）出版地应该作为界定地方文献的范围。无论是出版单位还是出版人自身都具有比较鲜明的地方特点，一定程度上体现出地方政治、经济和文化方面的特点，也会受到地方政治、经济和文化影响。在图书出版过程中，出版人要选择、加工和修改书稿，因此出版人的审美直接影响图书内容。出版人在图书印刷之前作出脑力工作，以让地方出版物具有明显的地方特色，这也是地方文化的重要组成部分。评估著作的学术含量以及定位，可以更好地展现出其思想和人文倾向。地方出版物是一个区域的精神产品，出版地方文化志和史料时，地方出版物是重要的基础材料，对于地域情况的研究非常有价值。

（3）在出版地原则下灵活选择。出版业在古代和现代有明显区别。在古代，中国图书的出版量处于世界领先地位，并形成三大系统，分别是家刻、坊刻和官刻。到了近现代，出版印刷行业使用新技术，每年出版的图书多达10万多种，而每种又至少有数百万册的发行量。每年每家出版社至少出版上百种图书，其出版量更是多达几百万册。如果将其全部纳入地方文献搜集范围，则这项工作难以完成。如今，出版业的发展越来越迅速，图书数量越来越庞大，地方文献的搜集工作也需要变通。目前，根据出版地原则，各地图书馆要结合自身情况灵活处理。在经济水平较低、管理条件不好、出版量又很大的地方，要采用比较严格的方式，反之要采用相对宽松的方式。对有关当地内容和当地人士著述内容的出版物要进行搜集，其他出版物的搜集情况要考虑以下条件：一是出版物被列入出版工程规划，意义重大，有较高价值，二是出版物在国内外有一定影响，三是出版物获得市级以上奖项，四是出版物在印刷和设计上有本地特色。

3.著述者出生地与户籍的处理

地方人士著述问题主要讨论的是，著述内容未涉及地方的地方人士著述是否属于地方文献的搜集范围。这是一个长期争论的问题，其主要争议焦点有三个：一是没有地方内容的技术性和理论性的著述是否属于地方资料，二是地方人士的界定是否以著述者的籍贯为标准，三是如何界定“客籍”。

（1）内容未涉及地方的地方人士著述问题。文献的地方特征，不仅体现在内容上，也可以体现在出版地和著作者个人。很多地方人士著作中描述的内容并没有指定区域，但是由于著作者具有地方属性，所以其著述内容必然有地方特色；从地方人物角度来看，人物传记、年谱、评传等对于地方历史的研究非常有价值，但是地方人士的著述才是研究区域人物最原始的资料，而非传记、年谱等。一系列学术成果组成地区学术史，文献著述也能够将学术成果表达出来。大部分的技术史和文化史都能够在著述中体现。研究地域文化时，需要将地方人士的学术著作包含其中，否则会有失全面。因此仅以直接记载某地域内容作为地方文献的标准于情于理都是行不通的。

（2）著述者的籍贯作为界定地方人士的标准的问题。当前，界定地方人士的标准确定为出生地。出生地对于每个人来说都不能改变，其最利于展现人的地方特征，所以，将出生地作为界定地方人士的标准更加科学。

（3）“客籍”应该怎样界定。“客籍”的界定具体情况相当复杂。我们认为，把户籍作为界定外来地方人士的著述是否属于地方文献的搜集范围是合理的。

第二节　地方文献搜集的原则与内容

一、地方文献搜集原则

地方文献不可胜数，对其的搜集应该说是一项复杂的系统工程，是开展地方文献的基础性工作。地方文献资料的有无、多少、正误、真伪、曲直，是决定地方文献质量优劣的基本条件。因此，在搜集过程中必须明确地方文献搜集原则。遵循这些原则开展工作，对于加强地方文献工作、保护地方文化遗产与弘扬地方文化有着重要的实际意义。

（一）搜集时间不分古今原则

每个地方的发展历史不尽相同，有的拥有几千年历史，有的具有几百年历史。记录这些历史的材料就是地方文献。要完整地反映当地历史事实，需要进行广泛的搜索和记录。在时间上应遵循以近期地方文献为主要收藏范围并逐步回溯的原则。

首先，当代社会的地方文献资料异常丰富，在电视、网络等现代科技技术的协作下，这些原始的一手资料能够直观地展现在人们眼前，并帮助人们还原当地的原始情况，是帮助人们探索当地经济发展、政治改革、科技运用、文化和教育事业发展的重要材料，后世要特别注重对其进行保护，否则很容易在历史进程中将它们丢失，若只在后续对其进行修复和完善，将需要付出沉重的代价，有的文献甚至永远无法找回，这将影响对当地现实情况的了解。

其次，创建具有完整内容和多样类型的地方文献，能够帮助图书馆不断完善当地的文献收藏和保管体系，有利于对当地的文化进行宣传和推广，也有利于利用单位图书馆进行文献推广，能够增加图书馆的影响力，并提高图书馆的利用价值。

最后，随着时间推移，很多古代文献由于保存方法的失误已经遭到破坏。面对这种情况，要将这些文件按照现代科学的方法进行析出。对当地文献的收藏是一件长远的事情，文学工作者要根据从近到远的原则搜集资料。

在地方文献搜集工作中，古代和近代文献要尽量做到详细，现代和当代文献要更加注重地方特色，针对具有多种版本的文献要进行严格筛选。所以，图书馆在文献搜集工作中要坚持科学性原则，不能因为时间久远就不做搜集。不论是古代的、近代的、现代的还是当代的文献，都要进行完整搜集。

（二）搜集内容不分正反原则

人类历史发展的趋势呈螺旋上升，在环境因素约束下，人们会经历由肯定到否定再到肯定的历史进程，这也造成地方文献的历史特性，使地方文献成为历史的见证者和记录者。地方文献要通过详细、完善、正确的方式进行收藏和价值整理，这是一项系统工程，它能够广泛运用在科学研究、高层决策、经济和文化发展领域，并具有重要作用。

地方文献搜集主要从地方政治经济、文化教育、风土人情、社会发展等方面开展工作，其资料范围更是横跨国内国外。只要是反映当地实际情况的资料，不论是专业还是非专业，都要及时搜集和记录，交代清楚事情的起因、经过、结果及其造成的影响意义。搜集资料要有质量保证，特别是对非官方机构的资料、约定俗成的民间传说和网络上的相关言论等，要特别注意甄别其真实性；要以文件真实性、利用和保存的价值作为筛选标准，使得搜集到的资料能够客观、公正、概括性地反映当地实际情况。

地方文献是一种文化遗产，需要被永久保存，在搜集过程中要以当地标准进行搜集，要充分尊重资料的历史性和地域性，对于负面的史实材料要进行客观记录，这些都是后人了解和研究当地文献的重要参考。因此，在搜集地方文献中必须坚持“质不分反正”的原则。

（三）搜集地域不分内外原则

人是保存地方文献的主要对象，在历史发展进程中随着人员的流动，文献资料外流不可避免。当地文献工作者以保护当地区域文献和资料发展为目标开展工作，需要遵从地域性原则。通常对地域的划分主要以行政区域划分为标准。这种分类方式符合图书馆文献管理者工作的目标和意义。然而，“不同时代的行政区域也会发生变化，以现代的省、市为分界线的情况下，有些重叠的区域会随着时间变化发生地域变动。所以在搜集资料过程中，地区不能够分为明确的内部和外部地区，在地域范围内和地域范围外的所有资料都要进行详细搜集，特别是具有高价值的资料，更是如此”。

（四）搜集体裁不分新旧原则

传统文化的变革带动了地方文献体制的革新。在文献类型上，部分专家认为“具有历史价值的资料”也要包含在内。图书馆应搜集本地的、有价值的，能够利用视频、声音、照片、语言记录的地方文献资料。随着科学技术的发展，承载地方文化的新型媒介已成为当代最重要的地方文献信息来源，所以，要加强新兴媒体对地方文献资料的关注度。有些高质量的地方材料在当地报纸、电视、网络等媒体中产生，这些媒体能够对当地动态进行实时播报，如果不重视这些媒体的作用，不及时进行资料搜集，会造成有价值文献资料的流失。

传统的文献工作者由于生活年代和使用习惯的影响，容易忽视高科技下的文献资料。通过网络途径，声音和视频资料等具有传播速度快、保存容易、表现直观、信息存储量大的特点，网络逐渐成为人们生活中常用的表达和传播媒介。因此，搜集文献时要坚持载体不分新旧的原则，要特别注重对新兴媒体材料的搜集。

（五）搜集种类不分点面原则

要反映地方实际情况，需要对官方的，非官方的，完整的、不完整的资料进行全面搜集和整理。如果做不到这一点，则很难真实反映当地情况。所以，搜集地方文献的工作要不分点面地开展。不论是文字完整、信息量大的重要事件资料，

还是文字残缺、信息量小的零碎信息资料，都要进行详细搜集。搜集的过程要以图书馆的基本方针和原则为指导，要结合当地政治、经济、文化发展和读者的切实需求，要搜集对图书馆有用的资料。有些比较冷门的资料没有太多的利用价值，不需要投入大量的人力、物力，要对它们进行判断和筛选，不符合搜集条件的应不予以搜集，以此保证搜集的质量，并将时间和精力投入其他更有价值的文献资料中。

（六）普遍搜集与重点搜集相结合原则

搜集地方文献是在整理和保存地方文化遗产的同时，更好地充分开发和利用地方文献中具有现实参考价值的部分，为当地经济发展和社会进步提供科学依据。因此，要把当地经济和社会中发生的大事、要事以及对当地的发展产生重大影响的人作为重点搜集对象；要将完整搜集和局部搜集相结合，并对有价值的局部进行重点搜集。从单一图书馆体系来讲，当地政治经济、文化教育等文献十分重要，但是对当地具有历史意义的重大事件、重要贡献者是比这些文献更重要的资料。例如，沈阳既是九一八事变发生的历史地，又是张氏父子的居住地，沈阳图书馆在文献资料搜集工作中要将历史事实，官方出版机构与非官方出版机构制作的文献资料，国内外、中英文的资料等，及时进行完整搜集，并形成以九一八事变为主的文献资料库。

（七）搜集方式不分难易原则

从搜集地方文献的实际情况来看，即使是安排专人负责，一个人也很难将所有文献搜集齐全，所以要坚持“发函联系与派人登门搜集相结合、以发函联系为主”的原则。通过发函联系，表明图书馆对搜集地方文献的重视，以求得社会各单位和个人的支持。该项工作一般都能够得到社会上多数单位的大力支持，有许多单位还主动把资料送到图书馆收藏。安排专人上门联系也是一项重要措施，特别是针对重点单位和重点文献，要积极派遣专人对单位、文献持有方进行拜访，对文献进行记录等，这是保证资料完整性的一个途径。少数单位出版文献时间较长，大部分出版机构会不定期连续更新和出版相应的文献资料。文献搜集管理者要时刻与这些单位保持联系，并建立长久的资料搜集关系，形成一个搜集资料的关系网，以此保证资料的完整性。

（八）搜集渠道不分主辅原则

图书馆可支配的预算是有限的，甚至是紧缺的，文献的搜集工作又是一个漫长的、工作量大的过程，所以，图书馆应发动社会各界力量向图书馆捐赠文献，遇到特殊情况时可考虑对文献进行购买，以避免文献资料的流失。搜集坚持以捐赠为主，购买为辅的原则。政府每年的专项投入是非常必要的，要积极努力争取地方文献经费制度化、法律化。

二、地方文献搜集的内容

（一）地方文献搜集目标的制定

明确的搜集目标，是做好地方文献工作的前提和基础。因此，各级图书馆应从实际出发，要根据当地实际情况，确立符合自身水平、可操作性强的地方文献搜集目标，并需要制订近期和长远规划；要成为所在区域规模大、资料全的地方文献收藏和研究中心；要实现地方文献搜集目标，得到地方党政机关和地方各部门的全力支持，使其

在人力、物力、财力以及政策上给予倾斜，以加大地方文献的搜集力度。在考虑全面性原则的同时，也要突出重点，追求文献数量的同时要重视文献质量。这项计划可分为长期计划和近期计划两部分。根据当地实际情况、文献数量、文献特点、管理人员情况，可以制订出可执行的短期规划(1)；长期规划的制订要考虑当地政府方针和当地未来发展的相关目标，拟订以后的收藏方向。地方文献工作做得出色的图书馆，大多有明确的目标。在搜集地方文献时，要按照事先定好的搜集目标，分清哪些资料属于地方文献，真正把具有当地特色并且有资料收藏与利用价值的文献搜集齐全。

（二）明确地方文献搜集内容

图书馆除了搜集地方出版物、地方人士的著作、论及地方和地方人士的著作之外，还应着重搜集以下类型的地方文献。

（1）地方志。地方志是以一定的体例记载某一区域自然和社会各个方面或某个方面的历史与现状的著述，是某个地域专门性的原始记录文件，这一领域至今已有两千多年的历史传统，且受到各个时期人们的重视，是一种综合国情、省情、地州（县）情的活化石。有能力的地方图书馆是对地方志最好的收藏与保护场所。据了解，国家图书馆收藏的地方志有数万种之多，依照地方志记载的内容范围不同，又可分为综合志、专志、部门志、杂志等。

（2）地方史。地方史是记述某一地方社会发展过程的史书，可分为综合性和专门性两类。

（3）回忆录、传记。记录其作者或为之立传之人的亲身经历并形成文字的文献。

（4）谱牒。一种与地方史志有同样悠久历史的地方文献，数量非常大，在我国有十万余种。个人的生平事迹通常会和当时的时代产生联系，例如，家族兴衰、英雄的产生等通常都是时代的产物。谱牒开始是用于记录家族内部关于农田分配、嫁娶、功名等情况的家族史实，有家谱和族谱两种类型。家谱是研究人口方面的重要参考资料，是研究家庭数量、人口结构与增长速度、家族兴衰的重要因素，是帮助探索社会人口、职业、婚姻等情况的参考。族谱不但记录了家庭相关氏族关系，还有家训、祖祠、传记、杂记等对地方文献有用的资料。

（5）论著。作者在相关材料基础上表达自己观点的一种作品，具有严格的推理性和严密的系统性。一些地质、农业、历史、考古、民族、美术等方面的论著也加入了地方特色内容。所以，要对具有地方特色的相关论著开展搜集工作。

（6）地方档案。档案指国家相关机构、社会组织或者个人形成的历史记录资料，主要包括政治经济、文化教育、科学技术、风土人情等，其保存形式主要包括文档材料、照片、视频、声音等，例如现行档案和革命历史档案等。

（7）地方报刊。地方报刊是以报道地方时事、政治、经济、现实新闻为主兼具其他内容的定期或不定期的连续出版物，如《四川日报》《现代阅读》等。

（8）地方丛书。以地区为范围，专收某一地区人士的著述。

（9）地方年鉴。对一个地方在一年内重要事件、相关数据进行信息统计工具的资料书籍。

（10）地方百科全书。一种概述地方知识的著述。

（11）地方人士的文集、笔记、日记、信札和当地著名书法家、画家的作品。其是研究某一地方有影响的人物的重要资料，如《鲁迅全集》《鲁迅日记》等。

（12）地方人事碑志。一种石刻形式的材料，通过在石碑上镌刻文字，可以记录相关史实和事迹，主要有刻石、石经、造像等形式。

（13）地方图录。一种包括地图、历史记录、相关人物、艺术、科学等方面的资料记载。

（14）地方音像数字资料。一种通过物理方法记录相关声音、视频、照片材料的资料，通常以磁带、光盘等形式进行储存，以便人们进行信息查询，如地方信息数据库等。

（15）地方文献目录。对一个地区相关自然、人文环境的描述，进而通过特定的编排方式进行加工，例如《东北地方文献联合目录（1～3 辑）》《重庆地区古农书联合目录》等。

第三节　地方文献的搜集途径

搜集地方文献是一项复杂、艰苦而又细致的工作，因为涉及面广、工作分散、耗费时间长，往往需要几年、几十年甚至几代人的不懈努力，才能形成一定规模的地方文献馆藏体系。虽然地方文献的搜集工作困难重重，但是只要明确地方文献的搜集途径，便可以使搜集工作事半功倍。地方文献的搜集途径可以分为以下几种。

（1）征订。即在不同出版社长期订阅地方文献。出版社出版的新书如果和地方相关，图书馆应及时与之联系进行预订。对于如地方年鉴等连续性的出版物，图书馆要坚持订购。

（2）现购。借助网络、报刊、书目等渠道获取地方文献发行动态，定期到书店、书市、书摊，通过函购和现场采购等方式搜集。同时，旧书市场、废旧物品收购站和造纸厂回收的废旧书刊中，也可能具有价值的地方文献，图书馆可与其建立长期友好联系，并争取得到他们的帮助和支持。

（3）缴送。地方文献通过呈缴本制度来丰富文献系统。相关单位、团体和个人要按照规定，将手上资料送交至图书馆，体现政府在保存地方文化遗产、执行地方文献呈缴制度方面的带头和示范作用，这也是政府公开政务信息的重要途径和方法。免费向公共图书馆缴送，能够加强图书馆的辅政功能⑶。呈缴本制度是一个国家或地区为完整搜集和保存全部出版物的好办法。

（4）捐赠。通过“馆藏地方文献展览”等相关交流活动，将本地政府部门、单位及相关文献爱好者邀请到现场，并通过新闻媒体的力量进行宣传和推广，将捐赠信息扩散出去。

（5）索取。经常派工作人员与地方志办、党史办、政协文史委员会、社科联、科协、文联、新闻出版管理部门等相关部门取得联系，及时掌握有关信息，主动登门搜集地方文献；利用电话采访、介绍信访问、上门拜访等形式与之建立联系，以此表明图书馆对文献搜集和地方文化保护的决心，并以此得到社会各界认可和支持。个人和重点单位更要分派专业的跟进人员对文献进行保护和搜集，进而避免这些资料的流失，造成图书馆馆藏的损失。

（6）交换。经常与本地社会团体、学会、研究会联系，与他们建立协作关系，互通有无，互为补充，定期交换地方文献。这是一种最常见的获取文献方法。可以与研究机构、企业图书馆等开展交换工作，他们手中的材料通常具有极强的专业性和极高的收藏和利用价值，不可能通过公开征集得到。所以，建立完善的交换网是帮助完整搜集地方文献资料的重要途径。

（7）复制。一种对地方文献资料进行补充的手段。部分资料发行数量少，无法通过交换等方式获得，所以只能进行复制操作。对于一些年代久远、存世稀少、具有收藏和利用价值，又不易搜集且读者又很需要的文献资料，地方文献搜集人员要采取复印的方法，补充地方文献的不足，完善馆藏体系。

（8）网上征集。利用互联网的形式开展线上搜集工作，论坛、邮件、微博等宣传工具都是良好的载体，能够对信息起到良好的宣传作用，并将搜集的相关信息，包括搜集的内容、意义、范围等进行公布，进而引起广大网友的积极参与，是一种不受时间和空间限制的搜集方式，具有广泛的选择权。

第四节　地方文献搜集的问题与对策

一、地方文献搜集问题

（一）重视程度不够

社会各界对地方文献搜集工作的重视程度不够。许多出版社或相关部门对图书馆的发函不予理睬，或者直接拒绝，这些都增加了文献搜集的难度。这个问题的出现既有相关机构领导的工作方式问题，也有图书馆工作方式的因素。很多图书馆没有把地方文献的搜集工作放到应有地位，没有制定具有指导性的政策，缺乏长期规划，缺少短期安排，没有把地方文献工作当成自己的责任，缺乏主动性和积极性。

（二）宣传力度不够

在进行文献资料搜集时，工作人员要积极将搜集到的情况、工作意义等内容宣传给社会大众，扩大地方文献搜集工作的社会影响力；通过舆论引导激发当地有关部门、单位、文献爱好者和个人的捐赠热情。地方文献通常是分散的，特别是非官方出版机构的文献资料在搜集上更加困难。这些非官方出版材料主要是机关团体的相关资料、印刷的地方材料、专业人员的相关汇编材料等。没有刊登过的资料主要包括个人日记、相关文献的手抄本、书籍的原稿等，还包括名人的自传材料。

（三）工作人员能力参差不齐

目前，图书馆普遍缺少地方文献的专职采集人员，地方文献的搜集人员流动性较大。人员结构体系不全，突出表现为地方文献搜集工作没有实施专人负责制，没有做好新老交替及老带新制度。地方文献工作人员普遍存在学历层次低、知识体系浅、搜集能力弱等情况，严重影响和阻碍了地方文献搜集工作的整体进程[1]。地方文献具有种类多、涉猎广、形式多样的特点，需要具有责任感、专业能力的人来完成搜集工作。地方文献搜集工作是一项长久的工作，需要一种精神和毅力，而且需要不断更新自己的知识结构体系，不断提高熟练掌握本地人文、历史、地理知识的文化素养。

（四）经费投入不足

图书馆经费不足是个普遍性问题。地方文献读者较少，阅读量低，但是文献资料的搜集和出版需要的投入较大，很多图书馆对地方文献收藏没有重点关注，没有进行合理的经费分配，没有设立专项经费，搜集经费投入力度不足，对搜集工作产生了一定消极影响。

图书馆在普通图书上分配的预算较多，剩下的经费才用于采购地方文献。随着印刷工艺和材料费用的上涨，图书和文献资料价格不断提高，这对经费不足的图书馆来说是个巨大的挑战。

（五）地方文献载体形式不明

地方文献的载体具有多样性，这也对地方文献搜集造成了一定的困难。随着科技不断发展，磁性材料、互联网传输等新兴技术被用于文献存储，丰富了文献的存储形式，网络信息文件、语音文件、视频文件、电子文档文件等得以与纸质文件共存，这在某种程度上造成了搜集的混乱。文献工作者除利用传统的纸质获取材料外，还要进行系列资料文件格式转载等工作，这也造成新问题的出现。

二、地方文献搜集的适应对策

（一）寻求政府部门支持

地方文献是全社会的责任，要呼吁社会各界积极加入，图书馆无法独自完成完整的搜集工作。积极争取政府的支持，通过呈缴本制度和地方正规文件的发布，调动有关部门的积极性，帮助文献搜集工作步入正轨。图书馆从上到下、从领导到普通职工要具有高度的思想觉悟，要充分意识到文献搜集的重要意义，知晓其对当地政治经济的影响作用。特别是在身处互联网时代的今天，地方文献的作用越来越重要，它是帮助地方经济建设、促进区域文明建设的重要手段。图书馆地方文献工作是帮助当地发展市场经济的重要辅助工具。

（二）建立专门的机构和人员

健全稳健的文献搜集制度是保障文献搜集工作有序进行的关键，为此，要成立专门小组、安排专业人员，进行目标明确、重点突出的搜集工作。文献工作者要具有社会责任感、专业文化素养，熟悉当地政治、历史、地理人文特色，能够准确搜集所需资料。图书馆要坚持以人为本的原则，为文献工作者创造更好的条件，不断完善他们的知识结构，不断提高他们的专业素质，不断增强他们的社会责任感，积极调动每名文献工作者的工作热情，使其投身地方文献事业中。

（三）建立地方文献征集网络

文献征集是一项繁琐、工作量大、涉及多部门的工作，文献中有很多非官方出版机构的资料，它们增加了搜集的难度。文献工作者要通过相关出版部门了解实际情况，并与相关出版人员建立合作联系；在日常报纸剪辑工作中要搜集资料，同时发挥现代互联网技术的信息搜集能力，通过高科技手段帮助获取相关动态信息：积极参与地方相关活动，如出版社会议、学术研究会议等；利用采访、暗访形式搜集资料；发挥当地科委、党史办公室、学术研究机构、教育部门、高校、企业等的作用，进而形成资料搜集的网络系统。

（四）加强地方文献交流协作

图书馆内部的系统协作、与外部图书馆的学习借鉴和信息交流等都是促进馆藏发展的重要途径。除此之外还要加强与档案管理局、博物馆、文物管理局等单位的合作，通过团队合作的力量进行目录制作、资源共享等分工合作。利用各单位编史修志之需与来图书馆查阅史料之机，与相关工作人员建立联系，待完稿付印后，为之争取馈赠。图书馆更应该组织人员积极宣传地方文献的重要性，主动掌握线索，从而逐步建立地方文献搜集交流机制。

（五）充分发掘馆藏并提供优质服务

很多高价值的文献和其他馆藏书目混杂在一起，需要管理人员对其进行细致划分。为此，管理人员应多学习、多读书、多做笔记，将高价值的文献进行归纳、整理和编辑，并按照特定的目录将其放在引人注目的位置。这种方式可以丰富馆藏，并为后续的馆藏服务提供保障，为馆藏提供资源储备；按照馆藏优势对二次文献进行进一步挖掘、编写，进而发展检索体系的完整性。有条件时，可建立全文数据库、书目数据库、专题数据库、报刊索引数据库等类型的地方文献数据库，全方位展示馆藏，以便有效地向用户提供多样化服务。

（六）馆藏地方文献展览的举办

图书馆的专题展览活动和文献陈列形式要根据当代社会热点问题、当下的形势与政策进行规划，重点展示当地历史渊源、文化精神、民俗特色、名人名言等。地方文献分类具有专属规律特性，不同省、市、县都有各自文化、政策、经济发展特色，尽管同一地区具有相似性，具有统一的指导思想，但是其在细分方面又具有差异性。相信在未来，经过人们不断探索和实践，图书馆系统内将会形成一套通用类型的文献分类，进而促进资源共享的发展。

第十一章　我国图书馆地方文献的整理工作

第一节　地方文献分类

一、地方文献分类标引

（一）地方文献分类的本质

从地方文献内容来看，地方文献反映的是一种特定地域范围内事物的存在现象，而不是认识，更不是规律性或理论化的认识。所以，地方文献反映的是事物的地方特性，而不是该事物超越地域范围的共性。因此，地方文献中不可能有哲学等纯粹是人类对自然和社会的宏观认识，其原因在于相关的宏观认识内容并非是某一地区所特有的。自然及社会科学的基本理论也不应保存于地方文献中，因为不同地域的人对此能够达成共识，这些内容也不具备地域性的特点。

地方文献中对于人文环境、自然环境以及涉及地域的事项记载，是对地方事件及事物的真实、客观的记录，能够体现地方文献的实质。人们通常习惯将对地方过去的一些信息记载称为地方史料，因此所有地方文献也会被称为地方史料。读者来图书馆查询使用地方文献，是为了获取带有地方特色的事物信息，搜集和查询除地方文献之外的文献资料目的，也是希望从中获取事物中带有共性的信息。

（二）地方文献分类标引的现状

由于各家图书馆对于地方文献的思想认识不统一，目前国内地方文献的分类还没有统一标准。地方文献具有地域性和类型的复杂性，使得各馆采用各自不同的分类理念，其依据各不相同，出现了多种方法并存的局面，这使地方文献的分类处于目前的混乱状态，主要有以下表现。

（1）在某种分类表基础上做局部调整。目前，图书馆所采用的分类表大多按照现行标准进行，在分类过程中会根据地方的实际情况稍作调整。比如有些图书馆在编制本馆的地方文献目录时，将期刊、图书、报纸划出单独序列，然后根据地方文献的所属分类进行排列。但是，图书馆自行制定的地方文献分类法必须要以《中图法》为基础，通常在《中图法》无法反映地方文献全貌时，根据实际情况增加能够体现当地特色的类目。

（2）对某种分类表做较大修改。一些图书馆会对现有的某种分类表进行较大修改，以适应地方文献分类工作的特殊要求。如广东省图书馆根据“地方文献应有特殊的分类法”的观点⑶，将《中小型图书馆图书分类表（草案）初稿》（1956 年版）作为分类依据，结合广东当地的特点进行修订和变通，形成《广东地方文献分类表》。其分类表分为三个主要部分：一是史料部分；二是人物部分；三是出版物部分，每个部分有所属区号。广东省的史料以 0 为标记，各县市的史料以 1～7 为标记，人物史料以 8 为标记，出版物史料以 9 为标记。人物部分中所涉及的年代分别用 A-Z 代表。各个类别下还分出了更细的类目，将统一的分类表与本地的实际情况做了很好的结合，并采取灵活变通的分类办法，用数字代表不同的区域划分，分类清晰而有序。按照这种方法进行分类的目的是保证分类体系相一致，并在此基础上突出地方特色，但在此过程中也存在一些问题，因为使用数字作为地区编号，在目录组织和图书排架时只能按照地区编号进行排列，学科排列只能居于地区编列之后，这样在实际操作过程中，一些相同门类学科的内容会趋于分散，读者只能按照地域途径进行文献内容的检索，而原有的文献分类表是按照学科体系进行排列，这样的改动使学科分类失去了意义。

在实际分类工作中，使用数字编号代表不同的地域是在计算机出现之前很多图书馆所采用的分类方法，也是当时对文献分类的一种尝试。在计算机技术普及的当下，区分文献地域性的问题已经可以通过地域主题词的设置得到解决。

（3）编制地方文献专用分类表。有的图书馆参照通用分类表，根据本地地方文献特点，编制出了适合于地方文献的分类表。

上述三种分类方法虽然有效突出了地方文献的区域特色，但是从总体上来讲，并不利于地方文献共享。目前，大多数图书馆都推行了网络化、现代化的管理方式，图书馆不仅要突出文献的地方特色，而且要考虑地方文献资源的共享问题，更要便于地方文献的检索和使用，为读者提供更多的方便。因此，各地图书馆在对地方文献进行分类时，依然要把《中图法》作为基础和依据。

（三）地方文献分类现状的利弊

1.多种分类法并存

不论是调整还是修改分类表，其分类思想及方法都来自《中图法》以及《中小型图书馆图书分类表（草案)》。按照上述分类法对地方文献进行分类，可以省去编制专用分类表的时间和精力，文献分类工作人员也不必重新接受业务培训。在建馆初期，图书馆可以组织已有的专业人员采用惯用的数据生产方法，迅速开展工作。因为本馆与母馆在文献分类方面有着统一的标准，便于在不同图书馆内开展检索，也能让不同图书馆的文献资料实现共享。但是，这种分类方法存在一定缺陷，即其与地方文献的特征以及性质完全不相符，无法充分显示出地方文献的特点，也不符合用户使用地方文献的习惯，所以会给读者使用地方文献造成一定不便。因此，一些图书馆在对分类表进行重新编制的过程中，大多会以地方文献所表现出来的内部特征为基础，也就是以文献所展现出来的地方事物作为标准对地方文献进行分类，这样的分类法与地方文献所具有的特征以及性质相符，同时也符合地方文献用户的使用习惯。

2.多种分类法并存是地方文献发展的阻碍

地方文献分类的依据十分多样化，从短期来看，可能在一定时间范围、使用范围内显得相对“合理”，但是这并不利于地方文献及其事业的长远发展。随着地方出版事业的发展，地方文献的出版量大增，不同图书馆之间的联系更加密切，如果图书馆中存在多种分类方法并存的情况，则会阻碍地方文献的管理与发展。

（1）阻碍地方文献学科发展。图书馆分类法是在特定哲学思想引导下，借助知识分类的相关原理，并按照一定逻辑方法，根据不同内容、不同形式、不同体裁以及不同的读者群所编制出来的方法。正因为人们对于地方文献的相关要素尚未形成统一、标准的认识，所以仍会采用不同的方法对地方文献进行分类。要将地方文献设立为一门独立的学科，首先要做好地方文献基础理论的探索与研究，明确界定学科所涉及的相关概念、学科的基本性质、学科研究的主要对象和学科的大致研究范围。目前，在对地方文献进行分类的过程中，多种分类方法并存的状况依然存在，给地方文献学科的发展形成了一定阻碍。

（2）阻碍地方文献资源的共建共享。图书馆作为信息部门之一，其发展的终极目标是实现文献资源的共享，这将是人类实践的最终结果，也是社会发展的趋势。要实现资料共享，就需要保证资源有稳定可靠的来源，进而需要实现资源共建，要求有一定的约束机制作为各方的工作依据，要制定详细的规章制度，比如图书馆之间经协调后联合进行采购，文献采用相同的编目方法，将本馆资料上传至网络进行共享等。地方文献属于一种特殊的文献，在资源共建过程中应当给予重点关注。但是，目前很多图书馆的地方文献由于采用了多种分类方法进行编目，其在分类方法上存在冲突，所以无法进行协调采购，也无法将文献资料上传至网络。如果地方资源无法实现共建，那么共享也就无从谈起。

（3）造成人力资源浪费。如果图书馆要制定自己的地方文献分类制度及方法，则必须安排自己的骨干或邀请专家，来花费一定时间和精力制定相关的制度及标准。分类法制定完成后，还要组织人员进行培训和学习，这样工作人员才能掌握新的分类法。各个图书馆若都按此法制定、学习质量优劣不等的分类法，无疑是对人力、物力、财力的一种浪费，而且图书馆之间的资源共享是总趋势，一旦实施联网，图书馆各自制定的分类法又将被推翻，要制定新的统一的分类办法必然造成新的浪费。

地方文献的分类具有一定规律性。虽然，各个地区都有着各自特殊的政治、经济、文化等的事物及现象，但是地方事物从整体上来讲大同小异。各个地区可以在总体的分类思想指导下，结合各自的实际情况对分级类目作出修订和调整，逐步实行统一的地方文献分类方法，上述相关问题也就迎刃而解了。

二、地方文献的分类标准与方法

地方文献分类的依据是分类表，同时分类表也是组织藏书的工具。分类表实际上是一个逻辑系统，其内部存在着一定联系，内部结构决定了分类表的系统功能。只有对文献及信息的中心内容有了合理归纳和准确分析，才能对其进行正确归类，其中的关键是需要对类目的含义作出准确分析和正确判断。如果不能准确掌握类目的含义，分类也会出现错误。

（一）合理可行的分类标引细则的制定

分类法的制定以普通图书馆为基础，带有综合性等特点，这种分类法并不一定适合所有的图书馆，尤其是有着较强专业性的图书馆。每个图书馆都应当根据自身情况，比如所承担的任务、所具有的性质、所面对的读者等制定更富针对性的分类细则，让分类工作有章可循。

图书馆学的分类标引是基础性学科，其实践性和操作性较强，需要综合运用多个领域的知识。图书馆的馆藏文献形式多样，内容复杂，有的论述一个主题，有的论述几个主题，有些文献突出体例，有些侧重的是体裁。面对这些纷繁复杂的情况，要保证归类的准确性，需要有相关的规则对其进行约束。

分类工作的质量可以通过分类细则进行衡量，制定细则时要充分考虑各种因素，比如需要确定各种学科类目标引是简略还是详细，如何对馆藏的特殊类型文献作出处理，如何对类目进行复分，如何规定标引的相关程序，等。同时，要不断总结在使用过程中出现的新问题，并加以持续的改进和完善，避免因人为原因而出现分类方面的差异，减少工作人员的主观性和随意性，进而保证分类工作有较高的质量。

为了让分类工作能够有章可循，相关人员总结出分类和标引工作的基本规律，并将其加以概括，形成能够被共同认可的分类规则。这种规则需要以学科属性以及专业属性作为依据，遵循一致性、实用性、专指性原则。在对文献进行分类时，应当符合分类法的要求，进而体现出逻辑性以及系统性。

1.增加注释

现阶段，新的学科、新的技术层出不穷，学科间的交叉越来越频繁，图书馆的文献分类及标引遇到的新情况不断涌现，其工作难度也相应增加。因为分类人员不可能了解所有学科领域的内容，所以在此过程中需要增加相应的注释，让相应的类目以及主题词的外延、内涵更加明确。对于一些专业术语应当通过注释做进一步解释；扩大分类人员的知识面，促使其专业素质不断提升。对于分类信息

取与舍的情况，也应当用注释作出适当解释，进而让分类标引工作具有一致性，提高准确性，以保证分类工作的质量。

2.确定新型文献载体的标引规则

近些年，信息技术得到突飞猛进的发展，越来越多的文献已经不再局限于传统的载体，开始由印刷介质转变为光盘、网络出版物等新的介质。因此，目前分类标引工作面临着新的任务，即对各类电子出版物进行科学合理的分类及标引，以适应用户对文献资料及信息不断增长的检索及利用的需求。为了满足这一要求，需要科学制定分类工作的相关细则，利用规范化的细则管理电子出版物以及一些新形式的文献资料，进而让这些新形式的文献及载体发挥应有的作用。

3.细则的制定应增加自动化方面的内容

有了计算机以及网络技术的快速发展，图书馆便可以从过去手工作业的方式转向网络化以及自动化。通过人工进行的分类标引已经无法满足用户在快捷、准确、全面等方面的查询需求，因此必须借助网络技术以及计算机技术辅助分类标引工作，实现自动化检索。为此，图书馆需要结合自身具体情况、特殊性质、兴建规模以及专业特点，制定可具操作性的分类规则，进一步提高分类标引的专指程度以及深度，借助分析及附加分类等手段，整理和分析馆藏文献的主题，不断增加用于检索的点，进而为用户提供更好的检索服务。

不同的文献有不同的属性、多种多样的著作方法及方式，有些文献资料的主题是唯一的，有些则有若干个主题；部分文献不仅记载着学科领域的知识，还涉及时代以及地域的相关内容；还有一些文献体例较为特殊。因为文献属性的多样性，对文献进行分类标引的实际方式也各不相同。比如对于单个主题、多个主题的文献大多采用一般性规则，而对于写作方式特殊、出版方式特殊以及形式体裁特殊的文献，采用的则是特殊规则，比如报刊、教科书、多卷书、古籍等，需要采用特殊的分类及标引规则。专业工作人员应当了解并熟练使用好这些规则，严格执行相关规则，才能提高分类标引工作的质量，为图书馆间资源的共享提供必要条件，同时也为各图书馆制定分类细

则提供依据。

（二）严格执行分类标引的工作流程

为文献进行分类标引是一项非常复杂的工作，其工序较为繁琐，但又必不可少，每个环节都会对分类标引工作的质量以及速度产生直接影响。文献分类工作主要分为五个步骤：一是查重，二是分析主题，三是归类，四是类号的确定，五是复核。其中，分析主题以及归类是两个重要环节。在进行主题分析前，需要先明确文献及资料的中心内容，也就是明确文献主要的研究对象、专业性质以及学科性质，并且要理清文献资料的用途以及编写目的，才能对文献进行正确归类。

归类指根据文献的主计划规模以及所属学科的基本属性，确定其在分类表中所属类目，明确其特定的分类号码。如果无法透彻地对文献学科性质作出分析，则在归类时容易出现错误，标引也将难以做细。对于地方文献来说，其分类及标引的流程基本相同，具体可通过以下方式对地方文献的内容加以把握。

（1）分析题名。在进行主题分析时，可以充分利用文献题名的参考作用。文献题名通常是文献作者对其写作目的以及主要内容的概括与总结。但是，有些情况下文献的中心内容并不能通过题名反映出来，所以在进行主题分析时不能将题名作为唯一依据，其分类也不能仅仅按照题名的表面意思进行，否则很容易在归类时出现错误。实际上，分类工作常常因为题名的多种变化而出现各类错误或前后不一致的状况。

（2）阅读文摘、内容提要。通过对文献摘要、提要、序、目录的阅读，分类人员可以对文献的概貌有大致把握，了解文献范围、内容以及重点，并掌握作者的著作目的、编写过程以及使用方法等。

（3）浏览全文。有些情况下通过阅读摘要、目录无法进行主题分析，还需要对全文进行浏览，这样才能对文献的学科属性、论述范围、表达重点进行了解。

（4）借助参考工具书或请教专家。在对文献进行分类时，工作人员可以向相关领域专家请教，或是借助参考工具书了解文献所论述的主题及对象，弄清楚作者所使用的研究手法、文献所属学科。

（三）地方文献分类互见标引的含义

（1）提高地方文献标引的详细程度。涉及多学科多主题的地方文献，应根据文献内容的其他学科属性在相关类目做分类互见标引，从不同学科和专业角度揭示文献主题。因为运用分类互见标引，地方文献分类标引的深度得以增加，广度得以拓展。以往对地方文献使用整体标引，会使文献分类标引的深度以及广度受到限制，而分类互见标引方法的使用，可以弥补这些不足，进而令地方文献的利用率以及查全率得到明显提升。

（2）有助于提高地方文献分类标引质量。地方文献大多较为复杂，在进行分类和标引时容易产生前后不一致的情况。图书馆工作人员在进行学科归类时会站在各自不同角度进行思考，因此分析出的地方文献主题也会因人而异。若使用整体标引时，其选择的分类号码只有一个，会导致无法顾全所有文献情况；如果使用分类互见的方式进行分类和标引，这种状况则可以得到有效改善，地方文献的分类标引质量也会明显提高。

（3）照顾不同专业读者的检索习惯。通常，读者都习惯于通过自己熟悉的学科以及渠道检索文献，若对地方文献按照分类互见的方式进行标引，则可以满足有着不同学科背景以及检索习惯的读者，精准检索到所需要的资料及文献的需求。

（四）计算机网络条件下地方文献分类互见标引的可行性

过去，图书馆使用的是手工检索，其编目工作量大，目录体量有限，使得在对地方文献进行分类时，难以真正做到分类互见标引，这种标引方式大多停留在理论层面，实际分类时很少按此进行操作，导致对地方文献的标引过于简单，检索只能通过单一途径进行，文献检索既费时又费力，而且容易造成漏检的现象，使得地方文献无法在社会、经济、文化发展过程中发挥应有的参考作用。

当传统的手工检索方式逐步被更先进的网络检索方式替代后，图书馆文献检索系统的存储功能变得越来越强大，其处理数据的相关能力也有了明显提高，用户可以从不同角度、不同途径检索图书馆的相关文献，地方文献的检索准确率以及查全率有了质的飞跃，用户可以更加方便、快捷、准确地从这个检索平台获取需要的文献及资料。当通过计算机网络系统对文献目录等相关数据进行分类标引时，格式为 CNMARC 字段中的分类字号都可以重复全用，同一个文献可以以多个分类号进行标引。此系统会将分类索书号以及检索分类号进行分开设置，比如用于进行文献检索的分类号会被安置在 690 的分类号字段中，而分类索书号则会被安置在 905 馆藏信息的相关字段中。因为在检索系统中，发挥检索作用的分类号会自动形成倒排的文档，所以读者可以根据类号的不同长度或是相关的逻辑组合，检索需要的文献集合。

传统标引的过程会受到各种因素的制约，比如分类号的数量有限、检索工具的体积有限、编目工作量巨大等，检索系统的工作效率也会受到影响。而使用计算机检索系统后，这些限制因素都被排除，很多在传统手工检索系统中无法完成的检索任务，在计算机检索系统中变得轻而易举，这为地方文献分类互见标引的应用创造了良好的条件。

三、地方文献的主题标引与人员素质的提高

（一）地方文献主题与地域主题字段的标引

文献标引所具有的专指度，可以通过其主题词以及主题词的相关组合得到反映。对于图书馆来说，地方文献是其中重要的一部分资源，在进行分类时应当尽可能突出文献中具有地方特性的内容。

1.地方文献的主题标引

在对地方文献进行整体标引后，还应当进行互见标引以及分析标引。比如在对地方文献中的一些多卷书进行标引时，应当先按照全书的主要内容进行集中标引，在此基础上再按照不同的分卷进行分析标引。

要对文献的主题词进行灵活选用，按不同方式进行标引。我国针对地方文献的管理，有一部综合性的标引工具书一《中国分类主题词表》，但是很多带有地方特点的词汇并不能完全被收录在内。如果按照正式的主题词进行划分，则会有一些文献难以被正确标引。为了保证文献标引的准确性和专指度，应当先用主题词进行标引，再按照地方语言的不同特点进行进一步标引。

2.地域主题字段的标引

很多地方文献会将地域作为研究对象，所以地域也应当被看作是标引的主体。在进行文献标引时，可将地方区域作为主标目，进而让文献所蕴含的地方特色得到显现。

将主题标引与分类标引相结合，再通过计算机系统读取数据，这样用户能够按照不同的途径进行文献检索，进而更加突出文献所具有的区域特点。

在一些馆藏丛书、正史、文集中散落着大量地方文献，比如一些地方人物的重要传记、地区的自然地理介绍、社会及经济发展的历史等资料。图书馆的重要任务是对这些资料进行收集和整理，使之收集完成后能够形成馆藏特色。

地方文献中还有一些零散资料，这些资料也应当按照主题标引的方式编辑成册，再按照不同的学科进行分类标引，这样不仅有利于图书馆对馆藏文献的管理，还便于用户对文献进行检索与利用。

（二）主题标引出现的问题

地方文献有着明显的史料特征，所以读者习惯于按照不同时间、地点、人物、地域对其进行检索。对于地方文献来说，主题检索能够对地方文献的内容以及特征作出直接反映。

现阶段，图书馆系统中实行的《汉语主题词表》是一部基础性的词汇表，各行业以及机构均能从中挑选出词汇加以使用。但是，因为地方文献大多描述的是某一特殊地域的人文以及自然现象，其专指性以及地域性较强，若使用《汉语主题词表》的标引方法对地方文献进行分类标引，会有一些文献的主题概念无法被精准地表达出来，其原因在于《汉语主题词表》中的词汇无法反映地方特色。

此外，地方文献所涵盖的内容与《汉语主题词表》不相同，主题词表的范畴划分标准是学科体系，而地方文献的范畴划分标准是人文、自然环境以及地方事业；一些小的乡镇、街道名称以及一些人名都并不出名，若想对地方文献进行准确全面地标引，需要对这些地名及人员的主题进行合理揭示。

（三）主题标引时的注意事项

使用地域主题标引的条件是，当一个区域的名称出现在文献中而且这个名称会影响到文献的内容时，可以按照具体的内容将其标引为行政划分的最小级的地名。如果地名出现变化，则应当将新旧两个地名均设为检索点。

如果文献内容涉及一些具体的人或机构，则应当使用团体及个人主题进行标引。在按照团体主体进行标引时应当使用团体的全称，如果人名有别名或笔名，也应当一同进行标引。

在对主题词进行标引时不论涉及何种类型，标引所具有的深度都十分重要，其标引方式需要根据读者需要来确定。

（四）分类工作人员综合素质的提高

文献标引是一项具有很强逻辑性以及专业性的工作，文献是否能够得到充分利用，能否被有效开发，在很大程度上会受到标引质量好坏的影响。而标引工作人员的综合素质以及业务水平的高低，则决定了标引工作能否做到准确、合理与科学。所以，要保证标引工作的质量，必须要建立起一支高素质的工作人员队伍。

（1）思想素质。能否准确、合理、科学地标引文献，不仅考验工作人员的业务能力，还与其是否具备基本的职业道德，是否拥有良好的工作态度有关。职业道德是精神文明的一项重要内容，关系图书馆能否充分发挥自身的教育职能，能否提高整体的服务质量，能否发挥提供情报的职能。图书馆工作人员需要有极强的事业心，高度的责任感，正确的工作态度，良好的职业道德以及积极进取的学习精神。

（2）业务素质。一个人的工作能力可以通过其所具有的业务素质得到体现，业务素质包括专业技能、知识水平以及文化素质等。对于标引工作人员来说，他们不仅需要具备相应的专业知识，还需要紧跟科技发展的脚步，掌握不断更新的专业技术，比如计算机技术、网络技术等。

（3）文化水准。只有具备相应的文化水准，才能成为一名合格的标引工作人员。因为只有以文化水准作为保障，标引工作人员才能拥有相应的表达和分析能力。

（4）学识水平。现阶段，科学技术水平正在飞速发展，各种新的学科、新的理论、新的思想层出不穷，人类社会所创造的知识日新月异，更新速度之快，令人目不暇接。现代科学技术在不断朝着综合以及分化的方向发展，各个学科之间相互交叉、相互渗透，一些交叉学科开始出现，文献标引工作面临着更高要求。所以，标引工作人员既要熟练掌握与专业相关的知识，还需要具备专业以外的广博知识，对于各个领域的知识都要有所了解，在工作中要善于学习，努力提升自己，不断参加继续教育，了解和掌握新知识、新信息、新动态，了解各门学科的最新发展趋势，进而保证标引质量的不断提升。

第二节　地方文献编目

一、地方文献编目的概念

编目指对各种文献、图书、数字资料、有声资料的相关内容进行妥善组织、保管与记录，是对书目的控制，也是对信息的组织。这是图书馆的基础性工作，也是非常重要的一项工作。对于图书馆来说，编目属于自身的核心业务。

编目是对文献信息进行描述、揭示、组织、报道，让文献能够被读者充分利用。进行编目就是要对书目进行记录，并且将其汇集成整个图书馆的目录，以做好对书目的控制。网络信息技术的发展使书目控制得到图书馆界的普遍重视，编目工作迎来了新的蓬勃发展时期。现阶段，文献资料已经被纳入网络化的系统中，所以必须要强化编目工作的现代化观念，以适应编目工作现今的发展需要。

二、地方文献的著录

目前，我国尚未建立起地方文献著录的相关规则，对地方文献是按照普通图书的方式进行著录的。但是在著录过程中，应当突出地方文献的特色，建立起地方文献的特殊数据库，让资源得到共享，进而为地方文献的检索提供方便。

（1）对地方文献进行检索时分类号前加地方行政区划名称的缩写。在对地方文献进行分类时，所得出的分类号会出现以下两种不同情况：一是地方代码被包含在分类号中，文献的地方性能够被反映出来；二是地方代码并不包含在分类号中。在能够被计算机读取的目录中，排架分类号与检索分类号所属的字段不同，在设置检索分类号时不用考虑类号长度，可以突出检索以及分类标引的专指性；在设置地方文献的分类号时，应在前面加上区划名称的缩写，以方便读者检索。

（2）主题标引时注意揭示地方文献的地区特征。分类标引系统能够将馆藏的主要内容显示出来，进而方便读者进行检索和调用，但是设置在其中的一些用于标识的符号并不能对读者形成明确而直观的信息。大部分读者都习惯按照主题对资料进行检索，所以对地方文献进行主题标引，可以更好地反映地方文献的区域特征。

三、著录的问题及对策

地方文献一般按普通图书著录，这样从书目数据上很难反映某些文献属地方文献，文献的地方特性难以被体现出来。为便于地方文献的检索利用，著录时可适当加入字段，用以描述文献的地方特性。

（1）增设“文献类型”标志。著录地方文献（包括图书及非书资料）时，应增设“文献类型”字段，注上“地方文献”标识，这样做的好处是可以轻松地在整个馆藏数据库中提取出属于“地方文献”的数据，需要时可复制一份专门用以建立“地方文献”的数据库，而不用重新输入数据。若图书馆有独立的地方文献室，当遇到丛书或多卷书中含有一册或几册地方文献资料时，可利用这种方法可解决图书典藏的问题。

（2）增加不同字段主题词的著录。地域主题词可在607字段著录，个人主题词可在701字段著录，团体主题词可在711字段著录，非控制的内容主题词（即能体现文献地方特性的关键词）可在610字段著录，年代主题词可在607、610、701、711各相应字段的年代复分字段著录。

（3）建立网络地方文献室，实现资源共享。由于著录时注上了“地方文献”，因此在图书典藏统一前提下，可提取这部分数据，建立网上虚拟的地方文献室另外，由于地方文献搜集渠道的限制，图书馆不一定能搜集到其他馆所收藏的地方文献。为此，可以加入地方文献共享网络，连接其他收藏馆书目数据，把它纳入虚拟的地方文献室，再将反映典藏的字段著录该收藏馆，以示该地方文献不是本馆藏书。

总之，地方文献的分编工作有着一定规律和特点，比如在一般文献中分析出

关于地方的文章等。在图书馆全面实现计算机管理的网络时代，地方文献的分编工作在考虑文献分编的传统习惯时，更要考虑读者的使用习惯，要利用一切能利用的现代化技术手段，更好地为读者服务。

四、文献联机编目的现状

随着计算机技术和网络技术的飞速发展，图书编目工作的操作程序也出现了很多不适用于当下的地方，这必然加速了新的编目工作程序的运用。图书编目工作是图书馆所有业务中最为基本的一项工作，是将文献信息进行整理、归纳和加工的过程，需按一定规则和标准，对文献信息进行目录编制、主要内容阐述、分门别类等工作。通过对文献信息的主题特征以及中心内容进行阐述，对目录进行组织和编排，馆藏资源能够获得充分的利用、互换和共享。因此，图书编目工作也是图书馆的关键性工作之一。

图书馆的文献信息资源只有通过编目，才能形成有序、合理的信息资源揭示体系，才能满足广大读者对各种文献的利用要求，文献信息的编目工作可以提高读者对网络环境下图书馆信息服务的认可度。传统的、封闭的、分散的文献编目已被联机编目所替代，这为图书编目工作带来了诸多挑战。

（一）编目对象的多元化、多媒体化

对印刷性的文献信息进行编目是以往编目工作的主要内容。随着时代发展，数字化的文献资源越来越多，图书馆的馆藏文献信息也不再局限于简单的纸质文献。因此，编目工作必然会增加对电子文献、多媒体信息进行编目等内容。光盘、数据硬盘、缩微胶片和磁带都成了信息传递和储存的新介质，而音频、动态视频、图像等已成为一种新型的信息形式。

现在，图书馆的文献资源基本上包括传统印刷文献和数字电子文献两个重要类别。后者所具有的与传统文献所不同的优势，使得文献的生产和传递更加迅速，知识、信息的存储和利用更加便捷，现代图书馆逐渐形成多层次、多类型、多媒体的馆藏结构体系。同时，网络资源的无序性、多样性、容量大及更新传递快的特点，也对编目人员提出了新的要求，要求现代文献编目人员在做好传统文献资源编目的同时，必须不断学习和掌握新的“非纸质文献”编目的方法和手段，紧跟形势发展。

（二）编目手段的电子化、网络化

文献信息的传播、储存等方式在网络技术和通信技术的大力推动下都有了新的变化，信息资源的管理者也逐渐向多元信息提供者，实现了身份的转换。编目工作因运用了便捷的计算机网络技术，正逐步向自动化发展，并以联机编目的形式取代以往单机编目的方式，有效推动了编目工作的发展，并使编目工作的效率也获得了质的飞跃。

全国图书馆联合编目中心于 1997 年成立，主要负责对国家图书馆的文献信息进行在线编目，并提供上传和下载等服务。至此网上编目资源的共享工作获得了全新发展，并逐渐和国际同步，进而让全球都能共享中文书目的资源。计算机可以轻松处理一些编目工作中的烦琐工作，因而对编目处理速度的提高具有重要意义。

编目人员在编目工作中还可以利用网络信息的多元化和开放化，对编目内容进行关联信息资料的补充，使得编制的信息条目更加精准和全面。由此可知，网络在编目工作中的重要地位已经不能取代、不可逾越。现在，全国图书馆联合编目中心已经联合 600 多家图书馆，遍布 31 个省、市、自治区，其成员馆基本上涵括了国内大多数省、直辖市和自治区级图书馆。编目中心的编目数据每年都在不断攀升，一年有几百万条的下载量、十多万条上传量。面对不断增长的数据量，全国图书馆联合编目中心既注重数据数量的提升，更加强了对数据质量的管理，让数据的时效性和标准性都有了较好的提高，并在编制编目资源时不再局限于行业、系统和区域范围内，以此提高编目数据的利用程度，在一定程度上避免了重复和浪费，有利于控制制作成本，让新书的检索更为便捷和快速，确保了用户量的稳健提升。由此，大量图书馆开始对联合编目中心的数据进行利用和共享，编目数据网络共享平台对数字图书馆的建设和推进具有积极意义。

电子化编目也在很大程度上加速了文献编目的效率。除此以外，编目数据工作凭借计算机的快速处理能力，大大提高了工作效率，并保证了准确性。因此，编目信息量的扩充为以后的补充和完善提供了便利条件，使编目数据得到了及时更新和改进。

（三）编目规则规范化、标准化

著录和标引是组成编目工作的两个重要方面。录著规则也称为文献编目规则，是对目录编制进行标准化和规范化的规定。国际编目原则会议于 1961 年在巴黎召开，与会人员于会议上制定了《巴黎原则》。国际上，各国的编目规则基本都是在《巴黎原则》基础上进行的发展和改编，随后颁发的 ISBD（国际标准书目著录）更是为国际标准的制定打下基础。各个国家在制定本国编目条例时几乎都以《巴黎原则》为参考依据。国内则以《中国文献编目规则》和《中国机读目录格式使用手册》作为编目工作的主要规范准则。各大高校图书馆的成员馆也形成了 CALIS 联编中心的主要规范，《CALIS 联合编目使用手册》成为编目工作的主要规范依据，很好地提高了编目工作数据的准确性，提高了工作的效率和质量。

使文献数据编目工作规范化和标准化是全国图书馆联合编目中心和 CALIS 联合编目中心共同的工作目标。近年来，编目工作获得了一定的成绩，书目质量得到显著提升。但是，两个编目系统在工作中难免出现差异，对标准化数据的推行工作非常不利。

面对快速发展的网络技术和信息技术，面对海量的网络资源，编目工作要进行标准化和规范化的发展也具有较大难度。中国图书馆学会标引与编目专业委员会在 2006 年出台了《中国图书馆编目工作原则声明（草案）》，以此引导文献编目工作的标准化和规范化操作。国内图书馆有关行业对编目的规则基本上有了一致认识。编目规则要求从信息采集时就要严格执行，以确保之后的工作按照标准化和规范化的要求进行。每一个编目人员在面对编目信息资源时都会有不同的认识和看法，而且每一个数据中心在数据格式的运用上也有所不同，所以要将书目数据进行绝对的标准化是不可能的，只能对各项规范标准细则进行加强，使之有章可循，如此才能让编目数据达到一定程度的规范化；要具有较高的编目效率，必须掌握标准化和规范化的编目技术，从而为书目数据的共享共建创造条件。

（四）编目数据开放化、国际化

随着网络技术和通信技术应用的不断深入，图书馆的文献编目工作更加重视合作共赢，不再像以往一样闭门造车地进行工作，其在编目时更加注重利用网络

环境的开放性，对文献信息进行更为高效和快捷地整理和归纳，对编目成果的共享和交流也更加广泛和频繁。文献编目工作开始向集中编目、联机编目和统一编目的方向发展，而不再是过去个体编目的形成，各种各样的书目中心也获得了前所未有的发展。现在，经济发达的地区和国家的联机联合编目的技术开始成熟。国内联机联合编目系统主要包括五个，即全国图书馆联合编目中心、CALIS 联合编目系统、上海市文献联合编目中心、中国科学院国家科学图书馆联机联合编目系统和地方版文献联合采编协作网。除此以外，书商自行建立的书目中心也得到了很好发展。

联机套录编目是联机联合编目最为显著的特点，即对数据的下载、读者的资源共享提供了非常大的便利，它利用互联网和通信技术，使得各成员馆能够和联机编目中心进行连接，从而直接套录数据库中的有关数据。联机联合编目工作的推动以及对数据库的共建，让书目数据资源得到一定程度的利用和共享，对人力、财力和物力的节省有着重要意义，使读者的书目检索更加准确和快捷，使书目数据资源的效益得到最大限度发挥。

各级、各类图书馆在互联网技术支持下进行了大量信息网络建设，并且在不断加强馆内局域网建设的同时，还与其他图书馆进行连接。各个图书馆开始设立自己的网站，并对自有信息资源以外的有关信息也开始进行比较全面地收集，还通过上传资源

等方式将馆内信息资源分享给更多读者。对编目数据进行网络化处理，更有利于编目数据的开放化发展，并使其不受时间和地域限制，让文献信息资源可以在全国甚至全球进行共享和交换，进而推动人类文化、经济的发展。

现在，很多图书馆的采编业务基本上由书商完成，其编目数据一般源于各大型书目的编目中心。书商会聘请数据录入员，并返聘资深的退休编目员把控数据质量。但是，从目前各馆的使用现状可以得知，各个机构的业务水平良莠不齐，这导致编目数据出现鱼目混珠的情况。各机构应对此严加管控，尤其是对一些外包商编目的数据，更需要把好数据质量关。

（五）编目数据质量的提高

网络化和数据化的编目工作，让图书馆编目工作的发展有了新的方向和空间，新的编目工作需要综合素质更好的编目人员参与。只有做好业务技能的提高、知

识结构的优化、专业知识以及学科知识的提升，具备良好的计算机操作水平，才能使得编目人员能够更好地适应日益复杂化的编目内容和编目方式，并在编目工作中得到不断提升和发展。编目人员还应掌握相关学科、相邻学科以及交叉学科、新型学科等的知识，了解和灵活运用现代化的信息检索语言理论和应用技术，这对于在日益发展的网络环境下进行网络资源的充分利用和收集颇为重要，也为数据库的维护提供了保障。此外，编目人员还应具备外语能力，使其在外文文献中获取有用的资源，从而对国际信息资源进行共享和参考。

后期文献编目工作需要重视校对工作的重要性。编目工作结束后，校对人员的校对工作非常重要，这项工作必须由工作经验丰富、能力显著的人员来完成。其校对的重点在于验证著录内容是否符合受编图书，使其和 MARC 要求的格式相一致，对录入的错误也要进行检查，如必备字段是否齐全、分类标引是否准确、号码是否正确以及书写是否正确等。校对要仔细认真，一字一项地核对，对错误和失误之处要及时发现和纠正，这样才能提高馆藏书目数据的准确性，让编目数据向标准化、规范化以及国家化、开放化发展。同时，编目人员要注重自身素质的提高，顺应时代发展要求，从而在数字网络时代中使自身得到更好的发展。

第三节　地方文献的典藏

文献典藏也称为典藏，是指将文献按照任务、服务对象、地区特征、发展方向和性质得以分类和加工，并根据一定准则进行系统、科学和目的化的保护和管理，做好文献典藏工作可以更好地为读者提供服务。

文献典藏具有两方面特点：其一，藏书数量需要达到一个最为合适的规模，也就是要求在人员配备、馆舍条件、任务要求和经费确定的情况下，让藏书能够获得最大效用，发挥最好作用；其二，藏书质量需要达到一个最佳状态，即依据既定目标对藏书利用率进行评价、统计，从而对藏书流通的速度、方向和范围进行控制，达到和读者最佳的沟通效果。若藏书的使用价值消失，需要及时删除，以确保馆藏文献信息的质量达到一个理想状态。

文献典藏是图书馆工作的重要核心部分。学术界基本上从两个方面理解文献典藏：一是认为藏书管理和藏书组织是藏书组织管理的两个重要工作，而且藏书典藏只包括藏书组织的部分；二是认为典藏指文献的组织管理，认为管理和组织是一体的，不能区分对待。

20世纪90年代后，图书馆在现代化社会进程中发生了巨大变化，历经了从“藏书建设”至“文献资源建设”，再到“信息资源建设”的发展历程。对传统理论体系而言，这是一个重要冲破，它为图书馆馆藏建设带来了一个质的改变。文献典藏是藏书组织管理的核心部分，最后发展成为现在的馆藏信息资源组织管理概念。现今，文献典藏也在不断发展和完善中。

一、地方文献典藏库的建立

地方文献的典藏主要涉及是否建立专藏库的问题。

地方文献专藏库是图书馆基础藏书的重要组成部分，是否建立地方文献专藏库，应视各馆具体情况而定。一般说来，馆藏较多的图书馆应建立地方文献专藏库，如有可能，还可将地方文献的补充、整理、典藏及阅览等工作统一起来，建立专门的地方文献“一条龙”式工作机构。但是，地方文献的馆藏多少，除历史遗存之外，还要依靠后来人长期的努力和积累。

所谓“视各馆的具体情况而定”，指根据图书馆自己的地位、任务、能力，以及读者需求情况作出是否建库的决定。如，区（县）级以下的公共图书馆，其职能主要是普及社会教育，活跃群众文化生活，以及小规模的传递生产知识和技能，读者对于此类图书馆内地方文献服务的需求并不十分迫切，加之其规模小、力量弱，虽然可以开展各种形式的地方文献工作，却不一定要设立地方文献专藏库。

城市地区的地方文献工作作为一个整体，已由市级公共图书馆负担起来，城区各区级公共图书馆不需要从头做起，而是应该选择一些独特的地方文献专题，建立小规模的地方文献工作室。需要特别指出的是，由于文献载体的不同和地方文献资料多散见于中外文献及报刊等因素，所谓专藏库只能做到相对集中。有鉴于此，编制全馆乃至地区的地方文献书目、索引和数据库不仅是必需的，而且要力求完备。

二、地方文献专藏库的典藏

地方文献藏书的保护、管理和清点，与普通图书并无区别，但地方文献载体类型的多样化，造成多种排架方式集于一库的特殊局面。

地方文献专藏库首先要根据不同的文献载体类型，将全部藏品分成几个子系统，分别保管收藏。根据各馆具体情况，一般可分为图书、报纸、期刊、照片、拓片、缩微品、视听资料，以及舆图、善本和其他特种文献等部分(1)。图书多采用分类排架方式，以便于直接按类检索。

首都图书馆地方文献部采用书次号前加冠号的方法，将不同时代的文献分开，目的之一是为了使线装图书相对集中。依据读者习惯，图书馆对报刊的排列往往

按照报刊名的方式进行。出于对典藏条件和设施的考虑，图书馆对照片、微缩品和拓片等形式的文献，则会采用特殊方式进行排架。地方文献中经常会有一些保密性资料或限制流通的资料，对于这部分文献，也要采取相应的典藏措施。

三、网络环境下地方文献典藏

图书馆典藏工作的主要目标是对已经搜集到和已经加工的地方文献资料进行一定的组织和管理，并以此建立典藏目录，进而反映地方文献的存放地点、价值、调拨等情况。图书馆典藏是图书馆地方文献工作中的重要组成部分。

基于网络条件下的典藏工作有别于以往的手工典藏工作。网络技术的支持让典藏工作的功能获得极大拓展，使其从单纯的文献业务工作桥梁功能和业务质量的调控功能，发展到对馆藏地方文献的利用、对地方文献的质量把控和资源共享共建等功能上。因此，典藏工作在网络技术支持之下，其准确性和效率化都获得了较大保障，使得其提供的服务更符合读者需求，进而让图书馆的地方文献藏书结构向着实用化、科学化和合理化方向发展，确保地方文献资源实现最佳利用。

第十二章　基层公共图书馆服务对象和文化服务体系的理念构建

第一节　基层公共图书馆的服务对象

一、公共图书馆服务对象概述

（一）社会分层与公共图书馆服务

自古以来，在任何国家的社会组织设置中，人类都会自然地因为理想、兴趣、自我要求及所处的社会地位、从事的职业、接受的教育程度等因素的差异而被划分为不同的群体。这些群体在整个社会体系中处在不同的层次与位置。于是，人类被自然地划分为了从高到低的不同等级。不同层次的群体不仅在自然条件、文化因素等方面表现出较大的不同，对社会发展和经济建设也作出了不同的贡献，他们获得的利益和利益受损的情况也就不尽相同。社会分层的出现，能够有效促进社会的和谐发展。处在不同社会层级的群体表现出了非常独特的群体特点，社会分层效应就此产生。对公共图书馆而言，其服务对象是全社会公众，包含着非常复杂的社会层级。因此，以社会分层为依据进行公共图书馆服务对象的研究是具有现实指导意义的。

目前，我国的公民根据人们获得的利益和利益受损的情况，从上到下分为上层、中层、中下层和下层四个群体。其中，上层是特殊获益者群体、中层是一般获益者群体、中下层是利益相对受损群体、下层是社会底层群体。在所有群体中，中层人数是最多的，也会整体社会安稳和谐的基本保障。根据目前中国的现状，我国社会结构呈现出“金字塔”的形状，即底层人数大、中间层人数比较少。在我国城市化发展进程中，处在金字塔最底层的进城务工人员因为不是“城市常住人口”，无法享受资本聚集区域带来的利益。

20世纪处于中层的国家企业的职工们在过去三十年间成为失业群体、下岗群体、离岗群体、内退群体等中的主体，逐渐成为金字塔的中下层。从新中国的第一批独生子女开始成长、参与社会生产建设开始，他们拥有相对父辈而言更高的学历，大多数人还掌握了某一领域的专业知识，能说外语、懂电脑，收入相对比较高一些。这一类群体是金字塔新的中间层，也是公共图书馆的主要服务对象。尽管每一位公民都有享受在公共图书馆获取信息知识的权利，但是除了金字塔中层以外的其他层级群体在现实中利用公共图书馆服务的次数的确比较有限。造成这一现象的主要原因主要有服务对象与公共图/馆及其提供的文化服务之间存在明显的差距，或公共图书馆提供的服务对这些群体的工作生活并不能够产生显而易见的助力，甚至是这些群体并没有清楚了解公共图书馆的服务，因而没有意识到这些服务能够提升曰我，获得更好的生活。

正因如此，各大公共图书馆才应该从根本出发思考服务对象对公共文化服务真正需求，进而提供能够让更多人充分利用的文化服务内容。对中下层民众而言，公共图书馆应该解决生活远离公共文化服务，无法感受到公共图书馆服务对自身的助益的问题。本着“以人为本”的服务理念，公共图书馆应该向中下层群众宣传、传播大量积极向上的信息知识，使其深刻感受到人文关怀，从而重新认识人生，思考自己的现状及未来发展规划，最终带来对人生的希望，决定尝试改变，努力向上。

公共图书馆还可以与相关部门合作，向中下层群众提供有针对性的职业技能培训或讲座等，帮助他们通过获得新的生存技能而拥有更美好的生活，让其更直接地从公共文化服务中获益。同时，面对社会上层群体，公共图书馆应该更多地利用他们的经济能力及在社会上的影响力推广公共图书馆的影响，进而提升图书馆的获利能力。在西方，许多社会成功人士都会在成功之后，捐赠社会文化服务机构或公益组织。公共图书馆和大学是他们做慈善活动的首要选择。获得了资金助力，图书馆自然能够加强硬件和软件，提供更加丰富和优质的文化服务。

在我国，由于公共图书馆的文化服务与上层社会群体之间没有密切直接的联系，上层群体很少利用到公共图书馆的文化服务，也没有充分意识到公共图书馆的文化服务对社会进步和经济发展产生的实际意义，因此，这类活动并不多见。针对此现象，公共图书馆应该结合实际分析上层社会群体的文化服务需求，有针对性地将重要的信息知识资源推送到他们手中，使之真正认识、切实感受到图书馆的作用，解决公共图书馆的上层服务对象稀缺的现象。

（二）公共图书馆与服务对象的关系

在我国，公共图书馆是一个为广大人民群众提供信息资源服务的公益性单位，服务对象是其生存和发展的根本。但是，长期以来，社会公众没有感受到公共图书馆的“平易近人”，反而觉得距离十分遥远。在一般公众眼中，去公共图书馆借书的人不是学生就是有一定学识的知识分子。与此同时，公共图书馆也将自身定位在“文化事业部门”的位置上，忽视“文化服务”的功能，因而没有在实际社会生活中为公众提供基础的服务。

由此可见，公共图书馆应该正确认识到自身与服务对象之间的关系，也必须重视这层关系，树立正确的服务理念，扎扎实实地为群众做好文化服务工作。第一，公共图书馆必须要明确服务对象的范围。公共图书馆过去定义的“服务对象”是研究型的用户，而忽视了更广泛的人民群众。这样的服务对象范围是非常狭小，也是片面的。现在的公共图书馆必须重修定义“服务对象”，将范围扩大到社会上的每一个公众。第二，公共图书馆必须要正确看待服务对象的重要性，将现代服务营销理念引入到图书馆管理哲学中，将服务对象看作公共图书馆开展一切公共文化服务活动的核心。第三，公共图书馆必须要重视文化服务过程。公共图书馆为服务对象提供良好服务的过程，不仅是前台服务人员的事，而与整个服务流程中的每个环节息息相关。公共图书馆要从组织机构的设置开始考虑服务对象的特点，为其重组服务流程，提高工作效率；要根据服务对象的需求，选购信息知识、开发文献资源，开放全部馆藏，适当延长服务时间；要为服务对象提供符合其要求的服务内容和信息知识；要结合忠诚的服务对象的生活特点，选择合适的地点建馆或拓展馆外服务，节省服务对象来馆享受公共文化服务的时间或空间。

（三）公共图书馆服务对象的特点

1.公共图书馆服务对象构成的复杂化

与其他图书馆的性质不同，公共图书馆向服务对象提供的是平等的、无偿的文化服务。因此，不管你是多大年纪、什么民族、是男是女、选择哪种信仰、使用什么样的语言，或者在社会上具有什么样的地位，都是公共图书馆的服务对象。公共图书馆面向全社会所有的人开放。正因如此，公共图书馆服务对象的年龄、收入和教育背景等因素表现出明显的离散型分布特点。同时，我国的社会图书馆体系分工不同，服务的对象也不尽相同。大学生或者做专业学术性研究的人群会选择去高校图书馆或研究机构图书馆；需要做行业文献分析的人群会选择专业图书馆或企业自建图书馆。因此，选择到公共图曰馆享受公共文化服务的人更多是社会中下层人群。

2.公共图书馆服务对象信息需求的多元化

因为公共图书馆服务对象构成复杂化的特点，所以，公共图书馆服务对象需要的信息知识和文献资料的要求也就表现出现多元化的态势。高校图书馆、科研机构图书馆和企业口建的图书馆因为受众群体的单一性，而提供专业度比较高的文化服务功能，只需要能够满足特定的群体在学习和工作中的需求即可。但是，公共图书馆要满足不同年龄、不同收入、不同文化背景、不同受教育程度和不同职业的服务对象来自参与生活、学习和工作等活动中的各种信息知识需求，而这些需求在信息内容、服务形式和文献质量等多方面都可能存在差异，还会存在更多影响文化服务质量的不可控因素。

3.公共图书馆服务对象利用图书馆意识的薄弱性

我国的公共图书馆多为财政拨款的事业单位，很少对外开展宣传。因此，广大公众仍然持有“机关意识”，认为只能在“有事”的情况下才去图书馆。当然，这样的刻板印象也和以往公共图书馆的收费制度、工作人员缺乏服务热情等因素有关。近几年的互联网普及、信息科技发展和智能移动终端的推广，让公众获取信息知识的方式更加便捷，费用更加低廉，使公共图书馆更加远离公众的实际生活了。因此，用户数量、到馆率、借阅量都呈下降趋势是公共图书馆目前面临的困境。

（四）公共图书馆服务对象的类型

公共图书馆的一切公共文化服务都是以服务对象为中心展开的，而服务对象和政府主管部门对公共图书馆文化服务的评价又会影响公共图书馆在公共财政预算中的地位。换言之，服务对象是影响公共图书馆的发展命脉的关键因素。公共图书馆未来的发展与服务对象有着密切的关系。公共图书馆服务对象构成复杂化，不同的划分标准会导致不同的对象分类

1.18 岁以下的青少年服务对象

这类服务对象群体主要包括学前儿童、小学生、初中生、高中生在内的未成年人，他们对阅读环境有很高要求，要求公共图书馆内部设置独立的空间，内部色彩比较明亮，桌椅摆设要保证安全且符合审美；对文献类型的要求，是以低龄儿童的认字、识图、游戏、绘本图书，儿童文学，科普读物、学习参考书和课外阅读等为主。

2.18～60 岁的中青年服务对象

这类服务对象群体的结构比较复杂，要求比较多，以在校大学生和已经步入社会的中青年人群为主。在校大学生因为在学校里生活，可以直接去高校图书馆实现专业

类信息收集的需求。但是，如果需要参加考级考证，或者打算创业和求职，则需要去公共图书馆找专业考试学习大纲和复习资料、经济管理类和市场营销类文献资料、各行各业招聘信息等。已经步入社会的中青年服务对象则是参与国家建设的中坚力蛍，普遍承受很大的工作压力和生活的重担，因为自己没有过多的自由支配时间，所以更愿意方便快捷地获得公共文化服务和高附加值信息服务。

3.60 岁以上的老年人服务对象

在我国，60 岁以上的老年人通常已经离开了工作岗位，退休在家。因此，他们拥有大量地休闲空余的时间，不仅可以发展个人的兴趣爱好，还可以参与到各种各样的交往活动中去。遗憾的是，因为欠缺新技术的应用，他们中的大多数无法积极融入更广泛的人际交往活动中。60 岁以上的老年人十分关注养生之道和保持健康的方法，也会对社会时事政治感兴趣。这类服务对象群体对公共服务提出的要求主要是活动空间的独立、环境的供都市休闲类的报纸和健康主题的文献资料，最好还有一些供他们娱乐的棋场设施等。

二、公共图书馆与一般中青年群体

18～60 岁的中青年服务对象是公共图书馆读者中人数最多的。但是，考虑到 18～30 岁的青年人中的高校大学生更依赖所在高校的图书馆，而这一年龄段 11 经步入社会的人多处在职业生涯的初级阶段，工作压力大且社会活动多，对公共文化服务的需求相对较少。因此，公共图书馆最主要的服务对象集中在 30～60 岁的年龄段。

（一）公共图书馆与一般中青年群体的关系

中青年这类服务对象需要的信息治疗范围比较广，对知识的需求和欲望比较强烈，学习信息技术的速度非常快，应用现代网络等手段的能力也很强，他们是社会发展和建设的中坚力量。对他们而言，通过在公共图书馆内利用文献资源可以解决生活、工作中的问题，或者有效提升自我价值。例如，自身价值提升、兴趣爱好、搜索信息、参与文化活动或者休闲阅读等。因此，一般中青年群体是对公共图书馆创造的社会效益的影响最大的一群服务对象。公共文化服务影响着一般中青年群体的学习、工作和生活方式。但是，由于这类服务对象的群体涉及的年龄、性别、职业、文化等方面的跨度非常大，对公共文化服务产生的需求也不尽相同。除此之外，作为大众娱乐性的公益机构，公共图书馆内可能聚集大量志同道合的人群。因此，社会公众不仅可以满足自身对信息

知识的需求，还可以进行社交活动。因此，具备创新意识的公共图书馆可以为社会公众提供音乐欣赏、文化展览、主题讲座等文化娱乐休闲活动。这些活动不仅可以帮助中青年人修身养性、释放压力，还仰以维护社会稳定、促进好城市居民精神文明建设。

（二）一般中青年群体对公共图书馆服务的要求

因为职业活动是一般中青年群体生活模式中最重要的部分，所以与职业活动相关的信息知识和文献资源是他们需要的，这就要求公共图书馆应该向一般中青年群体提供适合不同职业或不同个性特点的公共文化服务。

第一，这一需求特点对公共图书馆服务人员提出了新的要求，要在熟悉馆藏之外，还要掌握一定的职业知识，了解不同职业读者的需求。面对中青年群体的关于职业活

动信息的需求，公共图书馆工作人员应对不同学科的信息需求提供知识服务。

第二，这一群体在公共图书馆开放时间要参加工作，所以无暇享受公共文化服务。正因如此，一般中青年群体对馆藏图书的利用率和阅读率比较低。因此，公共图书馆要针对这一需求特点适当调整图书开放时间，或者借助馆外借阅处、流动图书馆或者开设额外配送服务等方式延伸馆外服务。

三、公共图书馆与社会弱势群体

随着社会进步和经济发展，城市弱势群体的生存和生活状况已经引起全社会的重视。可他们往往因为经济情况不良、社会生存环境不佳，或身体生理问题等因素，失去了接受基本的或系统的文化教育的机会。公共图书馆就是给他们提供接受再教育和弥补学习知识不足的公益性单位。

（一）社会弱势群体的定义

社会弱势群体，也称为社会脆弱群体，主要包括两部分人群：一部分是因为自然原因或个人原因导致在社会生活中比较容易受到伤害的脆弱群体，包括丧失或无劳动能力及依赖性人群，如儿童、孤儿、老年人、残疾人、精神病人、长期病患者等；另一部分是因为社会变迁、社会文化等原因导致个人就业和生活状况不佳的社会群体，包括所有低下阶层、边缘化群体等。

在我国城乡各地大约有超过2500万人的弱势群体，他们中有因疾病、年老、孤寡、伤残而领取最低生活保障金的人群，也有因下岗、失业、早退休或被拖欠退休金和进城务工等人群。因为他们的社会生活轨迹中存在一定的利益受损，所以可能会产生悲观心理和不良情绪。社会对待某一个体的态度和方式会影响若他对待社会的态度和方式。如果社会弱势群体长期处在低落情绪中，就会影响社会的稳定性和良性发展。采取各种手段和方法帮助弱势群体，为他们找到积极向上的发展方向是推动社会进步的基本途径。

（二）公共图书馆与社会弱势群体的关系

公共图书馆是由政府主导面向全社会公众开展服务的组织机构，要在满足人民群众公共文化服务需求的过程中保持公平，以达到服务最优化、惠民效果最大化。对社会弱势群体而言，公共图书馆营造的浓厚的学习氛围和开展富有人性温情的优质服务具有很强的亲和力。因此，公共图书馆可以以整个社会的名义，同时在精神和文化两方面做到关爱和帮助社会弱势群体，向他们表示同情、善意和关怀。

（三）社会弱势群体对公共图书馆服务的要求

不同的社会弱势群体对公共图书馆服务要求也不一样，公共图书馆应当有针对性地提供文化服务内容。

1.残疾人群对公共图书馆服务的要求

在我国，对残疾人群的定义是指“心理、生理、人体结构上，某种组织、功能丧失或者不正常，全部或者部分丧失以正常方式从事某种活动能力的人”。截至2020年初，我国有约8500万残疾人，占中国总人口的6%。

当个体失去了争取生活基本权益的属于全社会人人有份的公平机会的话，也就构成了生活障碍。对残疾人群来说，保障和满足他们的公共文化服务需求，就能够提高他们的综合素质，就为他们参与生活和改善生存质量创造条件，这是公共图书馆作为公益性服务机构必要的社会责任。因此，公共图书馆应该努力构建一个信息知识资源无障碍的公共环境，主要做到在实体环境中设置适合残疾人群的坡道、栏杆扶手、专用卫生间、电梯里的方便按键及所有环境中的声音提示装饰，以确保全方位无障碍：在文化服务过程中注意增加盲文读物、盲文计算机、影视字幕、天花板书、朗读服务、手语、送书入户等服务，以确保信息交流无障碍。特别值得注意的是，残疾人群在公共图书馆服务中同样要受到平等的待遇，要享受与普通人一样的信息服务和参与其他文化娱乐活动的权益。

当然，这类服务设施需要一定的资金付出，其使用率可能并不高。但是，本着“以人为本”的服务理念，为体现公共图书馆对残疾人群的关爱，这是公共图书馆必须要开展的文化服务。

2.老年读者对公共图书馆服务的要求

目前，全球各个国家都面临着两个亟待解决的问题：科学发展的战略的实施和人口老龄化问题的妥善解决。所谓的老龄化社会是指一个国家65岁以上的人口占总人口的7%以上或者60岁以上的人们占总人口的10%以上。近年来，我国老年人的绝对数值较大，每年新增高龄老年人口高达100万人，老龄化发展态势迅猛，老年人在文化服务方面的需求也逐渐增加，这是人口老龄化问题对公共图书馆提出的新的服务要求。公共图书馆应该根据老年服务对象的生理和心理特点，在馆舍环境、硬件设施、文献资源类型、服务方式等方面开展有针对性地服务，以实现满足老年读者的精神文化生活需要。公共图书馆的老年服务主要包括老年教育、社区信息、文化服务等，要面对特殊的老年读者、行动不便者、视觉不便者、听觉不便者、不便离家者、福利院居住者等。

由于老年服务对象主要处于退休生活状态，逐渐远离了真实的社会生活，无法跟上社会发展的脚步，他们和身为子女的中青年人群之间容易发生矛盾，甚至还会产生抱怨情绪。因此，公共图书馆还有义务针对这种现象，通过举办各种健康、娱乐性的讲座、开办老年大学等文化信息服务，让老年读者了解社会的进步与变化，以提高他们对晚年生活的适应能力，提高他们的文化素质。

3.监狱中的服刑人员对公共图书馆服务的要求

众所周知，监狱是关押改造罪犯的特殊单位，负责对服刑人员系统正规的思想品德、文化知识和职业技能的改造工作，而服刑人员则是一群处于社会边缘、曾经做过违背法律的事情且正处于被剥夺某些权利和自由特殊的人。服刑人员长期生活在监狱这样封闭的环境中，不能自由了解文化信息知识，很容易出现悲观情绪和心理问题。尽管这些服刑人员是现实生活中的阻落者，但是不代表他们此生就不再有从头再来的机会。所以，在监狱服刑期间，服刑人员也可在自我救赎的同时，通过读书或学习其他技能重新寻找自己的人生方向，追求自己的梦想。因此，秉承着“以人为本”的服务理念，从仁慈、专业、法律的基本原则出发，公共图书馆应该向监狱中的服刑人员提供文化服务，主要是为服刑人员的自我反省及职业和健康教育提供资料。这些服刑人员需要的文化服务应该包括为他们重返社会时需要的学习资料和可选择的服务。目前，很多监狱中都配备了图书室，有图书馆专门的工作人员为服刑人员提供文化服务。这里需要说明的是，在监狱图书室里的所有图书、杂志、文献等都是经过专门人员筛选的。首都图片馆还开展了为监狱送书的活动，充分体现出公共图书馆对服刑人员的人文关怀。

4.城市综合征患者对公共图书馆服务的要求

在我国，社会飞速发展，物质文化和生活品质都在日益提高。与此同时.城市扩张、城市人口膨胀、交通拥堵、自然环境恶化、住房问题紧张、就业压力增大等一系列问题出现了。生活在城市中的普通人也承受因大城市建设所出现的问题带来的压力，尤其是中青年社会建设的生力军逐渐出现了焦虑不安、困惑茫然、敏感脆弱、患得患失，偏见同执等亚健康的病症。这些身心健康的问题被称为“城市综合征”。如果这些因为“城市综合征”表现出来的压力、焦虑和疲劳状况长久得不到重视和改善，将会出现不可估计的惨痛后果。

这时，人们更需要一种全新的健康生活方式增强门信力与门律能力，减去懒惰和不应生活习惯，告别城市综合征。经过专家长期的研究发现，阅读可以有效调节一些心理性的疾病。面对城市综合征，通过阅读可以有效达到安抚精神、缓解压力、平衡心态的效果。因此，公共图书馆应该针对城市发展过程中出现的以“城市综合征”为代表的各种亚健康的心理问题。

进一步深入地探索阅读疗法，并尝试开展实际服务。考虑到城市综合征患者的特殊需要，公共图书馆应该设立独立的治疗阅读室，安装必需的设备，准备必要的文献资料，帮助在城市中疲惫不堪、身负重任的部分用户舒缓和解脱身心压力。

第二节　基层公共图书馆文化服务体系的理念构建

一、公共图书馆文化服务理念的形成

所谓的理念，是一种理性的观念，作为柏拉图哲学中的一种原型，在现实的物质世界中有一个存在瑕疵的复制品。

（一）中国式封闭性藏书到开放式藏书的理念的产生

我国的藏书史，据传始于上古时期，有文献记载的正式的藏书单位是由老子负责管理的周王室藏书室。在封建社会中，人们把整理在一起的文献称为“藏书”，而成立藏书室或藏书楼就是为了存放收藏来的文献。这一时期的“藏书”仅是为私人使用，并不存在“借阅”一说，表现出明显的封闭性。属于官方的藏书楼是为统治者提供文献收集的工具，而属于个人的藏书楼则是为了满足私人的兴趣爱好。另外，还有书院和寺观两种藏书机构，但使用者的范围比较小。由于我国封建社会在很长时间中处于统治者的管理下，为了巩固政权而实施统一的思想文化导线，并不倡导广泛传播文献的行为，更要禁止因为文献的传播而形成自由思想的理念。

“藏用”概念是由唐朝初年杰出的政治家、思想家、文学家和史学家魏征在《隋书•经籍总序》中首次提出的。在明清时期，这种私人藏书机构达到了兴盛时期，规模越来越大，数量也十分可观。澹生堂藏书楼和天一阁藏书楼就是明代著名的私人藏书楼，但这类藏书楼都有管理规定，只有家族子孙才有权利阅读藏书，是绝对“不得外借”的。这是“封闭性”的明显表现，对近现代的图书馆服务也有一定的影响。

到了明末清初时期，藏竹开放的主张出现当时亲身经历了绛右楼藏书的大火之后的著名的藏书家曹溶看到藏书楼中乍富的藏书因为大火毁于一旦，只因为“不得外借”而没有得到只言片语的保存，感觉到了心血毁于一旦的伤心。他体会到了封闭式藏招是一种自私而狭隘的行为，提出了应该在藏书家之间“开放”藏书，互相交换手抄版本，更建议藏书家对自有的珍稀图书出资刊刻，以达到传世的目的。清朝的《古欢社约》就是由两名藏书家彼此约定开放藏书、互借图书的条约。清乾隆年间的周永年开设了“籍书园”，公开了自己收藏的全部书籍，实现了他“天下万世共读之”的藏书理念。清道光年间的国英以实用开放为藏书目标而开设了“共读楼”，将自己收藏的非常有实用价值的图书提供给贫困学生阅读。

“开放性”藏书楼出现之后，藏书家为了保护书籍，提出了严格的阅读管理条例。例如，要求只能在藏书楼内看书，不得带书外出：前来阅读的读者必须有亲朋好友的介绍才可以进楼阅读；读者在阅读时必须要保护好藏书，如果损坏了图书，则会失去再次进楼阅读的资格等。

在封建时期，封闭性的藏书楼存在的意义是对文献进行保存和收藏，其重点在“藏”而不是“使用”封建社会末期开始兴起的互借藏书、刊刻珍本、向士人开放阅读藏书的行为是我国藏书楼“开放”服务的雏形，但还没有形成现代图书馆“完全开放”的服务理念。

（二）西方图书馆观念的引入和近代中国图书馆服务理念

早在明朝万历年间就有大量来自西方国家的传教士远渡重洋到中国传道。但是，由于我国民众在长期的闭关锁国和儒家思想教育下十分抗拒“西方宗教”，所以，传教士便着手通过“西方先进的科学文化”教育方法来传播宗教思想，四处兴建教会图书馆、学校图书馆等西式图书馆。例如，上海徐家汇天主堂藏书楼、圣约翰大学图书馆等都是中国近代图书馆发展史上著名的西式图书馆。西方图书馆观念就在这一时期被当成西方先进文化的代表引入了中国。

传教士们将西方公共图书馆的基本情况及肩负的社会教育功能等内容写在了书中，供国人借阅。这一时期的教会图书馆实行向公众开放和半开放的制度。这是中国人第一次了解西方图书馆观念，也是第一次亲身体验了西方图书馆的“为天下之先的示范作用”。这一时期的西式图书馆不仅拥有丰富的藏书、美观的馆舍建筑，还采用了西方先进的图书馆理念和方法进行管理。这类西方图书馆的出现深刻鞭挞了传统藏书楼“藏而不用”的弊病，使国人逐渐接受了“图书为人人”的思想。因此，近代中国开始产生了“通过广泛兴建起西方式的图书馆，可使国家兴盛有望”的说法。

在近代维新变法时期，著名思想家、维新派梁启超先生把在中国建立西方式的新型图书馆用以教育民众看成是学习西方救亡图存、成就维新大业的重要组成部分。1896年9月，梁启超先生在其主编的《时务报》上第一次使用了“图书馆”的名词。

近代中国社会已经慢慢接受了开放式的图书馆。1902年，浙江绅士徐树兰创办的古越藏书楼正式对外开放，倡导藏书的公共性和开放性，这是我国公共图书馆发展的一个重要标志，在实践中体现了现代图书馆的开放理念。1904年，湖南图书馆作为我国第一所正式以“图书馆”命名的官办公共图书馆成。1909年，当时的清政府颁布了《学部奏拟定京师及各省图书馆通行章程》，这是我国官方最早的图书馆章程，但是该章程中提出了要收取“入馆费”，并没有体现真正的“公共图书馆精神”。

1915年，新文化运动开始后，李大钊提出了当下的图书馆不应该仅是藏书的地方，更应该是教育机构。为了达到提高国民素质的教育目的，他主张“废除文库式的藏书方式”，提倡“开架服务”。同年，民国教育部颁布了两部图书馆章程，明确了图书馆不能收取阅览费用。这是我国图书馆发展历史中，第一次明确地表述“图书馆免费服务”，有效地推动了图书阅读活动在当时的兴起。

到了20世纪初期，越来越多的图书馆学研究者提出，公共图书馆社会化和大众化的发展方向，以及公共图书馆要服务公众的理念。随后的几十年同，我国各省图书馆开展了各项推广图书阅览的社会文化活动。我国近代公共图书馆的服务理念和服务方式有了明显的进步。

如上文所述，在我国，图书馆事业从无到有，再到初见规模，走过了漫长的历史。但是，受到清末及民国时期连续不断的战乱和政权更迭的影响，我国图书馆在20世纪的管理与服务几乎没有大规模的发展和明显的进步。所以说，图书馆事业的发展和图书馆服务理念的实现都离不开稳定的社会环境。新中国以后，我国的图书馆事业与服务管理经历了短暂的调整和平稳的发展。

进入20世纪末期，我国公共图书馆主要为社会发展提供服务。本着“读者至上”的原则，公共图书馆对不同服务对象提供针对性的文化服务。为了满足服务对象的文化需求，公共图书馆除了基本的借阅服务外，还会开展一些读者研究或教育培训类的活动，在提高公共图书馆的利用率的同时有效提升了全体公民的知识水平和素质能力。“读者至上”就代表了这一时期的公共图书馆服务理念，是对公共图书馆读者服务的工作的经验性的总结，也是我国公共图书馆发展的良性结果。另外，这与西方公共图书馆的“人人平等”的服务理念基本相同。

新中国成立后，公共图书馆的服务重点曾经有所调整和偏差。例如，既有以为科学研究服务为支点的公共图书馆服务，也有以政府政策决策服务为重点的公共图书馆服务。两种公共图书馆服务的认知在应用实践过程中都一定程度地将公共图书馆服务转向市场经济理念，体现的还是一种服务精神。

进入到21世纪后，公共图书馆行业内部出现了一些关于“图书馆价值”的讨论，公共图书馆精神和服务观点对公共图书馆发展起到积极作用，力求践行方案，在网络净化的环境下逐步开展文化素质教育。

二、公共图书馆文化服务理念的实现

公共图书馆是人类为了保存和传播人类文明的宝贵财富，也是全社会公众自由、平等地获取知识或休闲娱乐的场所。公共图书馆将人民的日常生活、学习知识和工作紧密联系在一起，具有一定的社会教育的功能。随着社会的发展和文明的进步，公共图书馆如实地记录着每一个发展阶段。

《公共图书馆法》中明确，现代公共图书馆利用馆藏资源和设备设施向广大社会公众提供了平等性、开放性、共享性地获取信息知识的服务。在我国，公共图书馆服务理念既要符合新时期社会主要矛盾转化的历史要求，还要保障每一位社会公众享受公共文化服务的权益。“平等性、开放性、共享性的公共文化服务”是公共图书馆服务理念的践行原则，“坚定文化自信、增强文化自信、让人民群众享受更加充分的公共图书馆服务”是公共图书馆服务理念的最终目的。公共人文服务理念通过“以人为本”的服务方式、以服务对象个性化需求为导向的馆藏建设、以信息公平获取为目标的资源体系建设来体现，以提供文献借阅服务、声像信息服务、文献复制服务、参考咨询服务、馆藏文献报道、读者教育与研究、网络与数字化服务等服务内容来实现。

（一）借阅服务

借阅服务是所有公共图书馆的传统基本服务之一，是要求公共图书馆提供便于读者阅读的文献资料、设备设施和相关环境才能实现的服务。在公共图书馆里，有一些像古籍善本、参号工具书、检索刊物、报纸、缩微品、机读文献、特藏或者保留本等文献是不能直接借出的，所以公共图书馆应该提供阅览室，供给服务对象安静地阅览。公共图书馆提供的阅览服务可以提高馆内文献资源的周转率和利用率，也便于馆内的工作人员接近服务对象、了解他们的公共文化需求。通过阅览服务的实现，公共图书馆便可以针对性地调整馆藏资源的结构、创新公共文化服务项目等。但是，阅览服务的实现效果会受到图书馆空间、服务时间和服务对象自身的文化素质水平等条件的限制。

随着社会的进步和经济的发展，人们的生活频率加快、工作节奏紧张，导致他们到公共图书馆阅览文献资料的次数日益减少。针对这一现象，践行“平等性、开放性、共享性”的公共图书馆服务理念，公共图书馆通常会选择建设数字化公共图书馆，以互联网拓展阅读服务的范畴：或者以最便利的原则积极建设社区图书馆、流动书车、图书自助服务 ATM 机等方式，将阅览服务的功能延伸到社会公众的生活中。

除了阅览服务外，外借服务是所有公共图书馆最普遍且利用率最高的服务内容，也更能体现公共图书馆的服务理念。外借服务是服务对象可以将公共图书馆的文献资料通过办理必要的手续在规定的时间内携带离开公共图书馆，拥有多次使用该文献的权利和承担借阅时间内的保管义务。在我国，几乎所有的省市级公共图书馆都会提供复本的普通书刊的外借服务，而对那些没有复本或按规定不能外借的文献可以提供诸如复印、拍照等其他服务形式。根据服务对象的组织结构和出借形式的不同，外借服务形式可分为个人外借、集体外借、预约借书、馆际互借、邮寄借书、流动借书等形式。另外，不同形式的公共图书馆也有不同的外借服务。封闭式的公共图书馆里，办理外借手续是十分烦琐的，要求服务对象提出借阅的文献名称、查找目录、填写索引单，再由工作人员取出文献并办理外借登记，这样的公共图书馆在现代越来越少了。在开放式的公共图书馆里，服务对象可以直接进入馆内根据图书编号直接查找门己要借阅的文献，然后直接到服务台办理外借登记。

目前，拥有开架服务的公共图书馆往往都实现了自动化图书管理系统。服务对象可以用身份证或借阅卡登录自动化图书馆管理系统，并根据文献关键词在电脑系统里查询图书所在位置。外借服务包括个体读者的借阅和其他图书馆或文化中心的借阅服务——馆际互借。这种外借的形式是发生在不同的图书馆之间的合作方式。馆际互借成了公共图书馆馆藏文献延伸的方式，弥补自身文献资源的欠缺和不足，实现了文献共享。这种模式有效促进一个国家或一个地区实现文献资源的合理布局。

进入 21 世纪，我国城市化进度加快，经济水平不断提高，信息科学技术
快速发展，互联网生活有效普及。为了吸引更多的服务对象、提高文献资料的利

用率、优化借阅服务质量，公共图书馆也在不断地创新借阅服务形式。因此，在各大城市的公共图书馆纷纷开展了通过电话和网络办理外借手续，再提供送货上门的服务解决服务对象无暇到公共图书馆里借书的问题。还有公共图书馆根据图书馆登记的服务对象的背景信息，确定本公共图书馆的忠实读者的所在范围并设立外借点，方便服务对象能够在休闲时间就近借阅文献。

（二）声像信息服务

除了纸质文献资料外，公共图书馆还可以向服务对象提供如声音、图像信息的文献制作和使用的服务方式。声像信息服务也称为音像服务或视听服务等，其涉及的信息载体通常包括幻灯片、透明胶片、图片、照片、招贴画、唱片、录音带、电影片、录像带和光盘等。公共图书馆根据声像载体和不同的技术提供不同特点的声像服务。声像文献资料让图文和声像共存，能够给服务对象带来更加直观、更加具体的文献资料。但是，声像文献资料对制作和使用的设备条件、环境条件的要求很高，需要的费用也很大。

大数据时代的新生活，让人们对客观世界产生了新的认识，我们的生活被大量的数据网络串联起来，声像文献资料已经成为城市生活中必不可少的信息载体。伴随着信息技术和网络技术的发展，硬件成本不断降低，网络带宽不断提升，云计算和云检索兴起、智能终端普及、电子商务和社交网络等得到全面应用、物联网应势出现。为满足大数据时代的发展需求，图书馆应该尽快脱离原有的传统图书馆的结构框架和信息服务，以大数据思维进行经营结构、服务理念、数字化建设等多方面的举措，重点发展以数字化形式为主的声像信息文献资料的开发和利用。

（三）文献复制服务

对于不能够外借的重要文献资料，公共图书馆会利用场馆内的复印或打印设备、缩微摄影技术等方式提供复制服务。有了文献复印服务，服务对象面对

不能外借又非常需要的文献资料就不用辛苦地誊抄了，既节省了时同和精力，也加快了文献的使用率和信息的传递速度。这种文献复印服务是解决公共图书馆因珍本不出借或复本不足而无法满足服务对象的文化服务需求的问题。进入到21世纪，因为智能移动终端的普及，读者对信息知识的追求及学习的需要而大量使用公共图书馆复制服务的情况越来越少了。

（四）参考咨询服务

公共图书馆服务理念的实现方式还包括在公共图书馆内，工作人员对服务对象关于寻求、查询和借阅等方面的信息服务方面提出的疑问给予参考咨询服务。公共图书馆工作人员根据服务对象的文化服务要求，通过帮助读者检索查询、解答疑难或寻找专题文献等方式提供事实、数据和文献线索。其中，辅助读者检索查询服务是公共图书馆提供的最为传统的参考咨询服务之一。公共图书馆工作人员可以向服务对象提供手工检索或计算机检索的检索查询服务。由于计算机和网络的发展，检索服务向着自动化和数字化发展。为适应大数据时代发展的需要和用户不断提升的知识需求层次，现代公共图书馆往往通过构建数字化图书馆来实现数字化咨询服务。

在信息现代化的今天，为了满足用户对信息传播、储存的需求，为了契合社会和谐发展的需要，数字化图书馆的建设和发展十分必要。数字化图书馆在强化知识咨询

能力的过程中，嵌入用户的生活、学习的全过程，创建有利于区域一体化的、能够提高知识的导航功能和纸质检索功能的知识咨询平台，以最大限度满足用户的知识咨询服务的需求。

1997年，国家重点科研项目“中国试验型数字化图馆”开启了我国数字图书馆应用项目建设的热潮。其中，主要有国家级立项（国家数字图书馆工程、国家科学图书馆等)、高校图书馆和其他图书馆合作建立的学位论文联机检索系统和特色数据库和科技类企业门建的商品化发展的数字书图书馆等工大类。目前，我国业数据库主要是立足于大众出版领域的，为科研人员提供哲学、文学、经济、计算机、数理化等学科领域的学术科研信息的学术期刊、图书、博硕士论文、工具书、年鉴等的数字化平台，文献收录较为完整，而且版权模式较为合理。其中，以中国知网、超星、书生之家、方正为代表的数字资源的建设工作已经形成了相当大的规模，并在网络上成功运营并服务了多年，深受广大科研工作者的欢迎。

参号咨询服务能够发挥公共图书馆的信息功能，还可以开发所有文献资料的利用价值，并显著提高了馆藏文献的综合利用率。为了更好地向更好的服务对象提供公共文化服务，我国大多数的大型公共图书馆都成立了参考咨询服务部门或机构，集中收藏参考工具书、检索工具书等，还有的公共图书馆为参考咨询服务部门配备了专门的匚作人员。这类工作人员要比其他部门的服务人员更熟悉参号检索类文献和文献检索工具的使用等。不仅如此，公共图书馆的这项服务还可以综合全社会不同行业的优秀人士以互联网为途径，利用成熟的信息咨询平台解答图书馆服务对象提出的各种问题。这样的咨询服务在一定程度上实现了“平等性、开放性、共享性”的公共图书馆服务理念。

（五）馆藏文献报道

为保障“平等性”原则，公共图书馆实现服务理念的方式还有让全社会公众充分了解公共图书馆馆藏信息的义务。因此，馆藏文献报道服务就是要通过编制各种图书馆目录、文摘、书评和专题资料，举办各种形式的文献展览，及举办各类型讲座、报告会等活动，让人民群众了解本图书馆文献资源的馆藏情况，并进一步明确公共文化的服务要求。在此基础上，公共图书馆才能够更有针对性地向服务对象提供检索和利用馆藏的咨询服务，最终实现发挥馆藏的文化服务功能，提高文献利用率的目的。

（六）读者教育与研究服务

读者教育与研究服务，又称为情报用户教育，是公共图书馆面向所有公众提供的一种培养文献信息能力的服务方式，以达到提高服务对象信息素质的目的。

当公共图书馆服务对象具备了良好的信息素养，掌握了现代信息文献的查询和使用技术时，公共图书馆的文献利用率和信息传播质量都可以得到一定程度的提高。因此，为了实现服务理念，公共图书馆都在积极地开展服务对象的教育与研究服务，并抓住每一个接触读者的机会有意识地完成教育服务。读者教育与研究服务常常采用的方式有培训班讲座，学术交流、个人信息网络学习、阅读辅导等。另外，针对服务对象的研究是以他们的个人标志性的特点和选择利用的文献之间的某种联系，研究服务对象的阅读心理、需求、行为等规律。服务对象的研究服务不仅是公共图书馆实现服务理念的方式，还是图书馆学专业非常重要的研究课题。公共图书馆开展服务对象的研究服务，可以使公共图书馆更加有针对性地了解服务对象的特点，有效提高公共文化服务质量和文献资源的利用效率，并及时调整公共图书的发展规划。

（七）网络与数字化服务

随着信息基础设施的完善与国际互联网络（Internet）的普及，图书馆迎来了全方位的变革，信息时代的图书馆学基础理论已经形成了。1990 年数字图书馆的诞生意味着“传统图书馆—电子图书馆—虚拟图书馆—数字图书馆”的延伸过程已经形成。在这一延伸过程中，图书馆学研究的文献信息、多媒体信息等逐步实现数字化、网络化、共享化。作为文化信息中心，公共图书馆必然要向民众提供网络与数字化服务。由于互联网的发展，公共图书馆的许多文献资源都是通过互联网来提供给服务对象使用的，数据库在图书馆内可以自由或通过认证使用，成为传播信息的一种快速手段。网络信息资源同样可以通过网络传递。

1.网络信息资源

与机读型文献相类似，网络信息资源也是以光、磁等非纸质载体为载体，用数字化的形式将文字、图像、声音、动画等多种形式完成记录的文献。不同的是，网络信息资源不需要电子阅览器读取，而是依赖于互联网。网络信息资源是目前信息量最大、类型多样明显、更新速度快、获取方式快速、共享性强等特点，是目前高校图书馆馆藏的主要来源。随着互联网的迅速发展，网络信息资源的数量日益庞大，主要包括：

（1）网络数据库资源是高质量的学术、商业、政府和新闻信息的重要来源，标志着高校图书馆信息资源建设的水平，主要包括馆藏数字化全文数据库、镜像服务型数据库、网络服务型数据库和链接存取型数据库。

（2）其他网络资源，指的是电子书刊和报纸、电子特种文献、站点资料、动态资料、交流信息等。

2.网络信息资源的建设

在大数据时代，为了更好地服务广大公众对信息文献的需求，公共图书馆有必要建立网络信息资源库。网络信息资源建设的主要任务就是将其馆藏的资料进行数字化处理，成为数字化资料，具体方法有直接对外购买，或者自行建立数据库和特色数据库，或者把原有纸质文献资料直接转化为数字化资源等。互联网的普及，数据化技术的发展，为网络信息资源建设提供了新的思路，即依靠先进的信息技术、数据挖掘技术、数据处理技术等，不断收集、检索、分析和处理文献资源，丰富文献信息结构，加强特色资源库和原生文献信息资源库的建设，重视信息资源共建共享的协同发展，完成大数据资源的基础建设工作。

三、公共图书馆文化服务理念的馆外延伸

公共图书馆文化服务理念除了能通过在馆内开展借阅服务、声像信息服务、文献复制服务、参号咨询服务、馆藏文献报道、读者教育与研究、网络与数字化服务等内容来实现之外，还可以将文化服务理念延伸至馆外，扩大公共文化服务范围。近年来，作为传统公共图书馆文化服务理念实现的补充，延伸服务正日益成为公共图书馆拓展服务范围、创新服务模式、深化服务内容的重要手段。

（一）联合图书馆的馆外服务延伸

为了有效实现公共图书馆服务理念和提升公共图书馆服务体系的建设，秉承资源共享理念，借助飞速发展的现代信息科学技术的支持，不同类型和系统的公共图书馆将整合自身的资源，联盟建设了联合图书馆模式。

20 世纪中后期，联合图书馆模式在西方发达国家逐渐兴起。美国综合多个公共图书馆的资源实施的联合借阅方式是最早的联合图书馆模式雏形，从而成为最早实现公共图书馆资源共享的国家。随着共享理念、管理制度和信息科技的支持，原本单一、松散的图书馆合作模式逐渐完善。经过了半个世纪的发展，美国公共图书馆的联合图书馆模式已经实现了国际化发展，与全世界近点个国家和地区五万多个图书馆建立合作关系，提供各类公共文化服务。

在 20 世纪的 80 年代，我国公共图书馆事业发展到了一个成熟时期，联合图书馆模式逐渐成为了研究焦点，主要涉及馆际互借、联合编目、联合采购、一卡通服务、图书馆联盟建设等方面。时至今日，联合图书馆经过在全国各地的实践探索，已经形成了非常成熟的典型案例。例如，以公共图书馆总分馆运行体系，带动乡镇、街道图书馆（室）及村级文化活动中心建设，推动城乡公共文化一体化发展的“嘉兴模式”；以市图书馆为龙头，建设地区通借通还的图书馆服务体系，形成了本地区市、区、县、乡、村、街道各个层次的大、中、小型图书馆（室）一体化服务的格局的鞍山“一卡通”服务模式。

（二）馆外借阅点的馆外服务延伸

顾名思义，馆外借阅点就是在公共图书馆外建立的文献借阅点，图书报刊订阅、需要的设备和负责日常管理的工作人员都是由主导建设的公共图书馆负责。馆外借阅点的建设对建设场地的面积和环境有一定要求，不仅需要主导建设单位负责购置阅览设施和对借阅点场地进行必要的装修。同时，主导建设单位还要安排工作人员或志愿者负责日常运作的管理工作。馆外借阅点可以提供图书借阅、报刊阅览、读者自修等服务，在一些偏远地区甚至可以直接代替当地的图书馆。

（三）图书馆流通站的馆外服务延伸

图书馆流通站是我国很多一线城市实现公共图书馆服务理念的常规模式，主要是省市级规模比较大的公共图书馆针对部分边远地区的馆藏书少、缺乏文献采购经费的基层图书馆开展的馆外服务延伸合作。图托馆流通站能够以对方基本的馆建情况，补充其馆藏文献资源不足的问题，并指导其不定期地开展文献资料结构的调整。除了上述的服务延伸方式之外，图书馆流通站还是省市级规模比较大的公共图书馆对合作基础单位的管理人员、工作人员进行业务指导、培训服务及辅助图书馆运营管理等的平台。

（四）流动图书馆的馆外服务延伸

流动图后馆服务是为距离公共图书馆较远或因为多种原因不便于到公共图

书馆的社会公众提供的馆外文献服务。目前，全世界各个国家都将社会职能作为发展公共图书馆的重要职能，强调公共图书馆提供的文化服务应该拓展到更广大潜在读者群中。因此，公共图书馆文化服务理念的实现就必须涉及丰富多样的服务方式。其中，流动图书馆服务就是实现公共图书馆文化服务理念的拓展方式之一。这种方式不仅可以提供阅览服务，还可以外借图书，有时还能不定期地开展如演讲比赛、座谈会等宣传图书或普及知识的群众性活动。流动图书馆选择的活动地点应该是像城市中心广场或大型商业街等人流多的场所，时间要选择在人们休闲或购物的集中时间段，从而更有效地实现公共图书馆的文化服务理念。

（五）大数据时代下公共图书馆建设数字化图书馆延伸

随着移动通信技术的广泛普及和物联网的迅猛发展，移动图书馆和智慧图书馆必然会成为公共图书馆未来发展的主流，是数字化图书馆进入更高级的一个阶段。

1.移动图书馆

（1）移动图书馆的内涵：移动图书馆，顾名思义，就是通过移动网络终端设备（即智能手机或 iPad 之类的设备）等，用无线网络接入的方式接收数字化图书馆通过网络提供的信息服务。目前生活中比较常见的移动图冃馆服务内容有：短信功能或电子邮箱提醒图书借还期限或个性化图书推荐：利用手机随时随地上网查询馆藏图书信息、网络下载或者在线阅读想要知道的文献信息内容等。因为移动图书馆给用户提供了一个不受时间和空间限制的自由的虚拟图书馆，可以灵活地享受到图书馆的信息资源。因此，我们称“移动图书馆”是未来的图书馆发展的必然趋势。

（2）移动图书馆的特点

①便捷性：数字化图书馆给用户带来了跨地区和时间限制的信息服务，但是通过移动图书馆的使用，服务对象可以得到更加便捷的公共文化服务。每一个服务对象都可以通过图书馆的移动而就近享受“移动”的公共文化服务。因为移动互联网已经普及我们周边的每一个角落，用户们利用手机等移动网络终端设备可以随时随地享受到图书馆的各种服务。

②自主性：与传统的图书馆服务相比，数字化图书馆和移动图书馆都给予用户足够的“主动权”□服务对象通过移动图书馆可以实现在公共图书馆外的任何场地享受到和馆内固定场所一样的公共文化服务，具体的服务需求则是根据自身的兴趣爱好、时同、所处地点等因素而确定的。这样的服务方式不仅节省了服务用户的时间，更给予了服务对象选择的自由性。服务对象可以自由选择需要的文献资源，也可以针对性地选择服务的方式。总而言之，为了满足更多公众的公共文化服务需求，移动图书馆必须更新馆藏，时刻提升服务方式、水平和质量。

③互动性：移动图书馆是公共图书馆服务体系中提供主动、便捷的文化服务的改革途径。这种新型的公共图书馆服务形式有效增加了服务对象与图书馆之间的互动。那么，服务对象可以将自身对公共图书馆服务体系的体验感受和评价反馈直接留在移动图书馆内，或者提交自己的文献信息需求等。对公共图书馆来说，能够及时地接受到服务对象的服务反馈和借阅服务的预订信息，就可以针对性地提高服务质量，调整图书结构。因此，很多已经开展移动图书馆服务的公共图书馆都在该平台上开设了允许服务对象表达自己想法的模块，也设置了自由了解图书馆各方面的信息的功能。

④广泛性：传统的数字化图书馆的信息服务方式需要电脑终端才能完成，而移动图书馆则因为移动网络终端设备（即智能手机或 iPad 之类的设备）的全方位功能设计而对服务对象不再设置任何限制，有效拓宽了服务面向。例如，收集的有声读物播放功能（如喜马拉雅 FMAPP）可以向盲人、儿童和一些患有眼疾的中老年人提供特殊的信息服务，提供个性化的电子图书资源。

2.智慧图书馆

（1）智慧图书馆的内涵：智慧图书馆是一种在数字化图书馆建设的基础之上，通过物联网、云计算、关联数据等新的信息技术，预测用户的需求，提供泛在、及时的智慧服务的图书馆发展的新形态。因为是在数字化图书馆建立的基础上充分使用物联网的创新技术，所以智慧图书馆同时具有物理网点和数字化图书馆的所有特点。智慧图书馆的“智慧”主要体现在两个方面，一是物理设施、硬件设备，即“硬实力”，这是外在的、显性的部分；二是图书馆员的智慧化的服务，即“软实力”，这是内在的、隐性的部分。

（2）智慧图书馆的特点：因为智慧图书馆是在数字化图书馆的基础上通过物联网、云计算、关联据等新的信息技术才得以建设和实施的。因此，智慧图书馆的特征主要体现在互联泛在、感知、智能化等方面，这是区别于传统图书馆及数字图书馆的本质特征，也是智慧图书馆的精髓。

①互联性：互联，顾名思义，互相联系。智慧图书馆的“互联性”就是要求智慧图书馆必须建立在高速互联网的基础上，以保证知识产权合法合理化的前提下，将数据分享给互联网所有的用户。在智慧图书馆建设过程中的“互相联系”的因素有不同图书馆之间的联系、信息系统中零散的数据之间的联系、图书馆内部各类资源的联系等。智慧图书馆在虚拟的空间内抽象地建立了一个由多角度的互联的数字化图书馆构建的整合图书馆。

②广泛性存在：因为智慧图书馆联系了各个角落的数字化图书馆和零散的数据，也就为各个角落的用户打开了随时开启信息查询和信息获取的大门。这种不论何时何地何种原因在网络上自由获取数据和享受信息服务的模式，就是智慧图书馆广泛性存在的意义。

③高效智慧化：智慧图书馆在大数据时代背景下，通过智慧化技术的帮助，实现高效便捷的信息服务。这里的智慧化技术包括数据挖掘、云计算、云存储等先进的技术。面对越来越大的实体图书馆建筑空间、越来越繁重的数据处理体量、越来越复杂的服务体系，智慧化图书馆得力于先进科技实现的灵敏化、智能化的信息管理系统，满足了服务对象对综合公共文化服务的需求。

（六）基于跨界合作实现公共图书馆服务馆外延伸

1.与实体书店合作实现公共图书馆服务馆外延伸

（1）实体书店内的馆外图书借阅处：近几年，现代化信息科技的发展，公共图书馆之外的服务延伸方式表现出更加多元化，也更加创新。其中，最先出现的方式是在实体书店内的馆外图书借阅处。简单来说，就是公共图书馆在实体书店内开设一个借阅处。公共图书馆和实体书店，其服务对象都是喜欢阅读或有信息文献需求的人群。因为这一兴趣爱好，公共图书馆与实体书店的合作，服务质量和服务效率更好。在实体书店内的馆外图书借阅处可以采用与总馆完全一致的管理模式，提供标准化的服务体系，并与实体书店的经营模式相结合，实现三方共享的良好效果，也有效地降低了公共图书馆的采购压力，降低馆藏管理成本。凡是持有公共图书馆读者卡的服务对象都可以在实体书店选择需要的图书，再直接找工作人员办理借阅。在实体书店享受借阅服务，读者是不需要支付费用的，能够享受到比公共图书馆总馆更省时省力的服务。

同时，服务对象想要还书的时候，可以有更多的选择空间——书店或者公共图书馆。内蒙古的书店就尝试过这种模式——彩云计划。

（2）公共图书馆与实体书店一同组织选书购书活动：这种方式是从“选书”和“购书”两个角度组织的互动，也是公共图书馆丰富公共文化服务的创新举措。在与实体书店一同组织选书购书活动时，公共图书馆的馆藏资源不断丰富，文献资料的利用率也不断提高，公共文化服务满意度自然也会受到公众的肯定。因此，公共图书馆与实体书店一同组织选书购书的活动被称为是最能够满足服务用户个性化需求的馆外服务延伸手段。活动开始之前，公共图书馆要利用自己的公众账号或官网开展一系列预热活动宣传，公布合作的实体书店具体名单。有兴趣的服务对象则可以手持公共图书馆的借阅卡去实体书店选书，或在公共图书馆 APP 上直接选择想要借阅的图书。

2.与地铁合作开图书馆实现公共图书馆服务馆外延伸

与地铁合作建立馆外借阅处的方式，与实体书店类似，但合作的平台是实体与虚拟相结合的模式。与地铁合作开图书馆的方式有在车厢里直接放置实体图书阅览架和利用车厢内的电视屏幕播放图书信息两种方式，乘客在地铁官方网站、APP 上进行借阅订单服务。这种创新合作的目标就是乘坐地铁出行的乘客，尤其是比较集中的上班人群。

地铁合作开展借阅服务的方式最开始是在地铁站简单地设立公共图书馆借阅处，用于公众借书与还书，后是在地铁站里直接放置实体的书架，定期更新书架上的图书。时至今日，随着现代信息科学技术的发展和应用，这种合作方式已经可以利用地铁车厢内的电子屏幕提供图书信息，让服务对象利用碎片化时间获得文献资料的基本资料，然后通过官网、微信程序或地铁站借阅图书机器等快速、便捷地享受文献借阅的公共文化服务。在合作的过程中。车厢里实体书架的管理需要公共图书馆定期派出专业的工作人员完成，如图书的更新和破损图书的替换。通过这种严格的管理方式，保障了地铁图书架图书的数量和质量，也体现了公共图书馆文化服务的统一性和标准化。针对电子屏幕和借阅图书机器的故障问题，通过系统与公共图书馆系统的联网实行监控，发现问，及时安排修理人员解决问题。这种方式充分利用了地铁站空间大、地铁里人流多的特点，不仅便于公共图书馆的服务对象借阅图书，还能够让他们在忙碌生活中感受到片刻的文化熏陶。

3.与咖啡馆合作实现公共图书馆服务馆外延伸

随着我国社会的不断发展和经济水平的逐渐提高，咖啡成为我国广大人民群众最喜欢的饮料之一，尤其是以年轻人为主的人群，已经接受了喝咖啡的时尚休闲活动。我国各大城市，大大小小的街头如雨后春笋般出现了许多类型的咖啡店。截至 2020 年 12 月，我国已经拥有了 10.8 万家注册经营的咖啡馆。

其中，一线城市的咖啡馆 2 万多家，新一线城市的咖啡馆更有 3 万家之多。

众所周知，人们在公共图书馆可以获取信息知识，在咖啡馆里则可以享受休闲娱乐。如果在咖啡馆里开设公共图书馆的借阅处，人们就可以“寓教于乐”，使用娱乐休闲时光获取信息知识。公共图书馆和咖啡馆的巧妙结合，实现了两种不同文化单位之间的借鉴和学习，满足了服务对象对信息、文化等多方面的需求。与在地铁里开设借阅处不同，咖啡馆的图书借阅处更符合中青年服务对象的喜好。当读者在咖啡馆里享受休闲时光时，可以利用公共图书馆的公众账号、官网、APP等形式浏览文献资源目录，再提交订单，并明确选择所在咖啡馆为提取借阅图书的地点，最终在咖啡馆完成阅读体验。这种模式相当于把咖啡馆当成了公共图书馆的阅览室，更加优质的阅览环境让服务对象有更加美好的阅读体验。上海市闹市区的很多咖啡馆里就设有借阅服务点。在服务对象完成了网络借阅订单之后，公共图书馆的馆员像外卖员一样把借阅的图书按要求的时间送到指定咖啡馆。上海市徐汇区图书馆的这种方式不仅大大节省了服务对象往返公共图书馆的时间，还提供了优雅的阅览环境，更在提高馆藏文献利用率的同时促进了咖啡馆的营业额。

4.与快递公司合作实现公共图书馆服务馆外延伸

考虑到服务对象中存在一些像老年人、身患残疾或因工作无法到公共图书馆借句的人群，公共图书馆很早以前就开展了送书上门的借阅服务。现在，这种“外卖”式借阅图书的服务已经将服务范围扩大到所有需要享受公共文化服务的用户。因此，在我国物流行业发展得如火如荼的今天，公共图书馆选择与快递公司合作，由快递人员完成借阅图书的配送工作，以达到提高公共图书馆的馆藏图书利用率、文化服务的质量和水平的目的。

（1）图书外借方式：与快递公司合作的公共图书馆外借图书的方式有微信借阅和信用借阅两种方式。其中，微信借阅就是各个公共图书馆利用自己的微信公众号提供借阅服务，具体操作就是要求服务对象关注公共图书馆的公众号，并在公众号平台上登录、选书、登记、生成订单，快递人员会在规定时间内（一般是2～4天）送货到家。另外一种方式是与支付宝合作，利用在支付宝中累积的信用值（60分以上）享受图书借阅，支付宝中有“借书”的功能模块，服务对象登录后选择文献图书，提交借阅申请，生成订单。根据借阅订单要求，快递员会在公共图书馆内提取图书，并在规定时间内（2～4天）送书到家。杭州图书馆已经开展了这样的活动。

（2）图书归还方式：不论是选择微信公众号还是支付宝平台申请借书，用户都可以在原有借书平台上申请还书，预约快递上门，付费归还图书。在还书的流程中，“归还时间”和“快递费用”是两个关键因素。归还的时间是公共图书馆统一制定的快递送书到图书馆的时间，而费用则是根据数量由服务对象付款。沈阳市图书馆已经开展了和顺丰快递公司合作，在沈阳市市区内利用顺丰完成还书服务。收取服务费20元，还书数量不可以超过5本。值得注意的是，还书时需要读者自己打包，还书后如果出现破角、磨损等情况还需要服务对象赔偿。

5.与博物馆.美术馆合作实现公共图书馆服务馆外延伸

近几年，我国政府越来越重视公共文化事业的发展，对很多城市的公共图书馆都在馆舍修建、内部基础设施建设、设备的采购等方面提供了财政支持。与公共图书馆同样作为文化服务机构的博物馆、美术馆也都以“收藏”为核心服务，并为展品提供了展览空间。博物馆、美术馆里的珍贵藏品和艺术品都是单纯地依靠作品本身的魅力吸引观赏者的眼光。但是，这种展示方式缺乏文字或语言的解析，并不能够充分展示更加立体的作品和其背后的艺术价值。公共图书馆和博物馆、美术馆的共享资源合作模式有合作举办展览和合作创办新馆两种模式，也有馆内展览和馆外巡展两种展览方式。公共图书馆与博物馆、美术馆合作，通过馆与馆之间的交流，文献与藏品的互相交融方式，使每件藏品或艺术品的文化底蕴充分地表达，让艺术的美与文献内涵相得益彰，这不仅是一场视觉盛宴，还是一场文化知识的交流，形成了地方性的特色文化。

6.与学术机构合作实现公共图书馆服务馆外延伸

针对公共图书馆服务理念的实现方式中的“读者教育与研究”服务方式，我国各大省市公共图书馆都选择与当地的学术机构或各大院校学者合作进行交流，开展讲座、演讲、签售等活动。这类活动的内容非常丰富，时效性极强，深受广大公众的欢迎。这类活动能让服务对象和学术专家或知名学者面对面互动，更让人感到惊喜。

公共图书馆与学术机构合作已经成为社会信息专业化传播服务的有效形式，如新书签售会、健康讲座、节日传统文化讲座等。笔者有幸在 2019 年参加了由当地公共图书馆与作家协会合作举办的著名作家联建的新书签售会。在签售之前，作家与读者之间畅所欲言，谈作品、谈创作初心、谈人生，甚至还因为连老师的女儿非常优秀而谈及了子女教育的话题。整个交流的过程非常温馨而热情。这种实现公共图书馆服务馆外延伸的方式，可以让公共图书馆依托学术机构的专业和地域的优势，打造特色文化品牌，创新公共文化新形式，既满足了广大人民群众的日益增长的文化服务需求，还实现了信息文化的高效传播。

7.与 24 小时便利店合作实现公共图书馆服务馆外延伸

目前，我国各大省市的公共图书馆的选址有两种趋势，或是在市中心，或是在远离城市的新开发区，社会公众享受公共文化服务都不太便利。提及“便利”，我们很容易想到居民生活区周边的便利店。这类便利店不同于大型的商超，主要是以满足群众的日常生活所需的小型超市，多数以“全大营业”为服务特点。因此，国外很多城市的公共图书馆开始尝试与 24 小时便利店合作，开展公共图书馆服务馆外延伸。在全年无休、全天无休的 24 小时便利店里，公共图书馆的读者可以利用自己的休闲时间随时借阅图书。这种创新的服务方式，与在咖啡馆里设置馆外借阅处相似，既满足了读者借阅图书的需求，避免了公共图书馆因时间受限而导致读者无法借还书的难题，还为 24 小时便利店创造了新的营业额。

目前，我国大部分地区还没有公共图书馆与 24 小时便利店开展合作。本着“以人为本”“以读者为中心”的服务理念，相信公共图书馆会开通与便利店合作以实现公共图书馆服务馆外延伸。

第十三章　图书馆文献资源建设

第一节　文献资源建设概论

一、文献资源建设的基本概念

（一）什么是文献资源建设

文献资源建设就是依据文献信息服务机构的服务任务与服务对象以及整个社会的文献情报需求，系统地规划、选择、收集、组织管理文献资源，建立具有特定功能的藏书体系的全过程。换言之，就是一定范围内的图书馆及其他文献情报机构对文献资源进行有计划的积累和合理布局，以满足、保障社会发展和国家建设需要的全部活动。

文献资源作为一种知识资源和智力资源，不是天然存在的，而是需要由人去积累和建设的。文献资源是图书情报部门和各类文献服务机构赖以生存的物质条件，也是宝贵的人类文化遗产。现代社会，随着科学技术和社会文化的高度发展，社会的文献信息量爆炸式增长，文献信息类型多种多样。要开发和利用文献信息资源，就要将分散、无序的文献信息，建设成有序的整体系统。建设是开发的前提，没有对文献信息资源的建设，就谈不上开发和利用。所以说，文献资源建设是一项极为重要的基础建设工作，也是文献情报事业的重要组成部分，也是现代图书馆学、情报学、文献学共同研究的一个分支学科。

文献资源建设一般包括两方面内容：一是各个文献情报机构对文献的收集、组织、管理、贮存等工作：二是一个地区、国家乃至国际众多文献情报机构对现有文献资源的规划和协作、协调收集和收藏，形成整体资源，即从宏观上制定目标和规划，进行协调和分工以指导各文献情报机构的文献收集工作，突出各口优势，形成比较完备的收藏，并将其作为集体的资源共同享用，从而建立起一定范围内的文献资源保障体制。

（二）文献资源建设是藏书建设发展的必然结果

随着社会的进步和图书情报事业的发展，藏书建设已逐步被文献资源建设所代替，这种代替是藏书建设本身理论研究和实践发展的必然结果。其原因主要有两个方面。

1.图书馆藏书的类型发生了变化

原来图书馆藏书的类型单一，只有图书、期刊等少数几种文献类型。随着社会上文献出版类型的增多，现在图书馆藏书不但包括印刷型的图书、连续出版物、特种文献，还包括非印刷型的缩微文献、声像文献和电了出版物。而且随着科学技术的发展和用户需求的增加，非印刷型文献的数量在图书馆藏书中的所占比例会越来越大。这样，原来意义上的图书馆藏书已不能代表现在图书馆藏书的实际类型，而实际上，现在图书馆藏书已是各种文献的集合，各种文献的集合就构成了文献资源。因此，现在意义上的图书馆藏书就是馆藏文献资源。图书情报机构所进行的对文献的规划、补充、剔除等项工作也就成为文献资源建设。

2.藏书建设增加了新的内容

由于当今文献出版量剧增、书价大幅度上涨、购书经费短缺等原因、致使馆藏文献资源的入藏量相对减少，不能满足本单位用户对文献的需求这样就促进了藏书建设自身的发展，具体图书情报机构所进行的藏书建设已更无法满足社会用户对文献的需求。相继开展了编制馆藏联合目录、协作采购、文献资源社会调查、文献资源布局、文献资源共享等多方面的理论研究和实践活动。这些理论研究和实践活动已远远超出了原来藏书建设的内容。这样，原来意义上的具体图书情报机构的藏书建设已无法概括现在藏书建设的实际内容，而且随着现代科学技术在图书情报机构应用的发展，正在或将要为藏书建设提供更加广阔的理论研究和实践领域。为此，我国的图书情报理论界认为应该给予藏书建设新的认识。

（三）文献资源建设与藏书建设的关系

所谓藏书建设，就是研究图书馆工作任务和读者需求，系统地建立、发展、规划、组织藏书体系的全过程。藏书建设的概念由藏书采访演变而成，又远远超出藏书采访的含义。20 世纪 50 年代初，藏书建设还是作为藏书采访或藏书补充的同义词出现的。60 年代，“藏书建设”这个词开始被赋予新的含义，表示从藏书补充到藏书组织或典藏的整个过程。藏书建设已形成完整的系统概念。

文献资源建设的概念及其理论的提出，是我国图书馆和文献学理论研究的一大突破，具有重要的理论与实践意义。相比较，文献资源建设能更好地概括文献的本质，反映文献信息工作的实际。“文献资源建设”与“图书馆藏书建设”比较，其工作的立足点更高，涵盖面更广，这有利于图书馆人打破“小而全”“大而全”“部门所有制”等一系列小农经济思想的束缚，从而帮助各馆跳出“自我”，摆脱藏书建设陷入的困境，使其最终成为整个社会文献资源保障体系中的一个重要组成部分，最终使“馆藏”变为“国藏”，使文献资源建设走上跨地域、跨国界的共建共享的轨道。从图书馆藏书建设发展到文献资源建设，不仅反映了文献资源建设实践活动的丰富和理论研究的成熟，也反映了人们思想观念和认识水平的&跃，也是图书、文献信息工作一体化发展趋势在这一领域的集中体现。

文献资源建设与藏书建设是有区别，又有联系的。藏书建设是文献资源建设的分支，一般指具体文献部门的藏书规划、组织、发展、采选、评价、剔除等工作，而文献资源建设这一概念主要用于对跨部门、跨地区的全局性文献的宏观规划、组织、布局、协作、协调等。

（四）文献资源建设与信息资源建设的关系

20 世纪 90 年代以后，随着信息环境的巨大变化，特别是网络的迅速发展，文献资源建设的实践发生了重要变化，文献资源建设的理论也显露了一些局限性。首先，图书馆赖以提供服务的资源基础已不再局限于馆藏的物理形态的文献，各种形式的电子化或数字化的信息迅速涌入图书馆。文献资源只是多种形式的信息资源中的一种类型，尽管它在大多数图书馆仍然是主要的信息资源类型。显然，对数字化信息的生产、组织、加工、存储等工作内容不是“文献资源建设”所能涵盖的。其次，文献资源所关注的主要是图书馆“拥有”的实体馆藏，在网络环境中，读者获取信息却不一定依赖实体的馆藏。因为互联网将不同系统的图书馆连为一体，读者通过网络可以方便、快捷地获取本馆缺乏的信息。因而图书馆的资源结构发生了变化，即由单一的实体馆藏变成了实体馆藏加虚拟馆藏。显然，虚拟馆藏建设也是原来的“文献资源建设”难以包容的。再次，文献资源建设已经注意到文献资源保障体系建设和资源共享问题，但只有在网络环境中借助于先进的信息生产、存储与传递技术，才能最大限度地实现信息资源共建、共知和共享，真正建立一个无比丰富的信息资源保障体系。显然，文献资源建设理论也是无力解决信息资源的共建、共知和共享问题的。正是由于上述原因，人们认识到文献资源建设有必要突破原来的概念和理论框架，加以丰富和发展。于是，信息资源理论便浮出水面。

信息资源是经过人类采集、开发并组织的各种媒介信息的有机集合，也就是说信息资源及包括制品型的文献信息资源，也包括非制品的电子信息资源。

信息资源建设是人类对处于无序状态的各种媒介的信息进行有机集合、开发、组织的活动。因此，网络环境下的信息资源建设既包括文献性的资源，也包括数据库的建设，还包括对网络信息资源的开发与组织。

信息资源建设活动要比文献资源建设活动宽泛得多、复杂得多。只有将文献资源建设、数据库建设与网络资源建设有机结合起来，才能称得上完整的信息资源建设。那么，信息资源建设与文献信息资源建设和藏书建设（馆藏建设）是什么样的关系呢？

信息资源建设与文献信息资源建设和藏书建设是包容关系。信息资源建设犹如一级类目，属于宏观层面：文献信息资源建设犹如二级类属于中观层面：藏书建设犹如三级类目，属于微观层面。文献资源建设尽管失去了“统帅”地位，但其作用并未削弱，而且只能加强不能削弱。因为网络环境下更需要文献资源的整体化建设，同时也有条件比过去做得更好。而微观层次的藏书建设则是宏观和中观建设的基础，否则宏观与中观建设无从谈起。因此，我们说三者各司其职，谁也取代不了谁，每一个概念都有其特定的含义。但在称谓上也可以称文献信息资源建设和馆藏建设为“信息资源建设”。

二、文献资源建设的基本内容

文献资源建设是依据文献信息服务机构的服务任务与服务对象以及整个社会的文献情报需求，系统地规划、选择、收集、组织管理文献资源，建立具有特定功能的文献信息保障体系的全过程。文献信息资源作为一种知识和智力资源，不是天然存在的，而是需要我们去积累和建设的。文献信息资源建设一般包括宏观和微观两个方面。宏观文献信息资源建设和微观文献信息资源建设之间是辩证统一的关系，微观建设有赖于宏观的指导，宏观建设有赖于微观建设的发展，微观文献信息资源建设是宏观上整体文献信息资源建设的不可分割的组成部分。

从藏书建设自身理论研究和实践的发展结果看，文献资源建设就是一定范围的图书情报机构通过规划、协调，将社会上分散的文献资源予以选择收集、组织管理，通过逐步积累使之成为一个文献资源体系，来满足本单位用户和整个社会用户对文献资源的需求的全部活动。这里所指的一定范围，既包括具体图书情报机构的文献资源建设，又包括一个地区、一个系统乃至整个社会图书情报机构的文献资源建设。因此，这一定义就明确地说明了文献资源建设包括微观文献资源建设和宏观文献资源建设两个方面的基本内容。微观意义上的文献资源建设，即传统意义的藏书建设，是指具体图书情报机构对文献资源的规划、补充、组织等工作，通过逐步积累形成一定规模的文献资源体系，来满足本单位用户及社会用户的部分需求的全部活动。而宏观意义的文献资源建设则是指一个地区、一个系统、一个国家乃至国际众多图书情报机构对文献资源的规划和协调发展，通过逐步积累最后形成一个文献资源整体，来满足社会用户对文献资源需求的全部活动。

从文献资源建设所包括的内容上看，文献资源建设与藏书建设有着本质的区别。这种本质的区别就在于藏书建设只是研究具体图传情报机构对文献资源的规划、补充、组织等项工作，无法适应宏观文献资源建设理论研究和实践发展的要求。并从文献资源建设不但包括了具体的图书情报机构的文献资源建设，而且还包括宏观文献资源建设适应宏观文献资源建设理论研究和实践发展的要求，并从总体上概括了文献资源建设的理论体系。

（一）微观文献资源建设

微观意义上的文献信息资源建设就是指各个文献情报机构对馆藏文献信息的规划、收集、组织、管理、贮存、评价等工作，也就是文献情报机构根据自身的性质、任务和服务对象，按照一定的原则、范围、标准，有目的、有计划地开展文献资源的建设工作。

1.馆藏文献资源体系规划

馆藏文献资源体系规划是指对一段时期内文献信息机构文献资源建设的目标、任务，以及为实现这些目标、任务所需的方法、步骤的安排和规定，是建立文献信息资源体系的蓝图和依据，对具体文献信息资源建设工作具有指导性作用。

馆藏文献信息资源体系规划就是指每一个具体的文献情报机构，根据自身的性质、任务和服务用户的需要，确定文献信息资源建设的原则、收藏范围、收藏重点和采购标准，提出本机构文献信息构成的基本模式。在此基础上，制订文献收集计划、入藏比例、层次级别，形成有内在联系和特定功能的文献信息资源结构，建立有重点、有特色的专门化的文献信息资源体系。微观规划在实践上表现为短期规划，包括年度计划、季度计划等，是文献资源建设的具体实施计划。每一个文献情报机构都爱收藏一定学科范围的文献。由于现代文献的类型、载体繁多，各类文献之间的内容交叉、重复，为了节约有限的文献购置经费，采访工作需运用文献资源结构的理论与方法，确定不同学科、不同类型、不同水平的文献在馆藏体系中所占的比例，合理配置文献资源，充分发挥馆藏文献的整体功能。文献采访的依据是详细的文献发展规划，文献发展规划的确定要考虑文献机构的类型、方针任务、读者对象、出版情况、原有藏书基础、经费设备条件以及本地区藏书的分布状况等诸多因素。

2.馆藏文献收集

文献收集是指文献机构按照文献资源建设的方针、原则和标准，对众多的文献进行了解、鉴别、分析、判断，从中选择出适合本单位文献资源建设目标和文献用户需求的文献的过程。无论哪一个图书馆，哪个文献收藏机构，其业务匚作都是从文献采访工作开始的。文献采访是整个图书馆工作的基础。

文献资源的收集包含两层意思，即选择文献和采集文献。选择文献即选书工作，指遵循一定的方针、原则，挑选适合需要的文献。这是一项指令性活动，具有很强的知识性和学术性，是对文献的知识内容和情报价值的鉴别和选择，选择的结构将对文献质量起决定性作用。采集文献即采购工作或购书工作，指采用一定方式和途径收集文献。这是一项执行性活动，具有较强的技术性和实践性。馆藏文献收集要按照一定的程序和技术规则采购出版物，并要主动地寻找书源，采用多种方式方法打通各种渠道，利用各种途径保证收集那些已经选定的出版物，并收集各种出版线索提供给文献选择人员扩大文献选择范围。文献选择与文献采购，组成文献收集的两个方面，二著相互联系又相互区别，因而应当有不同要求和明确的分工。国外许多图书馆都明确地将文献选择和文献采访区分开来，认为文献选择必须由业务馆长负责，由受过专门教育的高级官员担任文献钻研工作，而购书工作则由技术人员或业务主力人担任。因此，认为文献收集就是购买书刊，是一种纯粹的事务性工作，这种看法显然低估了文献收集的地位和作用。

3.馆藏文献标引

馆藏文献标引就是依据一定的文献标引规则，对入藏文献的学科内容和文献的其他特征进行分析和主题描述，并以标识符号作为检索标识，揭示文献的工作过程。

文献检索是图书馆和文献信息机构开展文献信息服务的重要手段，文献检索系统是文献检索的基础。建立文献检索系统，首先要对大量的无序文献进行整序并加以存贮，形成有序的文献集合。这个过程就是对收集人员的每种、每篇、每件文献信息的内容特征和外部特征进行分析，确定其检索标识，连同文献的地址构成检索款目，并按一定的顺序加以组织排列。

因此，文献标引就是根据文献信息的特点，赋予文献信息特点标识的过程。文献信息有多种特征，从文献外部特征揭示“文献标引”，一般称之为“文献著录”，从文献内容特征揭示文献的标引才称之为“文献标引二文献只有进行标引后，才能获得文献的检索标识，才能按一定的逻辑次序加以组织，才能从文献信息内容特征进行检索-馆藏文献标引包括分类标引和主题标引两个方面。

（1）分类标引文

献分类标引就是以文献分类法为类分文献的匚具，根据文献反映的学科知识内容、形式体裁、立场观点和读者用途，赋予文献信息一定的标识码号，并按照一定体系有系统地组织和区分文献。文献分类标引包括两个内容：①辨类：②归类。具体的文献分类标引是分析文献内容的学科属性，确定所属类目，予以提示藏书，并将它们分门别类地组织起来。文献的分类标引工作，是一项十分细致而带有一定学术性质的工作。其工作程序为：查看，分析文献内容，归类，给分类号，校对分类目录，编索书号等几个步骤。

（2）主题标引

主题标引是以主题词表（叙词表）、标题表等为匚具，赋予文献信息语词标识的过程。在文献标引工作过程中，标引人员要通过一定的方法对文献主题，即文献资料研究、论述对象的主题概念角度来揭示文献的内容，这种方法就是主题标引的方法，也被称作“主题法”。主题法是图书馆中揭示和组织文献资料的一种手段。和文献分类法一样，都是从文献资料的内容出发，揭示图书馆的文献资料，但二者角度不同。文献分类法主要根据文献内容的学科性质，以类目名称和分类号来组织文献资料，分类法体系是建立在科学分类的基础之上的。主题法是根据文献内容所涉及的主题概念，以主题来揭示和组织文献资料的。主题是文献资料所阐明的主要问题和对象，用规范化的自然语言词汇把主题概念表达出来，这种规范化的时间汇就称为“主题词”。由此可见，主题法体系是建立在规范化的自然语言基础上的。

4.馆藏文献编目

根据一定标准或规则对文献内容和形式特征进行分析、选择和记录的过程。狭义为著录的同义词，广义还包括将著录形成的各条款目按一定原则与方法组织成各类目录的过程。按编目的内容可分为描述编目和主题编目。描述编目是对文献实体形态的客观描述；主题编目则是对文献进行内容特征的分析，并决定其主题标目和分类号，主题编目通常被称为“分类标引”和“主题标引”。

（1）文献著录：对文献的各种特征进行分析、选择和记录的过程。通过著录，将文献的各种特征反映在检索工具的各种载体上，情报用户利用检索匚具即可方便地了解和掌握所需要的特定文献。文献著录必须遵循一定的规则。在国际上，著录规则仃《国际标准书目吾录》（1SBD）等。中国的著录规则有《文献箸录总则》（GB3792.1-83）和《检索期刊条目著录规则》（GB3793-83）等。著录项目一般包括题名与责任者项、版本项、文献特殊细节项、出版发行项、载体形态项、丛编项、附注项、文献标准编号及有关记载项、提要项。著录的载体形式有长片、书本、磁带和机读等形式。卡片式与书本式是传统手工方式著录。电子计算机应用后，著录项目可填在工作单上，通过穿孔卡片或键诳直接输入计算机，并利用计算机一次输入、多次使用的功能制成检索磁带，同时打印编排卡片式、书本式检索工具。机读目录格式（MARC 格式）产生后，文献著录进入了现代化、标准化和联机联网阶段。

（2）文献目录：对文献进行著录和标引，形成一系列描述和揭示文献外表特征和内容特征的条目，并将这些条目有序排列成文献目录一类检索工具的工作。目录的种类很多，各种目录的功能和排序方法也不同。供用户随时查用的称为“读者闫录”，供情报部门内部使用的称为“公务目录”。按不同文献类型组成的目录有图书目录、期刊目录、科技报告目录、会汉文献目录、学位论文目录、专利文献目录、技术标准目录、声像资料目录等：按目录反映的文献收藏范围分，有馆藏目录、联合目录等；按目录反映的文献内容分，有综合目录、专科目录、专题目录等：按文献的不同文种排序的目录有中文、英文、日文、俄文等文献，目录：按目录的不同编排方法分，有分类目录、主题目录、作者目录、甘名目录等；按目录的载体形式分，有卡片式、书本式及磁带式目录等。

5.馆藏文献组织

馆藏文献组织管理的中心内容是对馆藏文献的合理布局，即组织各种不同的文献库。布局应保持相对稳定，同时也应根据变化的情况对馆藏做相应的调整，但变动不宜过于频繁，以免影响到保管和利用。文献库的组织源于对文献的划分，较大的图书馆一般将馆藏文献划分成若干个不同部分，如图书和期刊，普通书与线装书，常用书和非常用书，综合性图书和专科性图札纸质文献与音像文献、缩微文献等。在划分馆藏文献的基础上，分别组成不同用途的文献库。馆藏组织受多种因素的影响，如文献借阅制度、空间与设备条件、藏书与读者特点、图书馆员的业务能力和管理水平等。此外，馆藏组织还在很大程度上受传统习惯的影响。

6.馆藏文献剔除

文献剔除就是图书馆根据文献资源建设的原则和标准，将长期不流通、

滞留在书库，读者少用、不用或无用、无保存价值的文献，从文献资源库存中分离出来，并按不同情况分别竞选处理。文献剔除是文献收集的逆过程，文献资源建设是一个持续累积、补充和不断完善的动态过程。在这个过程中，不仅包括新的文献源源不断地入藏，也包括对已经入藏的文献中由于各种原因而失去使用价值和保存价值的文献进行剔除。文献的收集和文献的剔除是文献资源建设辩证过程相辅相成的两个方面。

7.馆藏文献评价

信藏文献评价是对图书馆现有藏书体系具有的各个属性方面进行检测、作出评判的过程。从某种意义上说，图书馆的选书和剔除也是评价性的活动，但选书和剔除主要着眼于对每一种耳体的文献进行价值判断，而文献评价则是对整体文献而言的，是对整个文献收藏体系的评价。如前所述，文献资源体系有两个方面的含义，一是指微观的文献资源体系，即每个具体的图书馆的文献收藏体系：二是指宏观的文献资源体系，即一个系统、一个地区乃至全国的文献资源建设体系。因此，文献评价不仅包括对微观体系的评价，而且包括对宏观体系的总体评估。

文献评价作为文献资源建设的一项基本内容，其作用主要在于通过对文献的检测，反馈一种信息，从而为控制文献资源建设过程和进行科学决策提供客观依据。无论是微观的还是宏观的文献资源建设，总是要遵循一定的方针、原则，按照一定的规划进行的。一般说来，这些方针、原则及规划都是在一定理论指导下，总结实践经验的产物。但是在文献资源建设的操作过程中，由于受到各种主客观因素的影响，因而不可避免地出现对既定方针的偏离。同时，任何方针的确定和规划的制定，必然要受到当时历史条件及人们的认识水平、认识能力的制约，其正确性也只有通过时间才能进行检验。而文献评价就具有这种检验功能。文献评价就是运用各种定性的和定量的方法，对文献资源体系的各个方面的属性进行检测，找出既定目标与实际效果之间的差异。图书馆根据这些反馈信息对文献资源建设的各个环节进行控制，就能有效防止与纠正对既定方向的偏离。同时也可根据这些反馈信息对原来确定的方针、原则和规划进行判断，明确哪些部分是正确的，应该继续贯彻；哪些部分有缺陷，需要完善、修正：哪些部分是错误的，必须废弃，从而为下一步文献资源建设的科学决策提供客观依据。

（二）宏观文献资源建设内容

宏观意义上的文献信息资源建设就是指一个地区、一个国家，乃至国际众多文献情报机构对现有文献资源的规划和协作、协调收集和收藏，形成整体文献信息资源结构体系，即从宏观上制定目标和规划，进行协调和分工，以指导各文献情报机构的文献收集工作，突出各自优势，形成比较完备的收藏，并将其作为集体的资源，共同享用，从而建立起一定范围内的文献信息资源保障体制。

文献信息资源建设不论属于何种范围，一般都要包括以下几个方面的内容或步骤。

1.宏观规划确定目标

宏观规划，就是从一个系统、一个地区，乃至全国的整体出发，对文献集、存储和开发利用方面的协调规划，从而形成相互依存、相互联系的整体化、综合化的文献

信息资源建设的总方向、指导思想、最终目标等做的构想与规定，解决文献信息资源建设中带根本性、全局性和恒远性的大问题。长期规划，通常有三年规划、五年规划等，主要用于确定规划期内文献资源建设的发展目标、任务及实现的途径、结果。

2.资源状态调查分析

对各地区、各系统、各文献单位现有文献资源状况进行调查、分析和研究。主要对一定范围内所藏文献信息的类型、学科、语种、数量、分布情况、文献利用情况、对决策和研究的保障和支持情况、各收藏单位的收藏重点与所形成的特色等进行详细的调查，并对此进行分析研究，为制定文献信息源建设规划提供参考或建议。

3.建立管理协调机构

建立文献信息资源建设的管理与协调机构是整体化文献信息资源建设的前提条件。无论是国家的管理机构还是地区性的管理机构，都必须具有权威性和协调能力，同时还有按系统或地区确定协调机构的成员单位，以便建立起各种协调、协作的工作关系。对参加单位的数地在原则上不应限制，但参加单位必须具有馆际互借、网络联机和直接阅览等条件，重点单位应该是具有一定收藏特色的文献情报机构。各参加单位一般都要订立协议，确立文献收集的分工合作，资金分配以及馆际互借、资源共享等权利与义务。应有适当经费资助，但不能减少各馆本身的经费或其他渠道的经费。

4.明定目标，制订计划

在开展文献信息资源调查研究的基础上，在综合考虑文献资源现状、文献需求状况以及其他可能条件的情况下，提出文献资源建设的计划、目标和采用的布局模式。

5.合作采集分工收藏

实际进行文献合作采集或分担收集工作，这是文献信息资源建设的一项主要内容。此外还必须开展相应活动，如确立文献寄存制度，建立贮存图书馆，编制联合目录或建立计算机联机联合目录数据库，建立计算机化的文献采购系统、文献检索系统、馆际互借系统等。

6.开发利用、资源共享

文献信息资源的开发利用和资源共享活动，包括文献报道、查询、阅览、复制，以及文献检索、参考咨询、综合评述、文献信息资源共享等。

7.资源建设评估评价

定期进行文献信息资源建设评估活动，主要利用各权威、核心的文献目录或馆藏目录及文献数据库、机读目录，运用一致的标准和方法，对一定范围内的馆藏文献信息状况和使用状况进行定量、定性分析，作出评价，找出存在的问题，以便进一步完善。

8.资源建设理论研究

文献信息资源建设工作是一项理论性和实践性都很强的工作，需要在实践的基础上不断总结经验和研究探讨其规律性。因此，对文献信息资源建设基本理论和方法的研究，就成为文献资源建设工作的重要内容之一。

（三）微观文献资源建设与宏观文献资源建设的关系

微观文献资源建设与宏观文献资源建设有着密切的关系，表现在外在和内在两个方面。

1.外在关系

微观文献资源建设与宏观文献资源建设具有密切的外在逻辑关系。这种外在的关系是指二者相应的逻辑关系，我们把具体图书情报机构的文献资源建设称为“微观文献资源建设”，就应把一个地区、一个系统、一个国家的文献资源建设称为“宏观文献资源建设”，这是因为微观与宏观是一种相应的逻辑关系。如果把微观文献资源建设或宏观文献资源建设异名，就与这种相应的逻辑关系相悖。目前，图书情报理论界有的将宏观文献资源建设称为“文献资源整体化建设”或“整体文献资源建设”，就是因为没有去考虑这种相应的逻辑关系所致。如果孤立地研究宏观文献资源建设，这样是可以的，但如果把宏观文献资源建设纳入文献资源建设的整体去研究，这样就是不安的。既然已把单个图书情报机构的文献资源建设称为“微观文献资源建设”。那么，把一个地区、一个系统、一个国家的文献资源建设称为“宏观文献资源建设”就更为确切。

2.内在关系

微观文献资源建设与宏观文献资源建设具有内在的辩证统一关系。宏观文献资源建设有赖于微观文献资源建设，如果没有具体图书情报机构的文献资源建设，就很难形成文献资源的整体优势，去满足社会用户对文献资源的需求；而微观文献资源建设则是宏观文献资源建设的有机组成部分，如果没有宏观文献资源的规划，便不能形成具体图书情报机构的文献资源优势，结果既不能满足本单位用户对文献资源的需求，也不能更好地形成文献资源的整体优势，去满足社会对文献资源的需求。微观文献资源建设与宏观文献资源建设曰的同一性，就决定了我们在研究微观文献资源建设的同时，也应重视对宏观文献资源建设的研究。同时也告诉我们，文献资源建设的理论体系是一个有机整体，而微观文献资源建设和宏观文献资源建设是这个整体中缺一不可的内容，我们只有这样去认识问题，才能冲破传统的藏书建设理论体系的束缚，创立全新的文献资源建设的理论体系。

三、文献资源建设的基本任务

社会文献信息资源是一个整体系统，文献情报部门收藏的文献信息是社会主义文献信息资源体系的基本组成部分。图书馆藏书建设实质上就是文献信息资源建设，因此，文献信息资源建设工作包括宏观规划设计和微观馆藏建设两个方面。文献资源建设的基本任务应包括以下内容。

1.确定指导思想

指导思想是一切行动的指南。文献信息资源建设工作所要达到的总体目标，是文献信息资源建设指导思想实践的必然结果。根据我国国情和我国文献资源分布的实际情况，以及文献信息资源建设所要达到的最终目的，把建立有效的文献信息资源保障体系作为文献资源建设的指导思想，就是建设有中国特色的文献信息资源保障体系，不断满足人们日益提高的文献需求。

2.制定发展政策

文献信息资源建设工作涉及国家、地区和文献收藏机构等诸多方面，因此，制定适合我国国情的、正确的文献资源建设发展政策是搞好文献资源建设工作的基本保证。文献资源建设发展政策是一个体系，它的内容随着时代的发展而发展。大致包括以下内容。

（1）文献发展纲要：文献信息资源建设发展纲要是文献信息源建设工作的基础和前提。因此，制定出以学科体系为基础、资源分布结构合理的文献资源建设发展框架是非常重要的。首先要求划分文献资源的学科范围，制定一个规范统一、仔细得当、学科齐全的学科框架一览表，然后根据文献内容和读者的不同需求层次，相应地划分出各学科范围文献的若干层次的收藏级别，并规定各个级别所应达到的收藏目标，再结合文献的语种、类型等设计出一个"文献收藏结构一览表"，以规划文献信息资源建设的发展。

（2）制定协调方案：文献信息资源建设工作无论从宏观建设还是微观建设来讲，都需要国家、地区之间，行业系统之间，收藏机构之间以及收藏机构内部之间的协作、协调。因此，制定出资源发展、合作藏书、资源共享的协作协调政策，确定文献资源合作收藏的目标、任务，参加协作的机构入藏文献的范围、应该承担的责任、文献的报道和共同利用等，是非常重要和关键的。在统一的政策下，各文献信息收藏机构都必须按照协议政策规定的权利与义务，对本机构分担收藏的文献信息进行完整地入藏并承担入藏文献的报道任务，并将本机构入藏文献提供给其他单位读者利用的义务。

（3）文献收集政策：文献收集政策是文献信息资源建设发展政策中较具体的政策，主要阐述文献收集的原则与方案，确定各文献收藏机构文献选择的标准、类别、类型、语种、载体和属地等政策，以及确定采访工作程序及文献交换、接受捐赠的计划等。

（4）经费分配政策：确定文献购置资费、特殊经费的分配和使用的政策分配的原则等。

（5）文献管理政策：确定对各文献机构收藏文献的保存、加工、传递的程序与原则。确定文献保护的原则、技术标准和措施。确定文献评估政策标准和实施方案。确定文献剔除%淘汰的标准、范围、频率。确定文献信息资源贮存系统的建立方案和具体运作方法。

（6）合作馆藏文献、馆际互借与资源共享政策

确定合作馆藏文献的目标、任务，参加合作的文献收藏机构入藏文献的范围、应该承担的责任、文献的报道和共同利用等。在统一的政策下，各馆部必须按照文件规定的权利与义务对本馆分担收藏的文献完整的入藏并承担入藏文献的报道任务和将本馆藏后提供给他馆读者利用的义务。

（7）机读数据库文件政策：在计算机编目和联机联合编目的情况下，要确定机读数据库文件政策：确定电子出版物收藏任务及获得和提供数字文献地址的途径与方法；确定机读目录格式标准和各著录项目、字段的处理细则：确定用于采访、管理、维护数字信息资源经费的数额与比例等。

3.优化文献信息资源配置

文献信息资源建设工作中极为重要的一项任务，就是优化文献信息资源配置。所谓优化文献信息资源配置，就是文献资源合理布局，根据需要有意识地控制文献收藏与分布的工作活动。具体地说，文献资源布局有两方面含义：①指按学科或按文献类型在地域空间分布的状况或形成的格局；②指导研究和建设合理、方便、经济的分布格局的设计与实际工作。为了达到文献信息资源建设的目标，需要确定一种适当的布局模式，而布局模式的确立取决于国家或地区的规模、需求状况、交通和通信条件、

经济发展水平、文献信息事业的发展概况等。

4.构建特色的文献信息资源体系

我国文献信息资源建设的目标任务之一就是克服长期以来形成的文献收藏重复、雷同的问题。建立各具特色的文献信息收藏体系，是衡量各文献收藏机构文献信息资源建设水平的标志之一。文献特色收藏体系的形成，需要经过长时期的努力。各文献信息机构都应根据本单位所在地区的历史、地理、政治、经济和科学文化发展的显著特点与优势，根据服务区域用户的需要及本单位原有的基础，根据文献信息资源保障中心的分类安排等实际情况，选择与突出某一方面或某几个方面的专业文献作为自己的收藏特色，并集中本单位的人、财、物等有利条件，有重点、有针对性地突出与强化这些特色，在此雄基础上开展优质特色服务。只有建立起各具特色的文献信息收藏体系，才能使整个体系的文献信息资源既有广度又有深度，形成"小而特、大而全"的点面结合、层次分明、分区适当、布局合理、馆际之间具有互补性的文献信息资源网络体系。

特色化的文献资源体系主要类型有：文献的地方特色、类型特色、专业特色、文种特色、载体特色、时代特色等。

5.加强协作协调、推进共建共享

文献信息资源整体化建设和分工协调，是当代文献信息情报行业发展的必然趋势之一。当今世界是一个竞争激烈、相互制约、相比依存的世界，世界各国都十分重视文献信息资源的开发利用。然而，科学技术发展带来的"信息爆炸"，使任何一个国家、任何一个文献信息部门都有可能尽收天下文献信息，经费的拮据和收藏空间的压力更需受各文献信息机构拆除"围墙"，分工协作，实行文献信息资源共建共享。早在20世纪初，欧洲一些国家的图书馆，就已经意识到文献采访上进行分析在文献的加工整理上进行协作，馆际之间开展文献交换、调配与互借。到20世纪70年代末80后代初，由于计算机网络技术的发展，这种文献资源共建共享的前进步伐大大加快了。

我国文献情报界之间的协作协调活动已有近半个世纪的历史，积累了很多好的经验。在社会主义市场经济体制下，在计算机网络环境下，用新的思想、新的观念、新的手段推进文献资源建设工作，用成功的经验指导馆际之间的协作协调，把文献信息资源共建共享这件大事做好，已成为文献资源建设者的迫切任务。

第二节　图书馆的文献需求

一、图书馆文献需求的目的与特征

（一）图书馆文献需求的目的

图书馆是收集、整理、保存文献资料并向读者提供利用的科学文化教育机构。其社会意义在于方便和满足人与人之间有关知识和信息的交流，无论是现代人之间的交流，还是现代人与过去人之间的交流，或者是现代人与未来人之间的交流。由于图书馆的存在，这种交流得以长久便捷地进行下去。

为了实现图书馆的社会意义，图书馆必须拥有完整、充分的文献资料。也就是说，图书馆文献需求的目的是要满足图书馆社会作用的发挥，保障图书馆文献传播职能和科学、文化、教育职能的实现。

（二）图书馆文献需求的特征

图书馆的文献需求与其他机构或个人有所不同，其特征是多方面的。宏观上突出的是其专业性和选择性。

1.专业性

图书馆需求文献的专业性表现在诸多方面。从社会分工上看，图书馆作为专业的文献收藏和提供服务的社会机构，其文献需求的数量、品种、专业化程度等是其他任何机构所不能相比的；从图书馆类型上看，图书馆在适应社会对文献需求的过程中产生了不同类型、不同规模、不同服务功能的所谓专业化图书馆，这些图书馆对文献需求有着自身专业的特定要求：从单个图书馆来看，不论其类型或规模如何，对文献的需求都表现了专门性、系统性和完整性。

2.选择性

图书馆文献需求的选择性表现在图书馆要选择有价值的文献和与需求相适应的文献上，这种选择性反映了图书馆文献需求的价值取向。

人类在生存和发展的历史长河中，产生了难以计数的各种文献。图书馆不论过去、现在或者将来都不可能也无必要收藏人类社会产生的所有文献。为此，图书馆必然要对社会文献进行选择。图书馆选择文献是人为的工作，自然带有社会的烙印。在社会主义条件下，图书馆需求的文献是有利于社会物质文明和精神文明产生和发展的各种文献。

图书馆要实现自身的社会职能，就必须使收藏的文献被读者所使用。也就是说，馆藏文献的使用是图书馆文献需求的最高原则。为此，图书馆的文献采访必须选择读者需求的各种文献。读者不需求或者不能被读者所使用的文献，也是图书馆不需要的文献。

二、各类型图书馆的文献需求

（一）国家图书馆的文献需求

国家图书馆是由国家建立的负责收集和保存本国出版物，担负国家总书库职能的图书馆。国家图书馆从向公众提供文献情报服务两行公共图书馆之列，但从文献收藏规模之大、收藏文献品种之全、相应社会职能广泛等方面来看，国家图书馆与一般公共图书馆有着明显的区别。

1.国家图书馆的类型

国家图书馆在很大程度上代表着一个国家图书馆事业的发展水平。它对本国图书馆事业的发展起着重要的作用在国际上，国家图书馆主要有以下5种类型。

（1）公共性的中央图书馆：公共性的中央图书馆具有公共图书馆的性质，服务对象是面向社会的，但在服务重点方面与一般公共图书馆不同，侧重于为科学研究服务。如苏联国立列宁图书馆、法国国家图书馆、中国国家图书馆、英国不列颠图书馆、澳大利亚国家图书馆等。

（2）国会图书馆兼国家图书馆：如美国国会图书馆、日本国立国会图书馆、瑞典国会图书馆等，都具有公共图书馆的性质。除此之外，都设有相应的研究机构，专门为国会提供服务，但同时也履行国家图书馆的职能。

（3）大学图书馆兼国家图书馆：这种类型的国家馆较多，如1482年建立的丹友哥本哈根大学图书馆、1811年建立的挪威奥斯陆大学图书馆、1640年建立的芬丁赫尔辛基大学图15馆等，都兼作为该国的国家图书馆。近些年来，有些观点认为大学图书馆兼

作为国家图书馆的做法削弱了国家图书馆在全国图书馆事业中的作用。因此，有些国家已经在考虑另建国家图书馆了。

（4）科学图书馆兼国家图书馆：如罗马尼亚科学院图书馆、美国国立医学图书馆和美国国立农业图书馆等，部分兼作为事实上的国家图书馆。罗马尼亚政府于1955年在布加勒斯特另建了一所大型综合性的公共图书馆——国立中央图书馆，将其作为国家图书馆，但科学院图书馆仍是国家图书馆之一。

（5）档案馆兼国家图书馆：由档案馆兼作为国家图书馆在一些较小的国家采用，如巴拉圭、柬埔寨、玻利维亚、摩洛哥等国家。

2.国家图书馆的职能

根据1974年国际标准化组织颁布的“ISO2789-1974（E）国家图书馆统计标准”，将国家图书馆定义为：“主要是按照法律或其他安排，负责搜集和保管国内出版的所有币：要出版物的副本，并且起贮藏图书馆的作用。不管其名称如何，都是国家图书馆。它们通常也执行下述某些功能——编制全国总书口；拥有并更新一个大型的有代表性的外国文献馆藏，包括有关该国的书籍；作为国家文献冃录信息中心：编制联合目录；出版回溯性全国总书目。名字叫作“国家”图书馆，但其功能与上述定义不符者，则不应列入国家图书馆类型之中

1976年8月，联合国教科文组织在瑞士洛桑召开了国家图书馆馆长会议，对国家图书馆在国家信息系统和国际信息系统中的作用问题，洒过了一项政策声明，认为国家图书馆是图书馆事业的重要推动者，是各类型图书馆的领导，国家图书馆应在全国图书馆工作的各项规划中起中心作用。根据这项声明的精神，国家图书馆在国家信息系统中应起三个主要作用：①提供必要的中心图书馆服务：②领导国家信息系统中的图书馆成员；③积极参加国家信息系统和制定全面发展规划。

从世界上大多数国家的实际情况看，国家图书馆的主要职能大体上可归纳如下。

（1）国家文献资源中心：国家图书馆通过完整、系统地收集、整理和保存本国文献，使之成为本国文献情报的最终保障基地：通过对国外文献有重点、积极的收集，形成丰富的外文馆藏，满足国内教学、科研的需要。

（2）国家书目中心：国家图书馆因其丰富的馆藏和本国文献收藏的完备性而成为国家书目中心。国家图书馆通过编印国家书目、编制回溯性书目、编印统编卡、编制联合书目等来体现这一职能。

（3）科学情报服务中心：为科学研究提供情报信息服务，书馆一方面加大科学情报源的收集，文献的复制、复印，提供参考咨询、是国家图书馆的重要任务之一。国家图另一方面设立专门阅览、参考室，开展书目索引等服务，以满足社会对科学情报的需求。

（4）资源共享、馆际协作中心：资源共享的最高目标，是要在全世界范围内实现

文献的广泛流通，而馆际协作是实现资源共享的有效方法和手段。国家图书馆由于全面收集和保存本国出版物，以及大量收集与本国有关的国外出版物，因而在资源共享和馆际协作方面担负着重要职能。这种职能反映在国家图书馆担当的馆际互借、国际书刊交换、外事交流、合编书目等工作方面。

（5）图书馆现代化、网络化的枢纽：图书馆现代化、网络化主要指现代通信技术、电子计算机技术、文献缩微技术、文献复印与数字化技术在图书馆中的应用。国家图书馆负有组织图书馆现代技术装备的研究、试验、运用和推广的责任，同时建立以国家图书馆为核心的图书馆网，使得全国居民都能通过这个网获得所需要的芥种文献资料。我国国家图书馆正在建设的中国数字图书馆国家中心正是这一职能的体现。

3.国家图书馆的文献需求

国家图书馆因其社会职能而对社会文献的需求极为广泛和全面，主要有以下几方面。

（1）国内出版的所有文献资料，包括各个语种、各种类型的出版物。不仅全面收集印刷型文献，还要收集非印刷型文献，如磁带、视听、缩微、光盘等。

（2）国外出版的有关本国情况的各种文献资料。

（3）国际以各种语种出版的有关世界的过去、现在和未来发展的各种文献，以及反映现代科技前沿、各主要学科先进水平的各种文献。

（4）与本国教学、科研、参考咨询相关的大型数字库。

（5）国家图书馆因其在国家文献保障体系中的重要地位和独特作用，所以采访工作量大、专业面广、技术要求高。在文献的选择方面，对于国内出版物要求尽可能收全；对于国外出版的外文文献，要有目的、有重点地甄选。如我国国家图书馆（北京图书馆），对外文文献按照全面、重点、适当、不宜

采选四个等级进行采选，首先考虑适合党政军领导机关、科研部门和重点生产建设单位等主要服务对象的需要；对国际机构和外国政府出版物尽力采集，使之成为本馆馆藏的一个重点。在文献的获取方面，实行呈缴本制度，积极开展文献的国际交换。呈缴本制度保证了国家图书馆能够系统、全面的收藏本国的出版物，从而形成大规模藏书，使国家图书馆能够成为名副其实的国家总书库。国际文献交换是补充国家图书馆馆藏的重要方法之一。通过国际文献交换，不仅可以获取一些难得的文献资料，同时还起到了增进各国人民之间相互了解和加强友谊的作用。

（二）公共图书馆的文献需求

1.公共图书馆概念

根据 1974 年国际标准化组织颁布的“ISO2789-1974（E）国家图书馆统计标准”，将公共图书馆定义为：那些免费或只收取少量费用为一个团体或区域的公众服务的图书馆。它们可以为一般群众服务，或为专门类别的用户，例如儿童、军人、医院患者、囚犯、工人和雇员等服务。

公共图书馆是由国家中央或地方政府管理、资助和支持的，免费为社会公众服务的图书馆，它可以是为一般群众服务，也可以是为某一特定读者，如儿童、工人、农民等服务的。在美国、加拿大等国家主要指社区或地区图冃馆，一般根据州或市的有关法令设置，由当局批准任命的地方图书馆管理机构负责管理，经费主要来源于地方

政府的税收。在苏联，公共图书馆包括国家图书馆，各加盟共和国图书馆，州立图书馆，城市、农村图书馆和儿童图书馆等。在中国，主要指由国家和群众举办、为广大人民群众服务、按行政区划设置并受政府各级文化部门领导的图书馆，包括国家图书馆，省、直辖市、自治区图书馆，地区、市、州、盟等行政区图书馆，县（区）图书馆，乡镇图书馆，街道图书馆，儿童图书馆等。

2.公共图书馆产生与发展

公共图书馆是人类社会文明和图书馆事业发展的产物。公共图书馆的产生可以追溯到14世纪欧洲文艺复兴时期，欧洲资本主义萌芽为图书馆事业的发展创造新的条件，使图书馆冲破了封建宗教的文化禁锢，发展到社会。

在早期曾出现过一些具有公共性质的图书馆，如占罗马的公共图书馆向城市居民开放。欧洲的贵族、僧侣或新兴资产阶级的一些私人图书馆也向学者和部分市民开放。16世纪上半叶，马丁•路德等人倡导的德意志城镇图书馆是为一般市民服务的。18世纪，在英、美等国出现的会员图书馆是近代公共图书馆的先声。

真正具有现代意义的公共图书馆是到19世纪中叶以后才开始出现的。主要原因为：①17世纪英国资产阶级革命以后，工业城市的出现与发展，资本主义的生产需要大量的有文化的工人：②造纸术的发明和印刷术的完善为社会文献的需求创造了先决的条件：③许多国家政府开始承担免费、义务教育的职责。而公共图书馆是使图书为平民百姓利用的最合适的场所。19世纪下半叶，先是在英、美两国，后在其他国家兴起了近代意义的公共图书馆，其特征是：①向所有居民开放；②经费来源于地方行政机构的税收：③其设立和经营必须有法律依据。

英国的公共图书馆在1850年议会.通过公共图书馆法后获得了较大的发展，到1900年，英国有公共图书馆360所。1840年，美国马萨诸塞州议会通过在波士顿市建立公共图书馆的法案后，各州也纷纷通过公共图书馆法，其中纽约公共图书馆逐渐发展成为美国最大的公共图书馆。俄国十月革命后，公共图书馆有了很大的发展，到1980年，共有13万所公共图书馆。其中彼得格勒的国立萨尔蒂柯夫•谢德林公共图书馆于1814年对外开放，到1988年馆藏量已达2800万册（件）。

我国的公共图书馆是在20世纪初才开始出现的。19世纪末，维新派倡导的公共藏书楼和他们建立的学会藏书楼已具有公共图书馆的性质。20世纪初，出现了公共图书馆o1902年，占越藏円楼对外开放。1903年，我国第一个公共性质的大学图书馆——武昌文华公书林建立并对外开放o1904年，湖南图书馆、湖北省图书馆建立。随后，江苏、山东、陕西、浙江、河北等省部建里了公共图15馆。1909年，清政府颁布《京师图书馆及各省图书馆通行章程》，促进了公共图书馆的建设和发展。1912年，京师图书馆对外开放。

1914年，全国共有省级公共图书馆18所。中华人民共和国建立后，建立了全国规模的公共图书馆系统，到2005年，全国县以上公共图书馆共有2762所。

3.公共图书馆的职能

公共图书馆担负着为科学研究服务和为大众服务两大任务。在促进国家政治、经济、科学、文化、教育事业的发展，提高全民族科学文化水平方面发挥着极为重要的作用。与其他各种类型的图书馆相比较，公共图书馆更接近最大范围的普通读者。对大多数读者来说，公共图书馆产生比其他类型的图书馆更加有效的教育作用。因此，公共图书馆是各类型图书馆中的骨干力量，在整个图书馆系统中占有重要地位。公共图书馆的职能可概括为以下几方面。

（1）国家版本和地方文献的收藏中心：各级公共图书馆都担负着收集和保存国家重要出版物副本，尤其是地方文献的任务，成为地方文献的重要收藏中心。

（2）国家书目中心：负责编辑和出版各种藏书目录和索引，为广大读者提供书目服务。

（3）文献借阅中心：对公众开展流通借阅和馆际互借业务。

（4）文献情报中心：积极开展情报工作，为科学研究和生产服务。

（5）文化教育、娱乐中心：通过各种方式，为读者提供文化教育、自学、娱乐活动所需的图书资料和场所。

（6）业务辅导中心：大型公共图书馆对本地区各类型图书馆（室）承担业务辅导职责。

（7）协作协调中心：大型公共图 15 馆应成为本地区各类型图书馆之间，本地区与他地区图书馆之间在图书资源、图书馆服务方面的协作与协调中心。

4.公共图书馆的文献需求

公共图书馆的馆藏大多是综合性的，通常建有地方文献的专藏，一些大中型公共图书馆常设有分馆。服务对象广泛，包括各种职业、各种年龄和各种文化程度的读者。许多国家有专门的公共图书馆法，保证公民可免费获得图&馆提供的多种多样的服务，包括文献外借、阅览服务、参考咨询、文化活动（文献展览、报告会、讲座、电影、音乐会等）以及为老年人、儿童和残疾人提供的专门服务等。有些公共图书馆还对边远地区的读者开展流动服务。在我国，公共图书馆担负着为科学研究服务和为大众服务的双重任务。

其中省、市、自治区图书馆是所在省、市、自治区的藏书、目录、馆际互借和业务研究、交流的中心，还对中小型图书馆提供业务辅导。县图书馆多为本县区人、农民、乡镇居民和少年儿童服务。大、中城市图书馆的主要任务是为城市人民群众服务专门服务对象是城中的各阶层居民。有些大城市的区图书馆藏书数十万册，它们在开展馆内流通阅览的同时，还到街道、里弄开办借书站和流通点，把书送到基层，并协助和指导街道图书馆（室）建立城市基层图书馆网。公共图书馆的文献需求特点体现在以下几方面。

（1）藏书的综合性：藏书内容涉及各个学科、各种等级和各种类型。

（2）服务对象的广泛性：公共图书馆的服务对象包括各种类型、各个阶层、各种年龄、各种文化程度、各个民族的读者。

（3）业务活动范围的广泛性：这是由为大众服务和为科研服务的双重任务决定的。公共图 15 馆是国家举办的、面向社会公众开放的图书馆。在我国，公共图书馆.通常指各级地方政府的文化主管部门管辖的图书馆，包括省（自治区、直辖市）图书馆、县（市、区）图书馆以及儿童图书馆等。公共图书馆作为图书馆的一种类型，是以其公共性作为出发点的。同属公共图书馆，但由于馆藏文献规模、担当的社会职能、服务的区域或对象的不同，文献需求也不尽相同。省级（图书馆由于文献收藏虽大、品种多、服务功能广泛、专业技术装备强等，所以在公共图书馆系统中占有突出的地位。本文对此做重点探讨。

5.省级公共图书馆的文献需求

（1）省级公共图书馆的主要职能

①为本地区经济建设和科学研究提供文献资源保障。省级图书馆是一个省的文献情报中心，文献收藏则属于大型图书馆之列。省馆在具备丰富、完备的文献保障前提下，通过流通阅览、馆际互借、咨询解答等服务方式，满足本地区科研、生产、建设以及一般读者对文献情报的需求。

②传播科学文化知识，提高公众的科学文化水平。科学教育是所有图书馆具有的职能，而公共图书馆在这一点上表现得更加突出和明显。省级图书馆因其收藏文献数量大、品种全，对于读者尤其是青少年读者有很大的吸引力，因而在传播科学文化知识，提高广大读者文化水平方面起着重要作用。

③地方文献保障中心。省馆作为本地区文献情报中心，肺常重视本地区文化典籍和地方文献的搜集、整理与保存。地方文献反映着本地区政治、经济、科学、文化等方面情况，省馆全面、系统地收集这方面文献，使之成为地方文献的收藏和查阅中心，对本地区经济发展与建设起着积极的推动作用。同时，为文献资源的合理布局，建立全国性的文献保障体系作出贡献。

④对下级图书馆进行业务指导。省馆在公共图书馆系统中起着承上启下的作用。省馆是本省的中心馆，承担着对下一级图书馆、即市（地）、县（区）图书馆的业务辅导工作，同时组织全省公共图书馆系统人员开展图书馆理论与业务的学习和研究。

（2）省级公共图书馆的文献需求

①本地区出版的各类文献。

②文化教育、科学普及类文献。

③与经济建设、科学研究相关的各种文献。

④各种类型的参考工具书。

⑤经济建设、科学研究需要的外文文献。

（3）省级公共图书馆文献需求的特点

①采访虽大。省级图书馆作为地区性文献保障中心，文献保存址要达到一定的规模，因而文献采访工作量相对较大。省级图书馆既是综合性馆，又是研究性馆。其文献采访既要多品种、多类型，以满足不同读者的不同需求，又要系统、完整地对某些学科文献进行收集，以适应生产建设、科学研究的需要。

②地方文献全面收集。地方文献的收藏是省级图书馆的重要任务，也是省级图书馆文献收藏的特色。对地方文献的全面收集，包括：本地区出版的各类文献、国内外有关本地区社会发展的各类出版物、反映本地区历史与现状的各种非正式出版物等。

③开展本地区的协作采访。馆际合作采访是图书馆文献资源共建共享的重要一环。省级图书馆由于自身的区域位置、社会职能等因素，在馆际合作采访、促进本地区文献合理布局、提高本地区文献保障能力方面起着重要作用。

（三）高等院校图书馆的文献需求

高等院校图书馆指大学图书馆和学院图书馆。这类图书馆为本校的教学和科研服务，是高等学校的文献情报中心。由于高等院校的多样性，如综合性大学、多学科性文科院校、理工科大学、专科性院校等，各高等院校图书馆的规模、服务项目、现代化程度等都有差异。但就其性质来说，都是相同的，那就是：高等院校图书馆不仅是一个服务性的机构，而且是一个教学与科学研究的重要学术性机构。完备、高效的图书馆已成为建设现代化大学的必要条件。

1.高等院校图书馆的主要职能

①根据学校的性质和任务，采集、组织、收藏各种形式的文献资料，为教学、科研提供文献资源保障。为教学和科学研究服务是高等院校图书馆的工作重点。高校图书馆的文献组织、管理、服务工作紧密围绕着本校的专业设置、培养目标、教学计划、科研项目进行，以满足教学和科研对文献信息的需求。

②开展情报服务工作。情报服务是高等院校图书馆的一项重要职能。高校图书馆一方向开展读者教育，培养师生的情报意识和利用文献情报的技能；另一方面开展参考咨询和情报服务エ作，开发文献情报资源。

③素质教育的阵地。高等院校图书馆不仅拥有丰富的专业文献，而且注意采访有利读者全面发展的各种优秀出版物，使图书馆成为学生的第二课堂，成为对学生进行素质教育的重要阵地。

④全校文献信息中心。高校图书馆作为全校的文献情报中心，不只是拥有文献情报的数量和多样化的服务功能，而且还拥有统筹、协调全校文献情报工作的能力。一般高校的系（院、所）都设有资料室，为本系师生服务。学校图书馆与各系（院、所）资料室组成了一个较为紧密的全校文献情报网络。校图书馆在这个网络中起着中心和指导作用。

2.高等学校图书馆主要任务

高等学校图书馆是设在高等学校内，主要为本校师生服务的图书馆。根据本校教学和科研需要，收集、整理各种文献信息资源，使广大师生能够更好地利用它们，并且兼有学术性和服务性，是学校的文献信息资源中心。高等学校图书馆的主要任务有以下几方面。

（1）根据学校的性质和任务，有选择地采集各种文献信息资源，用科学的方法对它们进行分类编目与管理，为教学、科学研究提供文献信息资源。

（2）以教师和学生为主要服务对象，提供多种信息服务。主要有图书借阅服务，为教师指定参考书并设有专门的教师阅览室，同时还为师生建设一个开放式的网络化环境。

（3）开展用户培训教育，培养师生的信息需求意识和利用文献信息的技能。我国现在有条件的大学都为学生开设了《计算机文献信息检索与利川》课。还为师生举办有关计算机方面的知识，教授他们如何利用计算机上网来查找文献信息资料，使读者提高了查找文献信息的能力。

（4）开展馆际协作活动。

（5）开展培训图书馆馆员业务学习。

（6）统筹、协调全校的文献信息资源工作。

1956年，高等教育部曾拟订《中华人民共和国高等学校图书馆试行条例（草案）》。

总结了中华人民共和国建立后高等学校图书馆工作的经验，对高等学校图书馆.的性质、任务及组织机构等问题做了明确的阐述和规定。1981 年，教育部又对其进行修订，正式颁布了《中华人民共和国高等学校图书馆工作条例》，1987 年对该《条例》再次修订并改名为《普通高等学校图书馆规程》，国家教育委员会重新颁发。《规程》共 6 章 36 条，包括：性质和任务，业务工作，领导体制和组织机构，工作人员，经费、馆舍、设备，附则。

《规程》指出："高等学校图书馆是学校的文献情报中心，是为教学和科学研究服务的学术性机构。图书馆工作是学校教学和科学研究工作的重要组成部分"。《规程》规定的高等学校图书馆的主要任务是：①采集各种类型的文献资料，进行科学的加匸整序和管理，为学校的教学和科学研究匚作提供文献情报保障；②开展流通阅览和读者辅导工作；③开展用户教育，培养师生的情报意识和利用文献情报的技能；④开发文献情报资源.开展参考咨询和情报服务工作；⑤统筹、协调全校的文献情报工作；⑥参加图书情报事业的整体化建设：开展多方面的协作，实行资源共享；⑦开展学术研究和交流活动。

3.高等学校图书馆的特点

（1）读者需求稳定性：由于高等学校主要是向学生系统地传授专业知识，教学内容具有相对稳定性，加上专业设置和教学计划一般也比较稳定，因此读者对教学参考书的品种和数量的需求是经常性的、比较稳定的。

（2）读者用书集中性：由于教学按教学计划、教学大纲进行，有统一的进度，读者用书具有较强的集中性：①用书的品种集中于正在进行教学的有关课程的主要参考书刊上；②读者对教学参考书的用书时间集中。为此，图书馆对需求较大的参考书一般都保证一定的复本量。

（3）文献资源建设专业性：高校图书馆文献的收集和组织管理须适应本校的特点。在文献收集上以本校专业设置和科学研究项目为依据，全面收藏专业文献，重点收藏相关学科和边缘学科文献，适当收藏一般文献。藏书要能反映当代科学发展水平。在组织管理上，根据本校情况划分为文科、理科书库及阅览室，也可按专业组织藏书和划分阅览室，还可按教师、研究生、大学生分别设置阅览室或图书馆（分馆）。在美国等西方国家.高等学校图书馆考虑到本科生与研究生、教师在文献需求和利用上的区别，常单独设本科生图书馆，集中收藏那些利用率较高、复本较多的常用教学参考文献。这样做的优点是使不同读者分流，减少相互间干扰.提高图书馆工作效率。

（4）校、院（所）、系图书馆（资料室）协调配合：学校图书馆与系（院、所）图书馆（资料室）须互相配合，各负其责。

总图书馆一般收藏各个专业的基本理论著作。各科综合性、交叉、边缘与新兴学科的文献和各种参号学具书，并适当收藏供课外阅读的书刊。系（院、所）图书馆（资料室）主要收藏专业资料，尤其是较专深的专业资料和各种学具书。

5.高校图书馆的文献需求

（1）与本校教学相关的各种文献资料。

（2）本校科学研究必备的各种文献情报。

（3）与学生素质教育相关的各种优秀读物。

（4）教职工需要的其他读物。

6.高校图书馆的文献需求特点

（1）经费充足，采访工作量大：高等学校对图书馆的建设一般都比较重视，文献资料作为高校办学的三大支柱（师资、教学设备、文献资料）之一的认识逐步得到了强化。高等学校图书馆的现代化含量高于全国图书馆的整体水平，高校图书馆的文献采购量较大。①适应高校各专业建设的需要；②学生读者需求量大；③文献使用率较高，缩短了文献更新和补充的周期；④学校对图书馆的重视，采购经费较充裕。

（2）读者稳定，计划性强：高等学校图书馆的读者对象主要是学生和教师，读者需求相对稳定。由于高校的教学任务主要是向学生系统地传授专业知识，其课程、内容、体系等相对稳定，而专业设置和教学计划也有一定的稳定期。因此，读者对教学参考用书的品种和数量的需求也是比较稳定的。这种稳定性要求图书馆的文献采访工作须提高自身的计划性，合理安排采访文献的品种、数和时间，以适应和满足教学进度的要求。

（3）文献专业性、学术性要求高：高等学校图书馆的一切工作都围绕着本校教学和科研这个中心，对于本校设置各专业相关的文献全面采访，对相关学科和边缘学科文献重点采访，对一般文献适当采访。高等院校图书馆还非常重视对某些基础理论、尖端科学和不同学派、不同观点的学术著作的采访；更重视专业性期刊的采访。

（四）科学和专业图书馆的文献需求

科学、专业图书馆属于专门性图书馆，往往同时是本专业的信息中心，即图书馆与中心一体化。这种专门图书馆，是依靠一些专门人才及其所掌握的专业知识，用科学的方法搜集、整理、保存、提供信息资料的机构。科学、专业图书馆以科学研究人员和工程技术人员为读者对象，以专、深、新、精的文献为科学研究和生产技术开发服务的图书馆。

在我国，科学、专业图书馆的种类多、数量大、馆藏文献专深，是直接为科学研究和生产技术服务的图书馆。科学、专业图书馆是按专业和系统组织起来的，在一个专业或系统内，形成了一个上下沟通、联系紧密的图书馆体系。

1.科学、专业图书馆的类型

科学、专业图书馆的类型很多，有综合性的，也有专科性的。在我国，科学专业图书馆主要包括中国科学院系统图书馆、中国社会科学院系统图书馆、中国农业科学院系统图书馆、中国医学科学院系统图书馆、中国地质科学院系统图书馆、中医研究院系统图书馆、政府部门所属研究院（所）图书馆、大型厂矿企业的技术图书馆以及其他专业性图书馆。

在科学、专业图书馆中，历史较久、规模较大的中国科学院文献情报中心、中国农业科学院文献信息中心、中国医学科学院医学情报研究所、中国中医研究院中医药信息研究所等，都是本系统的中心图书馆，在外文书刊的采购、文献调拨、编制联合目录、馆际协作、图书馆自动化，干部培训等方面，起着组织和推动的作用。

2000 年 7 月 28 日，以中国科学技术信息研究所为首，联合机械工业信息研究院、冶金工业信息标准研究院、中国化工信息中心，采用虚拟方式组建的国家工程技术图书馆在京宣告成立。国家工程技术图书馆是国家科技图书文献中心的重要组成部分，是国家科技图书文献中心的四个国家级专业图书馆之一。其宗旨是：根据国家发展需要，科学、完整的收藏工程技术领域的科技文献信息资源，运用先进技术手段，加速文献信息的加工利用，面向全国服务。

2.科学、专业图书馆的性质和任务

国外有些科学图书馆是公共性质的专业图书馆，主要任务是为科学研究服务，广泛开展科学信息活动，收集和提供最新信息资料。在我国，科学、专业图书馆都不是公共性质的，而是隶属于各类科学研究机构。

科学、专业图书馆是我国图书馆体系的一个重要组成部分，在为科学研究服务方面起着“耳目”“尖兵”和“参谋”的作用。该类图号馆所担负的主要任务是有以下几点。

（1）紧密结合本系统、本单位的科研方向与任务，搜集、整理、保管和提供国内外科技文献，为科学研究和生产技术服务。

（2）积极开展信息的调研和分析，摸清各研究课题的国内外发展水平和趋势以及有关的指标、参数，不断向科研人员和领导部门提供分析报告和有科学价值的信息资料。

（3）组织本系统科技信息交流，协调本系统文献信息刊物的编译出版，宣传报道国内外的最新科学理论和技术。

（4）加强文献信息工作协作的组织工作和业务辅导，做好本系统的文献信息资料调剂、工作经验交流和干部培训等工作。

（5）开展文献信息理论、方法和现代化手段的研究。

3.科学和专业图书馆的文献需求特点

科学、专业图书馆在规模上有所不同，在馆藏文献范围上有综合性和专科性的区别。但是从类型上考察，它们具有一些共同特点。

（1）文献信息一体化

文献信息一体化是科学、专业图书馆的特点之一。文献与信息本来都共存于图书馆之中，二者存在着密切的内在联系。图书馆是收藏、管理和传播书刊文献资料的知识宝库，科技信息单位是提取、研究和加工书刊文献资料所含信息的服务中心。二者都是以文献信息为工作对象，都是采用从搜集到利用的技术方法，都服务于同一的对象——读者或用户，都是为了达到继承人类知识成果这个共同的目的。尽管图书馆工作与科技信息匚作在为科学研究服务的广度、深度、方式和手段等方面还存在着某些差异，但是它们在工作内容和工作方法上具有相似的程序，即重视科技文献信息的搜集、加工、分析、报道、检索和提供。

（2）服务方式多样化

服务是一切图书馆的共性，服务方式多样化则是科学、专业图书馆的特点。科学、专业图书馆的服务方式早已突破单一的借阅形式，重点在于各种信息服务项目，如开展文献信息定题跟踪报道、受理大宗的科技查新、编制各种推荐性和参考性的书目索引等。

（3）馆藏文献专业化

科学、专业图书馆的馆藏文献大都反映出学科专业性。学科的基本理论著作，特别是最新科学著作是收藏的重点。所藏国外文献占有较大的比重，其中又以国外期刊为重点。凡与本单位科研方向和任务有关的文献信息资料均力求系统搜集，本门科学的相关学科的文献信息资料也根据需要予以搜集。对于能够成为信息源的文献资料很重视，入藏量也较大。由于这部分文献资料老化周期短，因而馆藏新陈代谢较快。

（4）用户知识专深化

科学、专业图，馆的服务对象，主要是本系统、本单位的科研和工程技术人员。根据科研工作的特点，文献信息工作必须走在科研工作的前面，要求广、快、精、准地提供文献信息资料，发挥科研工作的耳目、尖兵和参谋的作用。为此，要求文献信息人员加强信息分析研究，掌握国内外的专业研究水平、动向以及科研人员的实际需要，紧密配合科研任务，采取多种方式提供有效的服务。此外，科学、专业图书馆的用户具有比较专深的专业知识和一定的外语水平，他们的研究课题专业性强，对书刊文献资料的要求较全面系统，外文文献所占的比重大，要求图书馆的工作人员必须具有较高的专业知识、外语水平和文献信息知识水平。

（五）专门图书馆的文献需求

专门图书馆指收集利用组织专门领域的文献，为特定读者群服务的图书馆。包括机关图书馆（立法机关和政府机关等）、研究机构图书馆、公司企业图书馆、事业单位图书馆、军事单位图书馆、医院图书馆、宗教图书馆等。专门图书馆门类多、数量大、分布广、藏号专，既有综合性的，也有专科性的：既有大型的，也有中小型的。其中，研究机构图书馆占有重要位置。在我国，较为重要的研究机构图书馆有中国科学院文献情报中心、中国社会科学院文献情报中心、中国农业科学院图书馆、中国医学科学院图书馆等。专门图书馆虽然门类多样、规模不一，但仍有一些共同之处。

1.专门图书馆的主要职能

（1）紧密结合本单位或本系统的工作任务，收集、组织、借存各种文献资料，保障本单位各项工作，如科学研究、生产建设、政策咨询等对文献情报的需求。向本单位或本系统读者提供各种文献服务，满足读者对文献的需求。

（2）开展科学情报服务。科学情报服务是专门图书馆的重要职能，对于科学研究机构图书馆来说尤其如此。具有一定规模和能力的专门图书馆一般都结合本单位单个或多个研究领域，调研国内外科学技术发展的情况和趋势，收集、分析国内外科学情报，不断向科研人员和领导部门提供分析报告和有科学价值的情报资料。

（3）组织科学情报交流，宣传报道国内外最新科学理论和技术，编译出版相关的刊物，以此推动本单位、本系统或本专业科学研究的发展。

2.专门图书馆的文献需求

（1）本单位、本系统科学研究、生产建设、政策咨询必备的各种文献资料。

（2）与本馆文献收藏专业相关的各文献资料。

（3）本馆开展文献情报服务所需的各种文献情报。

（4）本单位读者对文献资料的特殊需求。

3.专门图书馆的文献特点

专门图书馆一般收藏有关某一领域如自然科学、社会科学、农业、医学、工程、法律等学科的文献资料。其采访文献的特点是“专”“新”“精”“全”。

所谓“专”，指专门图书馆采访文献的专业性。专门图书馆在采访时严格按照本市位科研、生产的需要进行，其文献选择目标明确，具有明显的专业特征。

所谓“新”，指专门图书馆采访文献追求快和新。要求采访的文献能够快速反应国内外最新科学理论和科技成果。科学研究机构图书馆对国外的文献情报特别重视，其外文资料和连续出版物的采访比重较大。

所谓“精”，指专门图书馆在文献选择时要求高。专门图书馆的采访重点是专业性文献，要求采访人员懂专业，精选本专业的各种文献、严格文献的收藏标准。

所谓“全”，指弓门图书馆对本专业的文献力求收全。凡是本单位、本学科、本专业需要的文献，不论文献类型，都要尽可能收全。为保证馆藏的完备性，专门图书馆一般都比较重视文献的交换匚作，通过交换获得一些难得的文献。

（六）其他各类图书馆的文献需求

1.工会图书馆

工会图书馆是工会组织举办的群众文化事业，是向职工进行思想教育地重要阵地，也是职工学习政治、学习科学文化知识的场所，对于提高广大职工的思想、科学文化水平起着重要的作用，是公共图书信息网的组成部分。

工会图书馆的主要服务对象是所属系统、地区或单位的职工、干部及其家属。基本任务是：利用图书报刊，帮助职工学习马克思列宁主义，向职工进行时事政策教育，并帮助职工获得科学、技术、文学、艺术等方面的知识，提高职工的政治、文化、技术水平，以促进职工.积极地参加国家的社会主义建设事业。

2.少年儿童图书馆

少年儿童图书馆是为少年儿童服务的图书馆。 广义上包括独立设置的儿童图书馆和在一些公共图书馆设立的少年儿童分馆或少年儿童阅览室及服务部。宗旨是提供图书资料，满足少年儿童学习文化知识和促进智力发育的需求。

①收集和提供适合儿童读者的文献（如儿童读物、声像资料、图片、动画片、幻灯片等）。

②根据少年儿童的年龄和文化程度，考虑儿童读者利用图书的特点注意其兴趣、爱好和愿望，开展灵活多样的服务。例如可采取故事会、朗读会、书评会、与作者见面会、图书与艺术品展览、读书读报征文、智力竞赛、图书灯谜游戏、文艺集会等多种形式的活动，吸引儿童读书和利用图书馆。

③重视对儿童进行阅读指导，帮助他们掌握利用图书和图书馆获取文化科学知识的能力，养成良好的阅读习惯，独立地使用图书馆。

④图书馆的全部活动都是围绕着“组织、引导小读者多读书、读好书”这个中心开展，重视对图书的评价、推荐和介绍等。

3.军事图书馆

军事图书馆是为军人服务的图书馆。是一个多层次的系统，上至最高指挥机关和各军兵种图书馆，下至连队图书馆（室）。军队图书馆有以下几种类型。

（1）军事机关图书馆：指各总部、各军兵种、各级指挥机构设立的图书馆，为各级指挥员和机关官兵服务。文献需求以军事理论、军事技术和一般文化科学著作为主。

（2）军事科学图书馆：指各总部、各军兵种设立的各级军事、政治、后勤、技术等研究机构的图书馆。为有关科研、工程技术人员服务。文献需求是专门化的，服务比较专深，图书馆员在该学科方面受过专门训练。

（3）军事学校图书馆：包括各总部、各军兵种、各级军事指挥机关设立的高等学校、中等技术学校等所附设的图书馆。服务对象是教员、学员、干部，文献需求以教科书、教学参考书与军事科学研究著作为主。

（4）部队医院图书馆：文献需求主要是医学图书和期刊，担负着为医疗和科研服务的任务。

（5）连队图书馆：指团以下单位所设的俱乐部图书室。面向连队，面向基层，为广大官兵服务，文献需求以提高全军科学文化素质、掌握军事先进技术、增强战斗力、活跃军队文化生活的文献为主。

第三节　微观文献资源建设的任务和原则

一、微观文献资源建设的基本任务

（一）确定微观文献资源建设基本任务的依据

确定微观文献资源建设基本任务的依据是具体图书情报机构的任务和服务对象，以及宏观文献资源建设的要求。具体图书情报机构都有着不同的任务和服务对象。因此，其文献资源建设的任务也就不一样。例如，高校系统图书馆的任务是为本校的教学和科研服务，服务对象主要是本校的师生和科研人员，其文献资源建设就应根据本校专业设置和科研方向的要求，去规划、补充、组织、复选与剔除那些本专业及与本专业相关的文献，以满足本校师生和科研人员的需求；科研系统图书馆的任务是为本研究单位的科学研究服务，服务对象是本研究单位的科研人员，其文献资源建设就应根据本研究单位的科研方向，去规划、补充、组织、复选与剔除那些符合本研究方向及与之相关的文献，以满足本研究单位科研人员的需求：地方公共图书馆的主要任务是为本地区的科研、教育、文化及经济建设服务，服务对象主要是本地区的科研人员、教师、干部、工人等，其文献资源建设就应根据本地区用户的需求特点，去规划、补充、组织、复选与剔除那些适应本地区用户需求的具有地方特色的文献，以满足本地区用户的需求。这种任务和服务对象的特殊性，决定了具体图书情报机构文献资源建设任务的特殊要求必须形成独具特色的馆藏文献资源体系，才能满足本单位用户的需求。与此同时，具体图村情报机构还应从大局出发，根据宏观文献资源建设的规划要求，积极承担应该收藏的那一部分文献资源的任务，以利形成文献资源的整体优势，满足本单位以外社会用户的部分需求。

（二）微观文献资源建设的基本任务

从以上分析确定微观文献资源建设任务的依据上可以看出，微观文献资源建设的总任务应是依据具体图书情报机构的任务和服务对象需求的不同，以及宏观文献资源建设规划的要求，去建立具有一定特色的馆藏文献资源体系，以满足本单位用户及社会用户的部分需求。

二、微观文献资源建设的基本原则

文献资源建设工作是一项系统性.程，无论是宏观建设还是微观建设，都由诸多环节组成。就微观建设而言，就有文献资源规划、选择、收集、整序、组织管理和评价等环节。因此，在进行文献资源建设的过程中，一定要遵循一定的原则。

微观文献资源建设原则是其客观规律的反映，是其闩身实践的科学概括和总结。微观文献资源建设原则随着时代的发展而发展，因而微观文献资源建设原则就具有明显的时代性。在当前，这种时代性要体现在符合微观文献资源建设自身发展和为社会主义物质文明建设、精神文明建设服务的要求。

文献资源建设工作应遵循的基本原则主要有：思想性原则、实用性原则、系统性原则、经济性原则、区域性原则、特色化原则。无论是单一机构的文献资源建设，还是多机构联合建设，乃至地区和国家的文献资源建设，必须遵循这些原则。这些原则不仅符合文献资源建设的发展规律，而且符合我国文献收藏机构建设的发展方向。

（一）思想性原则

1.遵循思想性原则的必要性

（1）时代要求遵循思想性原则：现在，我国在进行社会主义物质文明建设的同时，强调加强社会主义精神文明建设。在社会主义精神文明建设的过程中，图书情报机构担负着为社会主义精神文明建设服务的光荣任务。图书情报机构为社会服务的物质基础是馆藏文献资源，而馆藏文献资源是通过图书情报机构自身的文献资源建设获得的。这就要求图书情报机构应适应社会主义精神文明建设的要求，收藏那些有利于树立人们正确的世界观、人生观、价值观和形成良好社会公德的文献，并要充分发挥馆藏文献资源对人们自觉坚持四项基本原则，实行改革开放，把国民经济搞上去的作用，以体现微观文献资源建设为社会主义精神文明建设服务的思想性原则。

（2）客观现实要求遵循思想性原则：近几年，由于受各种因素的影响，个别出版社和个人非法出版、发行了一些不利于人们身心健康的出版物。如果让这些出版物进入图书情报机构，对用户的不良后果是可想而知的。为此，必须以正确的思想为指导，对这些出版物是否应该入藏作出正确的抉择。这本身就是思想性的体现。因此，社会的客观现实也要求微观文献资源建设遵循思想性原则。

2.怎样遵循思想性原则

（1）重视指导性文献的收藏：指导性文献是指对社会主义物质文明建设和精神文明建设及人们的言行有一指导意义的文献。首先，不同类型的图书情报机构要系统或较系统地收藏马列主义、毛泽东思想的经典著作及党和国家重要领导人的著作。其次，要收藏党和政府制定的法律文献。对于社会科学的专业图书情报机构来说，除应系统收藏以上文献外，还要收藏一些与本々业相关的思想性强的文献。如财经々业图书馆，应收藏哲学、政治经济学、中共党史等方面的文献，因为这些文献有利于使人们更好地理解社会主义的基本原理、经济规律和各项经济政策，有利于指导各项经济活动。但在收藏指导性文献时，要防止搞形式主义。对中小型图书情报机构来说，应根据条件和用户需求，收藏指导性文献的品种和复本不宜过多，应重点收藏指导性文献的指导性读物，对大型和专业性图书情报机构来说，收藏指导性文献的品种要多一些，但复本也不宜过多。

（2）积极收藏优秀文献：在众多的社会科学文献中，有大量学术价值、艺术价值高的文献，但也不乏思想内容平淡，无多少学术价值、艺术价值和欣赏价值的次品。即使在自然科学的文献中，也有学术价值低下，甚至是反科学的文献。上品文献和次品文献对人们所起的作用不同。如一部好的文学作品，可以陶冶人们的思想情操，而一部差的文学作品，可以使人颓废。因此，文献采选人员就要通过慎重选择，收藏那些有利于提高人们科学文化知识和思想水平的优秀文献。

（二）实用性原则

1.实用性原则的意义

实用性原则又称针对性原则，是指图书情报机构从用户的实际需求出发，去进行文献资源建设，以最大限度地满足用户对文献的需求。

“重藏轻用”一直是我国传统的微观文献资源建设的指导思想。所以，庞大的馆藏文献资源规模，丰富的珍本善本，一直是各类型图书情报机构追求的神圣目标，并且也成为人们评价一个图书情报机构工作水平高低的唯一标准，而对馆藏文献资源到底满足了用户多少需求则十分淡然。当代图书情报机构固然也有保存人类文献资源的职能，但已不是其主要职能。这是因为图书情报机构保存文献资源的最终目的在于利用，而只有保存有实用性的文献资源，才能被充分利用。从这个意义上说，确立实用性原则，就是要彻底更新“重藏轻用”的传统观念，使馆藏文献资源具有很高的实用性，以最大限度地满足用户对文献的需求。

2.实用性原则的内容

对于现代图书馆来说，文献资源建设工作首先确定的应是实用性原则，图书馆对人类文化知识的保存，是为了让它在读者中得以利用，在利用中实现人类文化知识的价值和图书馆文献资源建设的价值，从而满足读者对文献的需求，最终实现图书馆的社会效益。“藏以致用”现代图书馆区别于古代藏书楼的最大特点。

3.实用性原则的要求

（1）符合专业方向的要求：不同类型的图书情报机构，有着不同的专业方向。或是综合性的，如各级公共图书馆、综合性大学图书馆等；或是专业性的，如专科高等院校图书馆，专业性、科研性图书情报机构。它们都应根据各自的专业方向来收藏与专业相应的文献资源，才能与本单位的专业相符，完成应该承担的任务。

（2）符合用户的需求

不同类型的图书情报机构都有特定的用户，应根据用户的需求，去收藏所需要的文献。根据图书情报机构的具体任务，可把用户分为重点用户和一般用户。如高校图书馆的重点用户是教师和学生，专业性、科研性图书情报机构的重点用户是科研人员和工程技术人员等。由于各种成分用户的知识水平、专业特长、年龄结构等的差别，他们对文献的需求也就有差别。图书情报机构就应首先依据这些重点用户的需求，去收藏他们所需求的文献。同时，也要兼顾一般用户对其他文献的需求。

（3）符合具体任务的需求

图书情报机构往往在某一具体的时间内有着具体的任务，并且这些具体的任务随时可能发生变化。为了保证这些具体任务的完成，图书情报机构就要力求向用户提供最新、最急需的文献，以及时为社会的科研、生产、教学服务。

上述相符合的原理，体现了“藏为所用”的目的，是不同类型图书情报机构必须遵循的原则。

（三）系统性原则

系统性原则是在实用性原则的前提下展开的。系统性原则包括两方面的含义：一是指重点文献收藏的系统性、完整性；二是指所有文献收藏的学科系统性、有机连续性、比例合理性、结构体系科学性。

图书馆文献收藏是由相互联系、相互依赖的诸多元素组成的具有特定功能的有机系统，图书馆通过长年的积累和不断地科学加工整理，形成了一个科学的知识体系，这个知识体系反映的学科知识，也在不断地完善和提高，逐步形成为一个完整的学科系统。因此，图书馆的文献资源建设必须遵循系统性原则，这是建设高质量文献资源体系的重要保证。

（四）特色化与协调原则

特色，是事物独特风格的表现，是一事物区别于其他事物的显著特征。文献收藏的特色，是文献收藏机构根据本身的任务，在多年文献收集的实践中，形成了具有独具特色的文献资源收藏体系。

特色化文献收藏意味着依据图书馆类型、任务、收藏范围、读者对象等特点，对文献收集采取区别对待的态度，使图书馆文献资源从内容到结构更能最大限度地满足读者的实际需求。

特色化文献收藏包括：文献学科专业特色、文献地域特色、文献类型特色、文语种特色、文献载体特色、电子文献和网络文献特色等。

网络环境下文献信息资源的特色化建设更显重要。要抛弃小而全、大而全的传统图书馆文献资源建设模式。网络时代图书馆必须加强特色信息资源的建设，特色化将是图书馆的生存之本。如果某一个图书馆的信息资源被特定网络中其他成员馆的信息资源全部覆盖或最大限度地覆盖，则生存价值就会大打折扣，甚至失去生存价值。

（五）经济性原则

我国政府非常重视文化事业的建设，提出了“科教兴国”的发展战略，逐步加大了对文化事业建设的投资额度。但由于我们国家并不富裕，对图书馆事业的投资相对于全国人口的实际需要来说，是非常有限的。因此，文献资源建设工作必须坚持经济性原则，把有限的经费利用好。

图书馆进行文献资源建设遇到的最大难题就是资金短缺。图书馆普遍都感到经费紧张。图书馆的购书经费来源于政府拨款，虽然我国政府提出了“科教兴国”的发展战略，逐步加大了对科技、教育、文化事业的投资额度，但是受到经济发展水平、人口数量等因素的影响，图书馆的购书经费相对于图书馆事业的发展、读者的需求、图书价格上涨等因素来说，是比较匮乏的。

图书馆要大量收藏信息含量高的文献，在满足绝大部分读者需求的原则下，以较少的经费求得最好的实际效用。同时，随着各种载体，特别是电子图书和网上虚拟文献的迅速发展，给文献的采集带来许多新问题。目前，许多电子出版物文献信息含量大而价格低廉，这无疑给那些计算机硬件设备较完备的图书馆带来了一个用较少的钱采集内容含量更多的电子读物的机会。

（六）区域性原则

区域性原则在许多方面表现为图书馆藏书的地方特色。馆藏文献资源的地方特色是一个图书馆的馆藏文献资源区别于其他图书馆馆藏文献的主要特征。尤其是公共图书馆，应根据本地区的地理、历史、经济和文化特点，对有关本地区的正式和非正式出版的文献资料完整、系统地收藏从而形成特色，包括地方史料、地方名人的著述及他们的传记、地方出版物。地方文献是各图书馆，特别是公共图书馆为本地政治、经济、文化、科学、教育各项事业服务必不可少的物质基础。因此，各公共图书馆应重视并积极做好地方文献资源的收集工作。

（七）合作与协调原则

网络环境下，各图书馆不再是单独的个体，单独的图书馆也没有生存的空间。各图书馆之间是有机联系的整体。没有合作与协调，文献信息资源共享将不可能。计算机技术、网络技术、通信技术的发展，为图书馆加强合作与协调提供了越来越便利的条件。图书馆现在要做的是从根本上转变观念，以合作与协调理念为行动指南，积极参与图书馆网络建设。我们的目标是在地区性图书馆网络的基础上，建立全国性的图书情报网络。如 APTLIN，即中国科学院、清华大学、北京大学图书情报网络，成为我国第一个运行在高速计算机网上的地区性网络。全国性图书馆网络建成后，将更好地实现文献资源的整体化建设。另外，国家要从宏观上统一规划、统一协调，国家图书馆等中心图书馆和各省市图书馆学会要起协调作用，推动国际、国内图书馆之间合作。网络环境下的文献资源建设是一项复杂的系统工程，不仅需要耗费巨资，还要有较强的技术力量。因此光图书馆之间的合作是不够的，还需要与计算机公司、信息公司、政府部门等机构的合作，实现资源的重组和整合。

（八）共建与共享原则

网络中的图书馆也可以应该共建信息资源和共享信息服务，网络图书馆的实质就是文献信息资源的共建和共享。各图书馆在合作与协调的基础上，达成文献信息资源的共建与共享协议。只有这样，才能发挥文献信息系统的放大效益，提高文献资源的保障率。CALIS（中国高等教育文献保障体系）为我们提供了很好的范例：共知、共建、共享。中国国家试验型数字图书馆计划也是多馆合作共建共享。该计划由北京图书馆、上海图书馆等参与，完成后将在网上建立多馆合作的数字图书馆网页。各地区文献资源共建共享工作也在开展。上海图书馆召开了 2000 年上海市文献资源共建共享工作会议，同时“上海市文献资源共建共享协作网”主页开通。各馆要本着合作精神，明确各自的权利和义务，分担建库的人力、物力、财力，共享所得的利益，建立文献信息共建与共享机制。

第四节　宏观文献资源建设的基本任务和布局

一、宏观文献资源建设的基本任务

（一）确定宏观文献资源建设基本任务的依据确定宏观文献资源建设的基本任务依据是社会对文献资源的需求和图书情报事业发展的要求。

1.社会对文献资源的需求

随着科学技术的发展，知识迅速增值，文献数量剧增，社会已进入信息时代，随之，人们对文献资源就提出了更高的要求。过去，科技人员只要有本学科的书刊就可进行研究工作，而现在他们除必须阅读大量本学科的文献以外，还要阅读相关学科甚至非相关学科的文献，不但需要阅读印刷型文献，而且必要时还要去阅读非印刷型文献。社会用户这一阅读行为的深刻变化，向图书情报机构的文献资源提出了更广泛的要求，而有限的馆藏文献资源就与用户对文献的多方面的需求发生了矛盾。并且，由于书刊价格的大幅度上涨和图书情报机构普遍的购书经费短缺，致使文献资源入藏量减少，就更加剧了这种供需矛盾。这种矛盾的解决单靠具体图书情报机构的文献资源建设是远远不够的，这是因为任何一个具体图书情报机构都无法将所有文献资源收藏齐全。这就要求在统一的规划下，通过图书情报机构之间的相互协作，形成文献资源的保障体系，实现文献资源共享，才能满足社会对文献资源的需求。这种社会对文献资源的需求，就成为确定宏观文献资源建设任务的重要依据。

2.图书情报事业发展的要求

现在图书情报事业正在向着整体化的方向发展，而图书情报事业整体化就包含着宏观文献资源建设的内容。例如，图书情报事业中的网络化就要求网络中的图书情报机构应拥有相互的文献资源，这是网络所属的主要资源，并要实现文献自由，图书情报事业中的图书情报机构之间资源共享。的协作内容就包括完成文献资源合作采购与交换，进行馆际互借，编制馆藏文献资源联合目录，开展文献资源复制等项宏观文献资源建设的具体任务。图书情报事业发展对宏观文献资源建设的要求，决定了在确定宏观文献资源建设任务时，必须依图书情报事业发展对宏观文献资源建设的要求为重要依据，这样才能做到宏观文献资源建设与图书情报事业同步发展。虽然我国现在还没有制定图书情报事业的整体发展规划，但现实却说明了我国图书情报事业正在向着整体化的方向发展，如成立了部际图书情报工作协调委员会，某些地区和系统的图书情报机构进行了协调发展等。这些都要求我们去适应这种形势，并依此作为确定宏观文献资源建设任务的重要依据。

（二）宏观文献资源建设的基本任务

1.寻求形成文献资源保障体系的途径

为了满足社会对文献资源的需求，就必须通过一定的途径，去逐步形成满足社会用户需求的文献资源保障体系。文献资源整体布局是逐步形成文献资源保障体系的最好途径。因此，通过文献资源整体布局，去逐步形成文献资源保障体系就成为宏观文献资源建设的基本任务之一。

2.提出充分利用文献资源的措施

通过文献资源整体布局逐步形成了文献资源保障体系后，文献资源保障体系中的文献资源若得不到充分利用，文献资源保障体系也就失去了存在的意义。为此，采取相应的措施，去充分利用文献资源就显得十分重要。实现文献资源共享是充分利用文献资源的最好措施。这是因为实现文献资源共享不但与文献资源整体布局相适应，而且也符合图书情报事业整体化发展的要求，也就成为宏观文献资源建设的基本任务之一。宏观文献资源建设的两项基本任务，反映了文献资源收藏与利用不可分割的密切关系，对二者都应充分重视。

二、宏观文献资源建设布局

宏观文献信息资源布局有两方面的含义，一是指文献资源按学科或文献类型在地域空间分布的状况或格局；二是指研究和建设合理、方便而又经济的分布格局的设计与实际工作。80年代，中国图书馆和情报界对此进行了大量的研究与实践，提出了多种布局方案，但尚无一致的见解。为达到文献资源建设目标，需要确定一种适当的布局模式，以求实用、经济地满足需求。布局模式的确立取决于国家或地区规模、需求状况、交通和通信条件、经济条件、文献情报事业的水平及历史沿革等。国际图书馆协会和机构联合会的“世界出版物收集与利用”（UAP）计划办公室于1982年发表了J.科林斯和R.芬纳两人的研究报告，该报告将已有的文献信息资源布局模式归纳为以下5种类型。

（一）模式A

模式A就是集中型，以一个或几个大型文献信息机构为主，作为重点集中型单位，形成第一保障体系，以满足国家或国家集团对重要文献信息需求的85%，专业研究型文献机构则起辅助作用。英国的文献布局模式大致属于这种类型，以不列颠图书馆文献供应中心为核心，可满足需求的90%以上。无力满足的需求再转给专业图书馆承担，国内不能满足的则利用国外文献资源。

（二）模式B

模式B就是分散型，以各地区为基础体系，形成若干个地区中心，以中心单位为最后保障。这个模式比较适合联邦制国家、国内不同地区使用不同语言的国家以及地域广、交通和通信条件差的国家。特征是将大型的图书馆和文献机构都包括在体系之内，基层单位不能满足的需求，先就近求之于这些大馆。以地区内满足需求为重点，如不足再转至其他地区，最后转至作为最后保障的中心单位。中心单位通过法定的出版物呈缴制度获得全套国内出版物，可供查阅、复制，同时致力于采集边缘文献信息资料（非核心文献）、需求不高的期刊、灰色文献（无法从正常购买途径得到的文献）、非书资料等，目的是收全本系统中其他地方不能提供的学科文献，国外文献信息资料往往占很大比重。中心单位的经费要得到国家的充分保障。

（三）模式C

中型的国家专业图书馆，是由几个专业图书馆为中心组成的系列，以满足国家大多数的研究需求。例如，由国家图书馆负责采集论及本国的全部文献，并专门收集艺术和人文科学方面的资料；另有几所专业图书馆分别收集社会科学、自然科学、技术科学或某种类型的文献资料。按这种模式，发展中国家的大学图书馆常承担主要任务。在采用这种模式的国家，出版物呈缴制度中要规定至少呈送两册（件），分别给国家图书馆和相应的专业图书馆，专业的分工协调由国家图书馆主持进行。专业图书馆的经费大部分由国家拨给，也有小部分来源于用户付给的咨询费等。

（四）模式D

多馆分工负责制。在已有较多中等规模的图书馆、有馆际互借、资源共享传统的国家，可以不建新的中心，而实行多馆分工负责制的模式。其做法是：选择现有基础较好的若干图书馆，分别确定其收集文献的学科范围或文献类型，赋予这些图书馆为全国服务的义务与责任，创造条件加强和利用这些图书馆。按该模式要求有25—50所图书馆参加，每一馆致力于某一学科或类型文献的收集，以扩大全国的收藏，特别要把可能遗漏的资料收集起来。实行这一模式，要有较好的图书馆馆藏及共享基础，要有一个强有力的管理或协调机构，承担组织协调、任务分配、监督评估和经费分配的任务，一般应是有高度的权威和必要的经费保证的实体。

（五）模式E

集中的期刊采集。对于经费有限、文献需求也比较低的国家，可以设立一个中心单位专门收集使用率高的研究性期刊，以便能用较低的费用较多地满足全国的需求。当然还可有一个图书馆通过呈缴制度收集全国出版物以提供保障。

以上模式对于尚未开展文献资源建设的国家具有一定参考意义。各国在具体实践中常常只采用其中的某种模式：或以某种模式为主，辅以其他模式；或是对某种模式的改造；或几种模式的结合。

第十四章　图书馆阅读推广概述

第一节　阅读推广的概念

一、什么是阅读推广

“阅读推广”一词来源于英文的“Reading Promotion”“Promotion”除可翻译为“推广”外，还有“促进、提升”的意思，所以也有人将“Reading Promotion”翻译为“阅读促进”“Reading Promotion”一词常见于联合国教科文组织、美国国会图书馆、美国国家艺术基金会的“大阅读”项目，国际图书馆协会联合会等倡导全民阅读的组织、机构的网站和工作

报告。但是在英语世界，无论是机构网站、工作报告、期刊论文，还是维基百科，都没有赋予“Reading Promotion”一个学术性的定义，人们普遍认为“Reading Promotion”是一个意思清楚的词汇，无需作专门的定义。

国际上发出全民阅读的倡议之后，我国迅速响应，顺理成章地借用了“Reading Promotion”这个概念，通常将其翻译为“阅读推广”，自1997年以来，“阅读推广”逐渐成为国内图书馆界、出版界的一个常用词、高频词。按照字面理解，“阅读推广”无非就是为推动全民阅读的实现而开展的所有引导阅读、激励阅读的活动的统称。迄今为止，图书馆界整合各家见解，最郑重、最周全地给“阅读推广”下定义的是张怀涛先生，他在收集、分析10余位学者的观点的基础上，给“阅读推广”下的定义是：“阅读推广，顾名思义就是推广阅读；简言之就是社会组织或个人为促进人们阅读而开展的相关活动，也就是将有益于个人和社会的阅读活动推而广之；详言之就是社会组织或个人，为促进阅读这一人类独有的活动，采用相应的途径和方式，扩展阅读的作用范围，增强阅读的影响力度，使人们更有意愿、更有条件参与阅读的文化活动和事业。”

阅读推广，即推广阅读，就是图书馆及社会相关方面为培养读者阅读习惯，激发读者阅读兴趣，提升读者阅读水平，进而促进全民阅读所从事的一切工作的总称。王波认为“阅读推广”的定义如果作如下表述，则更为大气和简洁：阅读推广，就是为了推动人人阅读，以提高人类文化素质、提升各民族软实力、加快各国富强和民族振兴的进程为战略目标，而由各国的机构和个人开展的旨在培养民众的阅读兴趣、阅读习惯，提高民众的阅读质量、阅读能力、阅读效果的活动。王波认为上述定义是一个国际化的定义，因为它提到了“各民族”“各国”，如果将这里的“各民族”“各国”替换成“中华民族”“中国”，那么就变成了“中国阅读推广”的定义。而且，这里用了“人人阅读”而不用“全民阅读”，因为“全民”指的是“全体人民”，是一个政治概念，并不能覆盖所有人。相比起来，“人人阅读”更符合“ReadingforAll”的本意。其次，这个定义强调了阅读推广的目的，交代了其国际背景是响应“人人阅读”的倡导，

国内背景是各国希望借此提升国家和民族的竞争力。最后，这个定义中的5个关于阅读的概念不是随意罗列的，它们之间具有先后逻辑关系。

培养阅读兴趣解决的是阅读的动力问题，是其他阅读活动的前提，一个人只有阅读兴趣培养起来了，才终身具有阅读饥饿感，对阅读充满激情。培养阅读习惯解决的是阅读的惯性、持久性问题，一个人只有养成阅读习惯，才会把阅读作为一种生活方式，将其像空气和水一样对待，须臾不可分离。这种生活方式和工作方式相结合，正如李克强总理所说，将会变成一种强大的创新力量和道德力量。提高阅读质量解决的是阅读的内容和品位问题。人生有涯，而知识无涯，以有涯人生面对无涯知识，只能择善而读，所以好书需要挑选，读书需要引导。一切关于好书的出版、推荐、导读工作，目的都是为了提高人们的阅读质量。提高阅读能力解决的是阅读的方法和技巧问题，也就是解决阅读的效率问题。不管是一目十行读书法、对角线读书法，还是蚕吃桑叶读书法、不求甚解读书法，等，都各有优点，要把各种各样的加快阅读效率的方法教给读者。提高阅读效果解决的是阅读的理解水平问题，即阅读的消化、吸收问题。阅读的最终目的是吸收读物的内容，实现阅读目标。阅读推广服务于所有的正当的阅读目的，不管是功利阅读还是休闲阅读，都不应该是阅读推广歧视或嘲讽的对象，阅读推广活动应该帮助各种怀揣正当阅读目标的读者实现其理想。阅读兴趣、阅读习惯、阅读质量、阅读能力、阅读效果这5个概念在阅读推广活动中具有最大的通约性，规约了阅读推广的内涵和外延，一切阅读推广活动都是围绕着这5个范畴来开展的。

二、什么是图书馆阅读推广

在阅读推广大潮中，图书馆因为是体系成熟、布点广泛、资源富集、专业化程度高的文化基础设施，所以自然而然地成为阅读推广的一支核心力量。但是，因为图书馆的阅读推广和新闻、出版、广播、电视行业的阅读推广有所不同，所以图书馆界常用的一个词是“图书馆阅读推广”。

那么，什么是“图书馆阅读推广”呢？与人们对“阅读推广”这个词的感觉一样，一般图书馆员多认为这个词的含义简单明晰，无需作专门解释，故而在期刊论文和专业词典中，都找不到该词的学术定义。不过，以范并思教授为代表的少数专家认为，忽视对“阅读推广”“图书馆阅读推广”这类常用词汇的专业含义的思考和探求，正是图书馆员们缺乏理论自觉的表现。概念是理论的根基，如果不追问基本概念的准确内涵和外延，何以建立能够概括实践和引导实践的阅读推广理论？没有成熟的阅读推广理论，阅读推广活动就容易长期停留在盲目、杂乱的阶段，难以走上有序、长效、可持续发展的科学轨道。但是，因为“图书馆阅读推广”与图书馆的诸多活动，如图书馆宣传、图书馆营销、图书馆书目推荐、图书馆展览等活动盘根错节，要想剔枝摘叶、勘边划界，对“图书馆阅读推广”下一个毫无争议的定义，也是一个难度很大的挑战。所以像范并思教授，即便意识到了为“图书馆阅读推广”下定义的重要性，发表了相关论文，表现出了指出这个问题的勇气，但是迟迟没有为“图书馆阅读推广”下定义。

然而，基于理论构建的责任感、使命感，也有专家尝试探讨“图书馆阅读推广”的定义。比如，于良芝教授等认为：“根据图书馆界从事阅读推广的经验，它主要指以培养一般阅读习惯或特定阅读兴趣为目标而开展的图书宣传推介或读者活动。”“培养阅读习惯或兴趣”这一目标决定阅读推广试图影响的通常是休闲阅读行为，即与工作或学习任务无关的阅读行为。这是因为，与工作或学习任务相关的阅读，其目标是解决工作或学习中的问题，它既然主要受任务驱动，便不易受阅读推广的影响。”正如一句老话：创始者难为功。上述定义虽有启发作用，却没有赢得广泛认同，尤其是定义之后的进一步解释，认为“阅读推广试图影响的通常是休闲阅读行为，即与工作或学习任务无关的阅读行为”，这个观点很难得到高校图书馆和大中型公共图书馆的服膺。因为对于高校图书馆而言，其是为高校的人才培养、科学研究、社会服务和文化传承与创新服务，满足师生的教学、科研和文化的传承与创新是其主业，满足师生的休闲消遣只是其副业，如果“图书馆阅读推广”真的局限于上述定义界定的范围，那就显然不符合高校图书馆的办馆目标，背离了其建设宗旨。同样，大中型公共图书馆也有服务于地方教学科研和大众创业、万众创新等使命，阅读推广仅影响读者的休闲阅读行为也是远远不够的。

而且，就高校图书馆已经举办过的阅读推广案例而言，上述定义也不足以概括。比如，北京大学图书馆在 2014 年 11 月 13 日至 12 月 31 日举办《化蛹成蝶—馆藏北大优博论文成书展》，将 1999—2013 年作为教育部《面向 21 世纪教育振兴行动计划》重要组成部分而评选的每年全国 100 篇优秀博士论文（简称“优博论文”）中来自北京大学的 98 篇挑选出来，然后一一按照篇名和作者对照馆藏，发现有 18 篇人文社会科学领域的优秀博士论文已经化蛹成蝶，变成了名牌出版社出版的优秀学术著作，继而将这 18 本著作的封面和原论文封面对照展示，附以作者信息、内容简介，以及从书的序言和豆瓣上摘录的同行专家和读者的精彩点评，向同学们推荐。这次阅读推广起到了 3 个方面的很好的作用：一是不但帮助北京大学社会科学部弄清楚了本校获得全国优秀博士论文的总体数量和学科分布，而且弄清楚了哪些优秀博士论文已经正式出版及其学科分布，因而此次展览得到了社会科学部的支持，是图书馆与社会科学部联名推出的。二是时间选定在下半年，正是硕士和博士研究生开题的阶段，优秀博士论文成书展为研究生们的选题和论证给予了很大启发。三是优秀博士论文之所以优秀，之所以能够很快正式出版，在于其做到了选题得当、论证严谨、结论重要、格式完备、恪守规范等，比同届的绝大多数博士论文更胜一筹，也是此后的研究生撰写学位论文应该借鉴和参考的范例。推荐优秀博士论文，等于为研究生们撰写学位论文树立了榜样和商标。这次展览的内容，因为离本科生的学习生活比较远，加上优秀博士论文通常研究的是填补空白的冷僻领域，格调显得阳春白雪，所以并没有引起大量本科生的热情关注，和以往主推新书、以休闲内容为主的阅读推广活动的效果反差较大。但是北京大学图书馆认为，作为高校图书馆，必须兼顾各类学生的需求，兼顾各项职能的落实，必须将畅销新书、休闲类书籍的阅读推广和严肃的学术类书籍、教学类书籍的阅读推广相融进行或交替进行，阅读推广不能只看读者参与人数和社会反响程度，还要看是否与高校图书馆的任务和宗旨相符合。

故而，在馆藏北大优博论文成书展之外，北京大学图书馆还打出“组合拳”，多方位开展面向教学、科研的阅读推广活动，比如请辛德勇教授做读书讲座，带领学生们探讨雕版印刷的起源；推出纪念新文化运动 100 周年图片和文献实物展览；与北京大学新青年网络文化工作室和北京大学出版社合作，开展以“新青年•享阅读”为主题的学术著作领读活动，每月一期，从各个院系遴选和邀请名师领读，已有社会学系的邱泽奇教授领读《信息简史》、历史系的张帆教授领读《资治通鉴》、经济学院的平新乔教授领读《思考，快与慢》、政府管理学院的燕继荣教授领读《社会资本与国家治理》等。

综上所述，可见图书馆阅读推广不限于影响读者的休闲阅读，于良芝教授给出的阅读推广定义的确失之偏颇。那么，究竟怎么给“图书馆阅读推广”下定义呢？在于良芝教授等人

的《图书馆阅读推广循证图书馆学的典型领域》一文中，有一句话更值得重视，那就是：

“凡是能够将读者的注意力从海量馆藏引导到小范围的有吸引力的图书的推广方式，都有可能提高图书的流通量。”这句话是于教授介绍的美国图书馆专家在研究阅读推广案例后所得出的重要结论之一。据此结论，可以反向推导出“图书馆阅读推广”的定义，即：图书馆阅读推广，是指图书馆通过精心创意、策划，将读者的注意力从海量馆藏引导到小范围的有吸引力的馆藏，以提高馆藏的流通量和利用率的活动。

首先，这个定义规定了图书馆阅读推广的关键要素是“创意”“策划”。这是近些年所有参与图书馆阅读推广活动的同行的同感，大家普遍认识到，阅读推广和以前的图书馆新书推荐等活动的最大区别，就是其活动的创意性：不管是成立跨部门团队还是成立新部门，大家都感觉这个团队、这个部门很像公司里的广告设计和创意部门，所开展的阅读推广活动，只要创意到位了，就意味着成功了一大半，创意是阅读推广的前提。正因为如此，图书馆的行业组织特别重视阅读推广的创新，教育部高等学校图书情报工作指导委员会已经组织了两届全国高校图书馆的阅读推广创意大赛；2015年在苏州举办的出版界、图书馆界全民阅读年会也将阅读推广案例大赛作为重头戏。

其次，这个定义说明图书馆阅读推广的本质是“聚焦”，就是将读者的注意力从海量馆藏引导到小范围的有吸引力的馆藏，凡是锁定一小部分有吸引力的馆藏进行宣传推荐的，都属于图书馆阅读推广。至于推荐哪部分有吸引力的馆藏，以高校图书馆为例，可以配合学校的教学科研和学科建设来选择，也可以通过读者调查来选择，还可以根据馆员的猜想和推理来选择，不管是新书推荐、好书推荐、优秀博士论文成书推荐，都是吸引读者关注馆藏中有吸引力的一小部分。至于哪些馆藏算有“吸引力”，很大程度上依赖于图书馆员挑选馆藏的独特角度和文案的巧妙宣传。国外曾有图书馆只是把封面颜色一样的书挑出来，比如把红色、黄色、绿色封面的书按颜色集中在一面书架上，放在显眼位置推荐给读者，引起读者兴趣。深圳职业技术学院图书馆把从来没有被借阅过的书挑选出来，以“谁都没有借过的书”为主题搞展览，激发起读者的挑战欲望，提高了这批书的借阅率。清华大学图书馆每月根据重大历史纪念日和重要时事，挑选相关馆藏，在显著位置推出“专题书架”，大大方便了读者了解历史和现实，受到师生称赞。这些活动皆是以“舍大取小”的原理推介部分馆藏，所以都在阅读推广的范畴。

最后，图书馆阅读推广与其他行业的阅读推广的最大区别，是其阅读推广的直接目的是提高馆藏的流通量和利用率，这个直接目的达到后，才能间接发挥培养读者的阅读兴趣、阅读习惯以及提高读者的阅读质量、阅读能力、阅读效果的作用。报刊、电视、网络可以推广全国任何一家出版社出版的任何一本书，但是图书馆不能如此，

它必须推荐自己的馆藏。如果它推荐一批年度新书的话，在推荐之前首先要检查本馆的目录，把没有采购的新书尽快补齐，或者边推广边补充，否则本馆推荐的书自己都没有收藏，读者如何利用？对图书馆而言，岂不是自我矛盾、欺骗读者。掌握了以上三点，就很容易判断图书馆阅读推广的边界，很容易将图书馆阅读推广与图书馆的其他活动区别开来。比如，新书推荐是引导读者聚焦小范围有吸引力的馆藏的活动，如果其形式新颖，就算图书馆阅读推广；图书馆阅读推广都属于图书馆宣传，但是如果图书馆的一项活动只是整体上宣传图书馆的历史、建筑、馆藏，不聚焦于某部分馆藏，那么就只能算是图书馆宣传，而不能算是图书馆阅读推广；图书馆开展的展览活动，如果展览的目的是吸引读者利用展览涉及的馆藏，那么这项展览就算是图书馆阅读推广，倘若展览涉及的文献在本馆大多数都没有收藏，或者展览的内容与本馆馆藏无关，那么这项展览就不能称之为图书馆阅读推广；图书馆开展的信息素质教育，因为其目的是引导读者面向全部馆藏检索到自己需要的最精确的文献，指向的是唯一的馆藏或知识单元，而不是小范围的馆藏，指向的不一定是有吸引力的馆藏而是最有用的馆藏，教育的目的是提高检索能力而不是阅读能力，所以也不能称之为阅读推广。总之，图书馆阅读推广主要靠富有创意的形式提高读者的阅读兴趣，靠优良的空间和氛围帮助读者养成阅读习惯，靠科学的馆藏发展政策保障读者的阅读质量，靠以海量馆藏带来的压迫感和信息素养教育帮助读者提高阅读能力，靠组织有序、体系完备的馆藏提升读者的阅读效果。

第二节　阅读推广的基础理论特征

一、阅读推广的属性定位：阅读推广是图书馆服务的一种形式

（一）阅读推广是图书馆服务

研究图书馆阅读推广，首先需要将其当作一种图书馆服务。图书馆阅读推广，无论是编制导读书目还是组织读书活动，无论组织暑期阅读还是开展亲子活动，其目的与外借阅览一样，都是图书馆对于读者的阅读或学习的服务。图书馆阅读推广虽然势必对读者的阅读行为进行干预，但干预的目的是帮助读者喜欢阅读、学会阅读，而不是对读者进行价值观、品行方面的教育。

我国图书馆界有一个深入人心的认识，就是图书馆承担社会教育的职能。这一认识影响到图书馆的阅读推广服务。许多人认为阅读推广更应该体现图书馆的教育职能，要对读者进行各种教育，既包括读者利用图书馆的能力或信息素养方面的教育，也包括对读者的阅读内容教育（如读好书、读时事政治教育书籍）、阅读形式教育（如拥抱书香，远离屏幕），甚至包括对于阅读过程中个人习惯的教育（如纠正儿童阅读姿势，禁止或纠正衣着不整者进馆）。中国图书馆界持有这种教育理念有其历史的原因。杜威图书馆学信奉图书馆的教育功能，认为教化读者是图书馆人的使命。但是，这一近乎神圣的图书馆使命在 20 世纪 30 年代以后逐渐受到质疑。人们发现没有任何证据表明图书馆员有高于其他人的道德水平，同时公共资金资助的社会服务需要保持服务的公平性，不得将具有党派教义的“教育”掺杂其中。在美国图书馆协会《图书馆权利宣

言》问世后，尊重公民使用图书馆权利的观念逐步确立，教化公民的观念逐步被放弃。西方图书馆学进入中国之时，正是杜威图书馆学时代，教化的观点影响了一代人。当西方图书馆学教化观念开始变革后，中国图书馆学却中断了对西方图书馆学的了解。直到本世纪初中国图书馆人开始研究“图书馆权利”，人们才更多地了解服务读者是比教育读者更重要、更根本的图书馆职能。当然受到社会环境的影响，这种认识还远未成为我国图书馆人的共识。

比较国际图联《公共图书馆宣言》的变化可以看到国际图书馆界对于公共图书馆教育职能认识的变化。1949 年版的《公共图书馆宣言》相信公共图书馆可以直接参与对公民的教育，宣言中设有“公共图书馆是民主的教育机构”“人民的大学”这样的小标题，可见它对于教育的重视。1994 年《公共图书馆宣言》修订版中仍然强调公共图书馆是开展教育的有力工具，但基本精神已经不再将公共图书馆当成从事教育的“机构”或“大学”，而是提供平等服务的“通向知识之门”。

对图书馆服务与教育功能认识的滞后，在一定程度上影响到阅读推广理论的发展。由于阅读推广在很多方面具有与教育类似的特点，人们很容易将阅读推广当作教育读者而不是服务读者的图书馆活动。具体误读表现为两个方面：一个是将阅读指导当成阅读推广，例如中图学会阅读推广委员会的前称为“科普与阅读指导委员会”。阅读指导也可译为阅读教育，一般是学校语文教学的辅助，图书馆员在辅助学校教育中常常需要进行阅读指导，是人们将其误读为阅读推广的重要原因。另一个是将阅读经验分享当作阅读推广。不少图书馆做阅读推广就想到请名人，特别是文化名人讲座，分享他们的阅读经验。名人的号召力对于推动阅读的确有实效，但名人讲座服务的人群并非图书馆阅读推广的重点目标人群，许多图书馆将大量资源投放于此而忽略其他阅读推广服务，是不了解阅读推广是一种服务的表现。

（二）阅读推广是活动化的服务

图书馆阅读推广作为一种服务，与传统图书馆服务的形态具有较大差异。这种差异可归纳为服务活动化和服务碎片化。活动化、碎片化的服务给图书馆管理与服务提出新的课题。服务活动化是现代图书馆服务的新特征，也是一个重要趋势。以活动形式出现的图书馆服务不仅有讲座和展览等在专门场所和特定时间开展的活动，还更多地表现为在儿童阅读推广和其他特殊人群的阅读推广中，以活动化的服务取代传统外借阅览服务，即在原有借阅场所、借阅时间中开展服务活动。在很长一段时间里，图书馆是一个幽静的场所。图书馆提供的服务。首先是外借阅览。外借阅读服务中，图书馆需要创造一个宁静的、不受他人打扰的阅读环境。现代图书馆还包括参考咨询类服务，这类服务往往比外借阅读服务有更多的对话，但由于对话规模不大，基本能够保持图书馆的宁静。但阅读推广服务则颠覆了原有图书馆服务的环境。读书会、故事会、抢答式竞赛、各种行为艺术在服务时间、服务场所出现，说话声、欢笑声甚至歌舞音乐声破坏了图书馆原有的宁静。美国新泽西州立图书馆介绍的公共图书馆十大创意活动，包括了扮演童话角色早餐、烹饪、探宝、模拟面试、街舞等。更具有颠覆性的事例是近年美国奈特基金会将音乐、演唱和歌舞带进图书馆，直接在阅览室进行歌舞表演，从资料看，图书馆和读者都乐于接受，活动也吸引路人进入图书馆。服务活动化在我国引起部分读者抱怨，他们习惯了图书馆高雅、舒适、宁静的阅读环境，难以适应服务活动化带来的变化，许多图书馆人也对阅读推广活动是否属于图书馆服务心生疑虑。如何改变这些观念，使图书馆管理与服务能够适应服务活动化，是图书馆学理论面临的新挑战之一。无论服务活动化面临多少质疑，它逐渐成为公共图书馆主流服务的趋势不变。不但 IFLA 公共图书馆服务的各种宣言、指南中频频出现“活动”字样，阅读推广活动成为公共图书馆服务的新的指标也是这种趋势的标志之一。吴建中是国内学者中较早关注阅读推广活动作为图书馆服务新指标的学者。他在 2012 年中国图书馆年会主旨报告中介绍了国际图联大都市图书馆委员会一份调研报告，该报告提出影响图书馆未来发展的四个新指标中，第一个就是“推广活动”。图书馆服务活动化的趋势也影响到我国的图书馆评估，2013 年文化部组织的第五次公共图书馆评估定级指标中增加了“阅读推广活动”的指标。图书馆服务活动化直接导致服务的碎片化。传统图书馆服务是整体感很强的服务，图书阅览室的书籍按知识体系组织，图书馆的整体布局和书籍位置许多年不变。在这种具有整体感的环境中，读者在本馆或其他馆形成的经验可以方便地帮助他们阅读，图书馆员只要进行少许知识更新就可以长期胜任图书馆服务工作。图书馆的馆长或部门主管可以通过主导图书馆的布局和设计，基本实现对服务的管理。但是阅读推广服务不一样。例如，在同一个儿童阅览室中，尽管阅览室布局没有大的变化，但它在学期中和暑期的活动不一样，每周周一到周末的活动不一样，每天上午和下午的活动可能不一样，甚至有些图书馆阅览室在半天内可以安排两场活动。这种服务活动化必然导致服务的碎片化，并给图书馆的管理带来新的问题，从以往图书馆馆长可以主导的服务，变成需要各个岗位上的图书馆员不断设计，构思主题，策划活动，解决服务资源的服务。一般而言，图书馆员无力独自承担如此多变的服务，只能将服务主体扩大到全社会，通过志愿者服务解决碎片化服务所需人力资源问题，而图书馆员的角色也由服务的直接提供者转型为服务的组织者。

（三）阅读推广需要介入式服务

图书馆服务受人赞美，并被人提到维护社会民主制度的高度，不仅是因为图书馆能够为用户提供大量的知识与信息，还因为它在提供知识与信息时保持服务价值的中立性。最能体现图书馆服务价值中立性的是文献借阅服务。图书馆将百科全书式的知识按门类有序组织，将目录与文献全部对读者开放。读者根据自己的需要委托取用或自行取用，图书馆员仅仅承担传递文献或咨询服务，不介入读者挑选文献的过程，不指导读者阅读，将知识与信息的选择权完全交给读者，甚至保守读者秘密，不让他人知道读者阅读的内容。在图书馆参考咨询服务中，图书馆员对问题的解答中可能加入自己对于知识与信息的理解，但问题的来源属于读者，大部分问题的答案也是取自现有文献。

尽管图书馆服务价值中立的原则不可避免地受到意识形态或政治、文化因素的挑战，但国际图书馆界对此原则是有共识的。2012 年国际图联公布的《图书馆员及其他信息工作者的伦理准则》中有“中立、个人操守和专业技能”条款，该条款称：“在馆藏发展、信息获取和服务等方面，图书馆员和其他信息工作者应当严守中立和无偏见的立场。中立才能建设最为平衡的馆藏，并为公众提供最为平衡的信息获取渠道。”“图书馆员和其他信息工作者应区分其个人信仰和专业职责。他们不应因为私人利益和个人信仰而损害其职业的中立性。从服务形态看，图书馆阅读推广对于读者阅读的介入程度远大于其他图书馆服务。在阅读推广时，图书馆员深度地介入读者的阅读过程。图书馆员不但直接介入从文献选择到内容解读的整个阅读过程，而且还通过各种措施鼓励读者阅读他们指定或推荐的读物。例如，在某些奖品丰厚的知识竞赛中，图书馆员明确告诉读者竞赛题的答案出自某几本读物，相当于明确指定了读者的阅读内容。介入式的阅读推广服务并不一定违背中立性原则。某些图书馆依据读者的阅读记录制作新书推荐书目，就是一种比较遵循中立性的阅读推广。但在更为一般的情况下，图书馆员需要依据自己的主观判断选择文献进行推广。因此，阅读推广服务的中立性受到人们的质疑。

在图书馆阅读推广服务中，表面上看图书馆员的立场是矛盾的。一方面，他们应该恪守服务价值中立原则，不介入读者阅读过程；另一方面，不能确保中立性的介入式阅读推广服务又在图书馆得到充分发展。解释这一矛盾依然要回到特殊人群服务问题。图书馆阅读推广的重要对象是特殊人群。由于特殊人群无法正常利用图书馆，如果图书馆员缺少深度介入的主动精神，这一人群不可能像普通读者一样接受图书馆服务，甚至可能完全被排斥在图书馆服务对象之外。因此，在“平等服务”和“价值中立”理论引导下的非介入式服务在20世纪90年代后期受到许多理论家的批评。英国图书馆和信息委员会的一份研究报告甚至认为，早期的公共图书馆运动的核心逻辑仍然建立在继续推动普遍均等的公共服务，反映的是中产阶级白人的价值观。所以该报告主张，“公共图书馆应该成为一个更加主动的，具有干涉精神的公共机构，肩负着平等、教育和社会正义的核心使命。唯有如此，才有可能让边缘化的被排斥的群体回归到社会主流之中，也只有这个时候，公共图书馆才实现了真正的开放和平等”。表面上看介入式的阅读推广服务可能违背图书馆的职业准则，实际上它正是对普遍均等服务的补充。是公共图书馆“成为一个更加主动的，具有干涉精神的公共机构”所必须迈出的一步。当然，阅读推广的介入式服务也应该尽可能遵从价值中立，这是阅读推广理论和实践中需要进一步探讨的问题。

二、阅读推广的目标人群

（一）阅读推广的目标人群分类

图书馆，特别是公共图书馆的服务，是面向所有人的服务。面向所有人的图书馆服务不排斥任何人的参与，但并非图书馆的每一种服务都适用于所有人。也就是说，在具体的图书馆服务设计时，图书馆管理者需要考虑特定人群的需求。图书馆阅读推广作为一种图书馆服务，也有其特定的目标人群，在研究图书馆阅读推广时，需要对阅读推广的目标人群进行研究。图书馆阅读推广服务类型很多，涉及的服务边界很广，除了少部分读者具有很强专业知识，到图书馆主要是为获取专业文献，大多数读者都能够成为阅读推广服务的目标人群。但是，通过对阅读推广目标人群进行观察，发现普通人群和特殊人群对于图书馆阅读推广的需要是不一样的。

1.普通人群

与传统图书馆服务相关的阅读推广，如新书推荐、读书竞赛，是一种面向普通人群的阅读推广。此处所说的普通人群是具有一定阅读意愿并且具有较好阅读能力的读者，他们知晓和认同图书馆的社会价值，可以正常利用图书馆的各种资源与服务，即使没有图书馆员的特殊帮助，他们也能够通过图书馆的外借阅览服务，获得图书馆阅读资源。尽管如此，普通读者仍可能因为知识、视野、素养等方面的限制，难以更好地利用图书馆。面向这一读者群体的阅读推广，服务目标是帮助他们更加高效地利用图书馆，改善他们的阅读品质，并改善他们对于图书馆服务的评价。例如，漫无目的找书的读者可能通过图书馆新书推荐目录找到自己喜爱的新书。对于这类读者，图书馆员应该尊重他们阅读时对宁静与隐私的需求，更多地设计服务型、非干扰型的阅读推广项目。例如，近年华东师范大学图书馆和厦门大学图书馆利用已有的借阅数据，制作出毕业生回顾在图书馆借阅历程的产品，可进一步激发他们的阅读兴趣。而个人信息的网络发布则完全由读者自主选择。这种推广项目就没有对读者造成任何干扰。

2.特殊人群

图书馆的读者中存在许多由于各种原因不能正常利用图书馆资源和服务的读者，国际图联图书馆特殊人群服务委员会关于特殊人群的定义是“不能使用常规图书馆资源的人群”，该委员会重点关注的人群是“因生活条件或身体、精神与认知障碍无法使用现有图书馆服务的人。这些人包括但不限于下列人群：在医院或监狱的人，无家可归的人，在养老院和其他保健设施的人，聋人，患有阅读障碍症或老年痴呆症的人”。《公共图书馆宣言》特别强调，公共图书馆需要为他们提供特殊服务。图书馆阅读推广的重点人群包括：①因为缺乏阅读意愿不愿意使用图书馆资源和服务进行阅读的人；②因为文化程度较低，图书馆利用技能或信息技能不足，或受到经济社会环境限制不善于利用图书馆资源与服务进行阅读的人；③因为残障、疾患、体衰等原因无法方便地进入图书馆阅读普通书刊的人；④因年龄太小或太老无法正常利用图书馆，需要提供特殊资源与服务的人。这些人群除了图书馆特殊人群服务委员会定义的特殊人群之外，还包括缺乏阅读意愿的人、文盲或半文盲、儿童等。因为这些人群具有不能正常使用图书馆资源和服务的共同特点，我们将他们统称为特殊人群。

面向普通人群的阅读推广对个人阅读具有帮助作用，而面向特殊人群的阅读推广则是一种建立、改造、重塑个人阅读行为的服务，它或者能够提升人的读写能力与信息技能，或者能够对阅读困难人群实施有效的救助。虽然图书馆开展面向普通人群的阅读推广不是可有可无的，但就图书馆使命而言，它只是一种辅助性服务，其重要性远不如面向特殊人群的阅读推广。

面向特殊人群的阅读推广在图书馆十分常见，如送书上门，组织阅读兴趣小组，讲故事或读绘本，组织亲子阅读、户外阅读活动等。在国内外图书馆阅读推广服务中，它们是开展最普遍，也是最受社会欢迎的项目。

（二）阅读推广与公平服务

与外借阅览等图书馆传统服务相比，阅读推广是一种服务受益读者相对较少，服务成本相对较高的服务。例如，馆员给读者讲故事一般要比管理阅览室成本高。这就涉及图书馆服务政策的理论问题：将资源投放到服务少数人的阅读推广是否有违图书馆的公平服务原则？图书馆事业的现实状况是，在当今全球图书馆经济状况不好，管理者追求图书馆效益的时候，阅读推广这种相对成本较高的服务却逐渐发展成为一种图书馆的主流服务。理解这种现象需要了解现代图书馆为特殊人群提供特殊服务的理论。

《公共图书馆宣言》称，公共图书馆应该向所有人提供平等的服务，“还必须向由于各种原因不能利用其正常服务和资料的人，如语言上处于少数的人、残疾人或住院病人及在押犯人等提供特殊的服务和资料”。对特殊人群提供特殊服务是对所有人公平服务的修正和补充，开展特殊服务是公共图书馆服务走向成熟的标志。图书馆为特殊人群服务的概念是从图书馆为弱势人群服务的概念发展而来。国际图联早在1931年就成立了“图书馆弱势人群服务委员会”，2009年该委员会正式改名为“图书馆特殊人群服务委员会”。名称改变背后所表达的图书馆服务理念的转变是深刻的：图书馆为弱势群体服务所表达的理念是慈善或救助理念，公共服务机构提供慈善服务是其社会责任，无论理论上还是实践中这种服务都是天然合理的，不存在异议；而为特殊人群提供特殊服务所表达的理念则是公平服务理念，《公共图书馆宣言》中对特殊人群提供特殊服务的文字就出现在平等服务条款中，紧随“向所有的人提供平等的服务”的表达之后。之所以要将对特殊人群提供特殊服务的表述紧随在对所有人平等服务的表述之后，是因为人们研究图书馆公平服务时发现，将资源与服务面向所有人一视同仁地平等开放，并不能天然地保证图书馆服务的公平性。因为任何社会中总是存在那么一部分人，一般是属于少数的社会边缘人群，或者由于先天能力不足，或者由于社会教育不良，或者由于尚未达到可以正常阅读的年龄，而无法正常利用图书馆的资源和服务。如果图书馆不对特殊人群提供特殊服务，这些人群将被排斥在图书馆服务之外，使图书馆的平等服务流于理念而无法真正落实中国图书馆人近年来致力于发展阅读推广服务，有着较为深刻的社会背景。当今中国图书馆界面临的问题，其实也是中国社会面临的问题，就是国民阅读意愿的缺乏。21世纪初，公共图书馆管理者面对市场的诱惑忘却了公共图书馆精神，在“以文养文”的口号下，让原本应该承担社会信息保障职能的公共图书馆普遍开展收费服务。在许多城市，由收费构成的门槛成为市民走进图书馆的主要障碍。2006年以后，公共图书馆免费运动逐渐发展，到2011年国家宣布全国公共图书馆基本服务全免费，收费的门槛被彻底破除。但是在很多地方，特别是在经济不发达地区的城镇，没有门槛的公共图书馆内仍然缺少读者。其实，这些缺少读者的图书馆存在最后一道门槛，就是阅读的门槛。不少人有阅读能力，也有阅读时间和资源，但他们宁可将时间和资源花费在麻将台，也不愿意阅读。朱永新先生在推行新教育实验时，提出培养“精神饥饿感”的想法。借助这一概念，可以看到人其实是可以存在“阅读饥饿感”的。人不吃饭会感到饥饿，这种饥饿感是天生的，与生俱来的。也有人不读书会感到“饥饿”，产生心理的空虚、精神的困苦等不适感，这种阅读饥饿感成为个人阅读的最大动力。与生理饥饿不同的是，阅读饥饿感并非与生俱来，而是在愉悦的阅读过程中逐步形成的。图书馆阅读推广服务的目标之一，就是培养现有读者和潜在读者的阅读饥饿感，使更多的人成为渴望阅读的人。

三、阅读推广的服务目标

图书馆阅读推广最容易看到的目标是提升服务指标。也即，通过面向所有读者的宣传，使更多的人了解图书馆、走进图书馆、利用图书馆，这种阅读推广还能增加特定文献（往往是原来利用率偏低的文献）的借阅指标，改善读者对于图书馆服务的评价。服务于这一目标的阅读推广有时也被称为“图书馆宣传”或“宣传推广”，尽管它与阅读推广有很多重叠，但我们更愿意将这类活动当成图书馆营销的一种形式。此外，为普通读者服务也是图书馆阅读推广的服务目标。但是，对图书馆最有价值，也最符合图书馆核心价值的阅读推广，应该是面向特殊人群的阅读推广。面向特殊人群的阅读推广服务目标可以归纳为三个方面。

（一）使不爱阅读的人爱上阅读

对于缺乏阅读意愿的人群，图书馆阅读推广的目标是引导。通过阅读推广的引导，使他们接受阅读、热爱阅读，甚至迷上阅读。无论是读者人满为患的图书馆，还是门可罗雀的图书馆，都承担着一份使命，就是培养未来的读者。否则，无论图书馆如何改善藏书与读者服务，也无法逆转图书馆读者日渐稀少的局面。图书馆可以通过生动有趣、形式多样，甚至有奖励措施的阅读推广活动，引导他们感受阅读的魅力，在生活中享受阅读的乐趣，并逐步形成阅读的意愿，直至形成阅读的饥饿感。虽然这是一个十分不容易实现的目标，但也是图书馆阅读推广最有意义的目标。例如，美国素养基金会有一个阅读推广项目爸爸和男孩—银河阅读项目，许多图书馆参加。该项目针对男孩不愿意阅读的家庭设计，在阅读能力协调员引导下使男孩和父亲一起阅读。结果发现，参与的男孩对待阅读有更积极的态度，更加喜欢阅读，比参与活动前读了更多的书籍。参与的父亲也表明他们与男孩一起阅读使男孩更加享受阅读。这一阅读推广活动的目的十分明确，就是培养男孩们的阅读意愿，并且成效显著。

（二）使不会阅读的学会阅读

对于有阅读意愿而不会阅读的人，图书馆阅读推广的目标是使他们学会阅读。在图书馆阅读推广的目标人群中，存在一类具有阅读意愿但不知道如何阅读的人群。他们相信阅读能为自己创造更多的机会，或者知道阅读能够愉悦生活，因此渴望通过阅读改变自己的人生。但由于文化程度较低、经济条件不好，或利用图书馆的能力不足，他们自主阅读存在困难。例如，成人中的文盲、半文盲、功能性文盲，许多是愿意阅读的，但是他们找不到适合自己的读物，同时也找不到适合自己的阅读方法，因而不得不远离阅读。又例如，3～10 岁儿童通常会有较强的阅读意愿，但他们不识字或识字不多，无法阅读成人文字读物。对于这些人群，图书馆传统的文献借阅服务基本是无效的。图书馆需要通过有经验的图书馆员选择合适的读物，通过读书会、故事会、知识竞赛等组织方式，使他们在图书馆员或阅读伙伴的辅导下，逐渐地学会阅读。此类阅读推广最好能被设计成日常化、常规化的活动，同时需要训练有素的馆员、配套的读物和有吸引力的活动项目。如此常年训练，使读者在参加图书馆阅读推广活动过程中逐渐学会阅读。

（三）使阅读有困难的人跨越阅读障碍

对于愿意阅读但阅读却有困难的人，图书馆阅读推广的服务目标是帮助他们跨越阅读障碍。图书馆的服务人群中存在许多无法正常接受图书馆资源与服务的特殊人群，如残障人士、居家不出的老人、各类阅读症患者等，图书馆需要为他们提供特殊服务。此类特殊服务，一般都属于阅读推广服务。例如，图书馆可以通过送书上门、诵读、读书会、绘本阅读等阅读推广活动，帮助他们走近阅读。上海浦东图书馆曾经坚持 8 年进行盲人数字阅读推广，2010 年获国际图联 Ulverscroft 基金会最佳实践奖。2013 年中国图书馆年会的一个主题论坛上，浦东图书馆的盲人读者王臻先生举起手中的盲杖深情地说：这根盲杖带我走到这个会场，图书馆教我的数字阅读是我的第二根盲杖，它带我游览更宽广的世界。王臻先生的话非常形象地说明了图书馆阅读推广对于阅读困难人群的价值：帮助他们跨越阅读障碍。

第三节　阅读推广的理论学派

目前，有不少学者都根据丰富的理论知识或实践经验，客观地描述了阅读推广的概念，形成了不同的学派。学派形成是学科繁荣的标志，也是学科走向成熟的标志。梳理学派有助于学科向纵深发展，推动实践的前行。我们尝试梳理阅读推广领域基础理论的学派，并对不同学派的性质作分析，以促进阅读推广基础理论的进一步发展，为阅读推广实践提供理论支持。

一、使命类：使命说

使命说的代表人物是曾任深圳图书馆馆长的吴晞。他在《任务、使命与方向：图书馆的阅读推广工作》一文中，从宏观角度出发，指出阅读推广是图书馆的根本性任务，是图书馆历史发展的必然结果，是图书馆行业生存和社会文化发展的需要。吴晞馆长将阅读推广上升到图书馆使命的高度，是具有充分的理论依据的。2003 年，英国文化、媒体和体育部发布报告——《未来的框架》，作为政府指导图书馆事业的重要政策指南文件，该报告提出“阅读是所有文化和社会活动的首要任务”，并将阅读推广和促进非正式学习作为三个新的图书馆现代使命的首要使命。《公共图书馆宣言》将开展阅读活动列为重要使命之一，是公共图书馆服务的核心，即以下重要使命与信息、读写能力、教育和文化相关，是公共图书馆服务的核心：支持和参与针对不同年龄层展开的读写能力培养和计划，必要时主动发起此类活动。2011 年，国际图联素养与阅读专业委员会发布《在图书馆中用研究来促进素养与阅读：图书馆员指南》，这是该委员会发布的唯一指南。指南指出，国际图联坚信图书馆在促进识字和阅读中占据着独一无二的地位，因为这是他们的使命之一。同时这也是所有类型图书馆的使命，无论是学院图书馆、公共图书馆，还是专业图书馆、科研图书馆、大学图书馆甚至国家图书馆。在阅读推广实践领域，越来越多图书馆开始将阅读推广作为使命纳入战略规划。艾迪生公共图书馆在战略规划中称自己的使命是培养对阅读的热爱，推动终身学习。广州图书馆将促进各年龄群体培养和保持阅读习惯，营造良好的社会阅读氛围，使阅读成为公众生活中不可或缺的一部分作为自己的使命。

在当代社会，公共图书馆的扫盲、信息素养教育与培养阅读兴趣的使命都具有比较强的感召力。使命说将阅读推广定位为图书馆的使命、根本任务，将其作为图书馆核心价值的体现，有助于各图书馆将阅读推广纳入行业宣言或战略、政策类文件，形成管理自觉，在图书馆管理中对阅读推广进行顶层设计，在服务方向的把握、服务项目的策划、服务资源的组织等一系列问题上进行统筹规划和总体部署。

二、实践类

（一）活动说

活动说的代表人物有张怀涛、王余光、王波等几位学者。在阅读推广实践领域，往往以丰富多彩的活动的形式推广阅读，比如知识竞赛、真人图书馆、读书会、亲子阅读、朗诵等，阅读推广最鲜明的特征就是活动化。因此，图书馆学界不少学者都认为阅读推广顾名思义就是指阅读推广活动，目的在于促进全民阅读。在此基础上，王余光、王波更重视活动的质量，认为这一活动是有规划的，需要精心策划。活动说起源于国外，国外不少研究中都出现活动说。

例如在美国图书馆协会发布的媒体专家评估系统术语词汇表中，对“阅读推广”这一专业术语的描述是：阅读推广，鼓励独立自主选择学习或休闲的任何项目或活动。

2012年，李国新、于群共同编纂的《公共图书馆业务培训指导纲要》中，出现了活动说，“阅读推广是指图书馆通过开展各种阅读活动，向广大市民传播阅读知识，培养市民的阅读兴趣，促进全民阅读”。2015年，张怀涛根据实际工作经验，在总结10余位学者提出的阅读推广概念的基础上，给“阅读推广”下定义：阅读推广顾名思义就是推广阅读；简言之就是社会组织或个人为促进人们阅读而开展的相关活动，也就是将有益于个人和社会的阅读活动推而广之；详言之就是社会组织或个人，为促进阅读这一人类独有的活动，采用相应的途径和方式，扩展阅读的作用范围，增强阅读的影响力度，使人们更有意愿、更有条件参与阅读的文化活动和事业。同时，他还从阅读推广活动的视角出发，提出了阅读推广实施的6个步骤：明确主旨、创造条件、周密运筹、协作推进、打造品牌、提升自己。王余光与课题组成员经过4年的调研与研究，在国家社科基金重点项目“建设学习型社会与图书馆的社会服务研究”的研究报告中提出公共图书馆阅读推广的概念：由公共图书馆独立或者参与发起组织的，普遍的面对读者大众的，以扩大阅读普及度、改善阅读环境、提高读者阅读数量和质量等为目的的有规划、有策略的社会活动。可以看出，阅读推广作为一种活动，其规划与策略的重要性正渐渐受到重视。阅读推广的开展并不是随意的、即兴的，其对图书馆的场地、设施、资金和人力资源等都有较高的要求，因此需要进行统筹策划和总体部署，这也是王余光与前两位学者观点的不同之处。

活动说的最新研究成果即王波在《阅读推广、图书馆阅读推广的定义—兼论如何认识和学习图书馆时尚阅读推广案例》中提出的图书馆阅读推广概念：图书馆阅读推广是指图书馆通过精心创意、策划，将读者的注意力从海量馆藏引导到小范围的有吸引力的馆藏，以提高馆藏的流通量和利用率的活动。王波认为，图书馆人可以通过这三点判断图书馆阅读推广的边界，同时，他还指出这个定义规定了图书馆阅读推广的关键要素是“创意”“策划”，所有的图书馆阅读推广活动都有一定的创新性。

活动说涵盖了阅读推广活动的全过程，包括前期策划、准备工作、协作推进、后期评估等。然而阅读推广并不完全是“活动”。阅读推广实践领域最早的形式是推荐书目，这是一种静态的服务，并非动态的活动。推荐书目属于阅读推广的范畴，至今仍是许多图书馆日常推广阅读的一种方式。刘勇和郭爱枝以浙江农林大学图书馆为例，介绍了该馆开展的图书漂流、知识竞赛、编制推荐书目等阅读推广实践，他们认为，推荐书目是图书馆阅读推广的重要方式之一，在引导大学生阅读中发挥了重要作用。活动说将阅读推广定位于活动，而活动的“动态性”局限了阅读推广的范围，无法将静态服务涵盖在内。同时，活动说不利于从宏观的角度对阅读推广进行研究，容易导致阅读推广实践领域的服务碎片化。

（二）工作说

工作说的代表人物是万行明和王辛培，这两位都是具有丰富工作经验的学者。2011

年，万行明根据丰富的实践经验，在《阅读推广——助推图书馆腾飞的另一只翅膀》中首次较全面地提出阅读推广的概念：阅读推广即推广阅读，就是图书馆及社会相关方面为培养读者阅读习惯，激发读者阅读兴趣，提升读者阅读水平，并进而促进全民阅读所从事的一切工作的总称。

这一概念得到许多学者的认同，苏海燕、周佳贵等学者在相关研究中均引用了该概念

2013 年，王辛培指出，阅读推广是图书馆、出版机构、媒体、网络、政府及相关部门等为培养读者阅读习惯、激发读者阅读兴趣、提升读者阅读水平、促进全民阅读所开展的有关活动和工作。

显然，工作说不仅涵盖了阅读推广的动态活动，也涵盖了包括推荐书目在内的静态服务，比活动说更加全面地描述了阅读推广的概念。从工作的角度描述阅读推广的概念，有利于增强图书馆人的阅读推广意识，将阅读推广视为日常工作积极推进，在阅读推广工作中发扬职业精神，使阅读推广活动规范化、制度化。

（三）服务说

服务说的代表人物是范并思。他曾多次强调，阅读推广是图书馆服务的一种形式，研究图书馆阅读推广，首先需要将其当作一种图书馆服务。他在《阅读推广的理论自觉》中指出，阅读推广是近年兴起的新型图书馆服务，已经发展成为现代图书馆的一种主流服务。图书馆的核心价值是图书馆界对于自己的责任或使命的一种系统的说明，以规范、简洁的语言表达图书馆人的职业信念。阅读推广作为图书馆的一种服务，必然要符合图书馆的核心价值。国际图联发表的《IFLA2006—2009 年战略计划》阐述了国际图联的核心价值，“认可信息、思想、作品获取自由的原则，以及《人权宣言》第 19 条关于言论自由的规定。人类、社团、组织出于社会、教育、文化、民主、经济等方面的目的和需求需要广泛和公平地获取信息、思想和作品的信仰”。美国图书馆协会公布的 11 个图书馆核心价值中，包括了“获取”“民主”“智识自由”。但是，当知识自由和平等获取产生冲突的时候，又该如何解决呢？图书馆在开展阅读推广活动时，尤其是针对特殊人群开展阅读推广活动时，往往需要干涉读者的阅读行为，才能达到较好的推广效果，而这一行为又与“智识自由”的核心价值自相矛盾，这一问题又该如何解释呢？对此，范并思教授认为，阅读推广需要介入式服务，阅读推广服务的重点对象是特殊人群，由于特殊人群无法正常利用图书馆，如果图书馆员缺少深度介入的主动精神，这一人群不可能像普通读者一样接受图书馆服务，甚至可能完全被排斥在图书馆服务对象之外，因此表面上看介入式服务可能违背中立原则，实际上它正是对普遍均等服务的补充。范并思还认为，对特殊人群提供特殊服务是公共图书馆服务走向成熟的标准。

虽然不少学者都默认阅读推广是一种服务，但并没有从该角度出发对阅读推广下定义。服务说将阅读推广定位于图书馆的一种服务，从而提出阅读推广的服务形式、目标人群、价值基础，全面描述了阅读推广的内涵。对于近现代图书馆，图书馆服务是图书馆的核心价值，也是图书馆立足于社会之本。服务说为图书馆人提供共享的、基本的理念，有利于图书馆人在实践中共同遵循普遍开放、平等服务、以人为本的图书馆服务原则，共同遵循图书馆核心价值观，以特殊人群为重点积极推进阅读推广服

务的展开，从而保证图书馆服务的公平性。

（四）实践说

实践说的代表人物是谢蓉、刘炜和赵珊珊。这三位学者在《试论图书馆阅读推广理论的构建》一文中提出了图书馆阅读推广的概念：图书馆阅读推广是图书馆利用其信息资源、设备设施、专业团队和社会关系等各种条件，鼓励各类人群成为图书馆的读者，并培养其阅读兴趣、养成阅读习惯或提升其信息素养的各种实践。他们认为，图书馆服务的特点在于其使命就是促进阅读，因此上述定义将“读者发展”作为其明确而坚定的目标，将“信息素养”的培育也作为阅读推广的重要目标，并且将图书馆所做的各种“努力”都纳入阅读推广的范畴

实践说可以认为是对活动说、工作说和服务说的一种有效综合，因为关于阅读推广的活动、工作及服务都属于阅读推广实践。实践说以更加开放、包容的态度描述了阅读推广的概念，扩大了阅读推广的外延，拓展了阅读推广的研究范畴，有利于把阅读推广作为一项普遍的图书馆服务进行推行。

三、休闲类：休闲说

休闲说的代表人物是于良芝。休闲说起源于西方高校图书馆，祖哈（Zauha）指出，在1920—1930年间，阅读推广是美国高校图书馆员的重要职能之一。1927年，爱荷华大学图书馆的管理者指出：“图书馆建议学生每周都花一部分时间去阅读与日常学习和工作无关的书籍。”爱荷华大学图书馆在图书馆、宿舍及校园里人流量多的地方（例如学生会）都设立了休闲阅览室，阅览室里存放的书籍一般都是能使学生产生兴趣或具有励志作用的当下流行图书。爱荷华大学图书馆并不是当时唯一推广休闲阅读的高校图书馆，《高校图书馆宣传》一书中介绍了许多高校图书馆设立休闲阅览室的案例，包括哈佛大学图书馆、耶鲁大学图书馆、西北大学图书馆及史密斯学院图书馆等。这些都对当时美国的阅读推广产生极大影响。从那以后，美国图书馆界对专业阅读的重视有所下降，反之越发重视休闲阅读的推广。在1930—1940年间，许多学者都开始研究大学生应在休闲阅读上花费多少时间为宜，产生了不少有价值的研究成果。至今，休闲阅读在美国高校图书馆仍然占据重要地位。可以看出，休闲说在西方高校图书馆中表现较普遍，这对我国学者产生了一定影响。于良芝在《图书馆阅读推广——循证图书馆学（EBL）的典型领域》一文中指出，根据图书馆界从事阅读推广的经验，图书馆阅读推广主要指以培养一般阅读习惯或特定阅读兴趣为目标而开展的图书宣传推介或读者活动。于良芝认为“培养阅读习惯或兴趣”这一目标决定阅读推广试图影响的通常是休闲阅读行为即与工作或学习任务无关的阅读行为，这是因为，与工作或学习任务相关的阅读，其目标是解决工作或学习中的问题，它既然主要受任务驱动，便不易受阅读推广的影响。

显然，休闲说并没有将专业阅读的推广活动纳入图书馆阅读推广的范畴，而这与近年来高校图书馆开展的以教学、科研、文化等为主题的阅读推广活动相悖。虽然在西方图书馆界休闲阅读是阅读推广的主流，但在我国休闲说并没有得到广泛认可。杨莉、陈幼华和谢蓉认为，传统的阅读推广通常定位于“休闲阅读”，而究其阅读能力而言是不分内容的，阅读推广在专业领域也同样需要，她们强调高校图书馆阅读推广走专业阅读推广之路是提升图书馆核心价值的必然趋势。王波以北京大学图书馆举办的

学术类书籍、教学类书籍的阅读推广活动为例，强调对于高校图书馆而言，满足师生的教学、科研和文化的传承与创新是其主业，满足师生的休闲消遣只是其副业，同样，大中型公共图书馆也有服务于地方教学科研和大众创业、万众创新等使命，阅读推广仅影响读者的休闲阅读行为也是远远不够的。

四、学科类

（一）“阅读学”说

“阅读学”说的代表人物是徐雁。他秉持“学习之道，阅读之理，中外古今同一”的基本文化理念，将阅读文化学与阅读推广相融合，结合阅读推广实践活动，创造性地提出了“全民阅读推广”的三个内涵：对于社会群体来说，各行各业各阶层人员都应该成为阅读推广的对象；对于社会个体来说，阅读将是一种人生全过程的阅读，要牢固树立“活到老，学到老”的终身学习精神；无论是公益性的图书馆，还是商务性的书店，都应对所藏、所销读物进行全品种的积极推广，努力使所有图书资源都被人们消费。徐雁与其友生们共同编纂的《全民阅读推广手册》和《全民阅读参考读本》，其主旨理念就是为当前面对以网络、手机和平板电脑等电子阅读设备为载体的新阅读时潮或迷恋，或困惑，或焦虑不已的读者，提供知性的读本和理性的指南，两书都集纳了最为新颖、实用、权威的古今阅读学和中外阅读推广的信息，重视纸本经典图书，重视儿童导读和面向未来阅读，具有很强的可读性。

随着信息技术的发展，传统阅读受到强烈冲击，正面临十分关键的转型期，而阅读推广的发展给了传统阅读一个重要的转型契机。一直以来，中国阅读学研究会在全国各地积极举办读书活动，促进全民阅读。阅读学侧重于研究人的阅读行为与阅读过程，在图书馆阅读推广活动中，新书推荐、读书会等活动的举办都需要阅读学理论的科学指导，读者的阅读行为、阅读动机、阅读过程的研究等也都与阅读学息息相关。

阅读推广是一个新兴领域，需要广泛汲取阅读学、教育学、传播学等许多相关学科的先进理论，以促进自身发展。专注于阅读学研究的曾祥芹认为，“图书馆学”与“阅读学”是血脉相系的两个姊妹学科，应该在全民阅读推广的社会大舞台上分工合作、各擅胜场。他还认为，如果我国图书馆学界人士和广大图书馆工作者善于汲取“汉文阅读学”的知识营养，能够自觉地运用“科学阅读观”来指导社会大众的阅读实践，同时阅读学界又能深入掌握“现代图书馆学”的专门知识，在全民阅读推广的丰富实践中来进一步发展“汉文阅读学”，那么中华民族阅读文化的伟大复兴就一定大有希望。

（二）“传播学”说

“传播学”说的代表人物是谢蓉、刘开琼。2012 年，谢蓉开创性地提出：阅读推广活动从本质上可以归结为一种传播活动，符合传播学的一般原理。她还认为，根据传播学理论，任何阅读推广活动不外是对推广主体、阅读者、阅读对象及推广媒介等要素在一定时空范围内进行一定的设计、组合、组织和配置的结果，通过它们之间的相互作用，达成诸如“促进知识分享、提升精神层次、获得有用信息及愉悦身心”等阅读目的。

2013 年，刘开琼将拉斯韦尔的五 W 传播模型应用于阅读推广，指出阅读推广的五类要素：Who（谁）、SayWhat（说了什么）、InWhichChannel（通过什么渠道）、ToWhom（向谁说）及 WithWhatEffect（有什么效果）。在此基础上，提出阅读推广的概念：阅读推广是推广主体、阅读者、阅读对象及推广媒介等要素在一定时空范围内设计、组合、组织和配置的结果，通过它们之间的相互作用，让阅读成为人们实现知识分享、提升精神境界、获得有用信息及愉悦身心的一种渠道。阅读推广主体是阅读推广活动的组织者；阅读者要解决“向谁推广阅读”的问题；阅读对象主要是指阅读的客体，解决的是“推广什么”的问题；推广媒介即推广手段，指采取什么手段向阅读者推广阅读资料。

姜利华认为，拉斯韦尔的五 W 模式有其局限性，没有相应的反馈渠道和机制，没有揭示传播的双向和互动性，图书馆的阅读推广模型必须具备反馈的渠道，只有及时收集和处理反馈信息，才能更进一步地推动阅读推广活动的有效开展，因此应该增加反馈机制和图书馆与读

者的互动沟通，在此基础上更进一步地推动阅读推广活动的开展，构成一个循环的过程

“传播学”说将传播学理论（特别是拉斯韦尔的 5W 理论）应用于阅读推广这一新兴领域，将阅读推广当作一种传播活动进行研究，得到了吴高、张婷等多位学者的认同，对阅读推广的后续研究产生较大影响。近年来，基于传播学理论对阅读推广进行研究的论文不断增加。王琳根据英国、美国的国家婴幼儿阅读推广项目，结合我国实际情况，提出基于拉斯韦尔 5W 传播模式的婴幼儿阅读推广方案，其内容包括以青少年阅读推广委员会为推广主体，以阅读礼包为推广内容，以现场活动和网络媒介为推广渠道，以 0～3 岁婴幼儿为推广对象，以期实现我国所有婴幼儿出生即阅读、阅读无障碍的目标。李臻从我国残疾人阅读推广的现状入手对影响其发展的障碍进行分析，根据拉斯韦尔 5W 理论，构建我国残疾人阅读的推广模式。推广即推而广之，阅读推广就是将阅读推而广之，使更多的人得以接触、获取。传播学是研究人类传播行为及传播过程中的规律的学科，传播学的理论可以为阅读推广带来新鲜、实用的思维，比如如何推广阅读、如何促进双向互动、推广效果研究、阅读推广受众者研究等。传播学与营销学是密不可分的两个学科，整合营销传播之父、美国西北大学教授唐•舒尔茨曾提出著名的命题：“营销即传播，传播即营销。”从这个意义上讲，李超平提倡的与公共图书馆宣传推广密切相关的图书馆营销理论也属于传播学的范畴，值得“传播学”说借鉴。李超平认为对于公共图书馆而言，营销与宣传推广要达到的目标是一致的，都是为了提高利用率，公共图书馆实施营销首先要建立在对用户需求的调查之上，根据用户需求设计营销“产品”，然后按照事先制定的方案营销该“产品”，最后需要对营销效果进行评估。李超平还指出，由于我国图书馆实践领域还没有真正接受“营销”这一术语，许多公共图书馆宁愿设置“宣传推广部”而不是“营销部”来实施事实上相当接近于营销理念的种种方案与活动。实际上，营销理论在非营利性组织也同样适用，1997 年国际图联成立“管理与市场营销委员会”，2001 年起启动国际图联营销奖，说明图书馆营销在国际图书馆界是一个广泛使用的术语，我国图书馆人应真正接纳营销理论，在阅读推广实践中积极引进营销学先进思想，用科学的理念指导实践，将大幅提升阅读推广的效果。

第四节　阅读推广的模式

一、以信息技术为支撑的阅读推广模式

（一）多媒体技术推广模式

多媒体技术是计算机对文本、声音、图像和视频等多种媒体的综合处理能力。多媒体技

术使信息变得更加直观和有吸引力。在阅读推广的各种活动中，往往都会充分利用多媒体技术进行宣传、推广、留存记忆，其中也不乏一些独特的创意，形成以多媒体技术为核心的阅读推广模式。在图像技术方面，北京大学图书馆推出“书读花间人博雅：北京大学图书馆好书榜精选书目/阅读摄影展”活动，引入读者喜闻乐见的名画模仿秀形式，以“精选书目+阅读摄影模仿秀”的方式宣传好书，并在馆内和网络上同步展出，传递“书读花间人博雅，腹有诗书气自华”的阅读理念，吸引了众多读者的目光。据统计，图书馆官方微博相关话题的阅读量超过28万，大部分被推荐书的借阅量均有提升，说明该活动有效推动了读者的阅读行为，取得了实际效果。

在音视频技术方面，四川大学图书馆的“光影阅动——微拍电子书”活动，以“微”和“拍”为两个立足点，通过微博、微信等渠道展现内容精炼、创意闪亮的60秒阅读推荐微视频，融合视听等多媒体元素，提升阅读推广的趣味性，吸引更多读者了解并参与到图书馆的阅读推广活动中来。而利用微电影的方式进行阅读推广，是各大图书馆经常利用的手段，如清华大学的《爱上图书馆》，北京大学的《天堂图书馆》微电影，都有极大的影响力。

（二）新媒体平台推广模式

随着互联网的快速发展，以微博和微信为主的新媒体平台成为广泛使用的阅读推广模式，具有技术门槛低、传播迅速、受众面广等特点。上海对外贸易学院图书馆的谢蓉将该模式称之社会化媒体推广模式。目前各大图书馆已经普遍开通微博和微信服务，也越来越受到读者的关注。除此之外，还包括博客、播客、维基、社交网络和内容社区（如豆瓣、优酷）等。据统计，图书馆利用微博开展的服务中，用户互动占14.89%，通知公告占17.94%，信息推送占12.21%，纸本书推荐占12.60%，活动开展占29.77%，数据库资源推荐及服务占12.60%，后面三项均与阅读推广相关。微信则更利于图书馆开展各项文献服务宣传和阅读推广，因为其开放机制可以承载图书馆的业务办理，如读者导读、文献搜索、业务提醒、各种活动的推介、二维码占座、二维码门禁、经典阅读书目推送等。近年来随着图书馆2.0的发展，越来越多的图书馆开始应用社会性网络进行阅读推广，如清华大学图书馆在人人网上成立的图书馆俱乐部——清华大学图书馆书友会等。

（三）大数据理念推广模式

随着大数据理念深入到社会的各个领域，图书馆日益重视日常业务中产生的大量用户数据、借阅数据、访问数据，遂产生基于大数据理念的阅读推广模式。

上海图书馆自2012年开始，每年给读者发一封个性化的年度阅读账单，历数读者的阅读足迹，根据借阅图书的数量，读者会获得文青、极客、书虫等称号。此账单还

包括上海图书馆的读者每人平均借阅书本册数、借阅量最大的读者借过多少册、借阅频率最高的书被多少读者借过、上海市中心图书馆的规模等统计数据。随着账单，上海图书馆也会不失时机地为读者推介各项贴心服务。

自2013年开始，厦门大学图书馆为毕业生送上毕业贺礼“圕•时光”，分五个部分：“缘起、初恋、故事、书单、告别”，五幅美丽的插画配上优美文字，犹如一本画册，将毕业生在图书馆内的足迹和借阅数据用讲故事的形式展现出来，文艺范中带着温馨，受到了毕业生热捧。清华大学图书馆、华东师范大学图书馆、重庆大学图书馆等也有类似的毕业生服务。

（四）游戏式推广模式

游戏式推广因其强有力的参与性优势，创新了图书馆阅读推广的内容，成为图书馆界的一股新鲜活力。游戏式推广通过设计多样性和互动性的网络游戏来与读者进行沟通，各种游

戏通过有趣的、个性化的互动设计，既能引起读者的兴趣，又能把图书馆的阅读推广信息推送给读者，收到极好的效果。例如武汉大学图书馆于2012年推出虚拟馆员小布，将其融入阅读推广，拉近了与读者的距离，2014年以“小布”为主角，推出新生通关游戏“拯救小布”，推介图书馆服务，2015年以“经典阅读”为主题推出“拯救小布之消失的经典”，上线一个月的参与人数就达到931人、4300多人次，85%的读者表示这种活动方式对经典阅读起到了很好的推广作用。以游戏的形式推广阅读，使读者在参与答题活动的过程中自觉、主动地关注、搜集整理、学习有关经典名著的知识，潜移默化地接受经典阅读教育。

除此之外，2011年清华大学图书馆推出“排架也疯狂”游戏，读者需要根据图书的索书号，将随机出现的图书按照正确的排架方法进行排序，培养读者在图书馆能够正确地将图书归还到书架上的能力。2014年重庆大学图书馆推出“我的任务”游戏，设定了很多读者需要完成的任务，如登记电子邮箱、关注图书馆微信、发表书评、推荐图书、参加志愿者活动、门禁签到等，完成后获得相应的积分奖励，吸引了上万名读者的积极参与。2014年电子科技大学图书馆利用虚拟现实技术，构建类似3D游戏的虚拟化导览系统，包含虚拟漫游、照片墙、知识地图、知识闯关四个模块，如在“虚拟漫游”模块，读者用鼠标可以在虚拟图书馆的每一个借阅区随意驻足和参观，此模块帮助读者加强对图书馆布局和功能的了解。

（五）业务流程再造推广模式

业务流程再造是图书馆管理和服务的系统工程，根据读者和阅读推广的需求，利用信息技术对原有业务流程进行优化和完善，以全新的信息系统改善读者的体验，这种方式也被各图书馆普遍应用于阅读推广。如中山大学图书馆对纸质图书的借阅量不再限制，提出“阅读无止境，借阅不限量”的口号，长沙市图书馆、内蒙古自治区图书馆通过和书店合作，开发专门的手机APP，市民在书店选书、查重后可由图书馆买单，市民阅览后归还到图书馆即可。

业务流程再造模式的阅读推广应用广泛、效果显著，仅举三个典型案例：

1.读者证卡的激活

近几年来，一些图书馆开始改变原来的借阅证办理和使用的业务流程，读者拿到

借阅证后，不能立即借阅图书，需要通过简单的培训甚至考试才能激活读者证功能，这对于新读者对图书馆概况、规则的初步了解具有十分重要的价值。例如中山大学图书馆和重庆大学图书馆，读者登录图书馆门户后，须阅读图书借阅规则和电子资源使用规则，并补充常用电子邮箱和电话信息等资料，方可完成激活。湖南大学、云南大学、东北财经大学、盐城工学院等高校的图书馆，要求新生参加网络培训并通过考试，才能开通图书借阅权限，在借阅权限开通之前，读者不能借阅图书，但可以进入图书馆阅览或上自习。

2.书评系统的业务流程再造

重庆大学图书馆的书评系统是一个典型的业务流程再造案例。书评对于阅读的提升、引导、指导具有重要作用，因此图书馆专门开发了书评系统，评价页面就在 OPAC 和读者个性门户中，系统会对借阅而没有评论的图书进行提醒，引导读者直接对图书进行评论，参与到馆藏资源的评价。为了能让更多读者参与到图书评论中，以此促进阅读，图书馆对于业务流程进行了大量的优化和改革。首先构建了虚拟的书友会，加入书友会的读者，享受的借阅待遇和普通读者不一样，拥有更大的借阅权限，但是对所借阅图书的评论成为借阅流程中的必需环节，不评论不算归还；其次推行荣誉制度，系统设计了较完善的积分办法，按照积分累计情况将读者分为童生、秀才、举人、贡士、进士和状元六个等级，让读者因为阅读而产生荣誉感；最后采用了必要的激励机制，如举行“阅读达人”“每月书生”评选，给予一定的物质奖励（如书卡、U 盘等），每月选择优秀书评公布在官方微博上，“推荐书评”也将有机会发表在馆刊、馆报或单独刊印的图书推介资料中，系统中的积分可用于兑换小礼品、图书借阅册数等。通过上述业务流程再造，截至 2015 年底，已有书评 18.2 万余条，且基本上都是进行流程优化后的 2011 年后产生的，有效地促进了馆藏借阅。

3.电子阅读器和其他设备的借阅

据 2011 年 4 月“第八次全国国民阅读调查”揭示，传统纸质媒介阅读率稳健增长，数字阅读接触率强劲增长。在各类数字化阅读方式中，电子阅读器的接触率增长幅度达到了 200%，增幅最大。而 2010 年，我国国民人均阅读电子书 0.73 本，共阅读过电子书 6.13 亿本。伴随着强劲的数字阅读潮流，一种新的阅读方式——电子书或电纸书阅读应运而生成为潮流，图书馆作为阅读推广的最重要的阵地，当然不能缺席。为了消除读者利用信息的障碍，推广数字资源阅读，上海图书馆、北京大学图书馆、昆明理工大学图书馆等改变图书馆只能借阅纸本图书的惯例，为读者提供 Kindle、iPad、笔记本等电子阅读器或电子设备的借阅。

二、儿童阅读推广模式

（一）基于“阅读是一种生活方式”的儿童阅读推广模式

“阅读是一种生活方式”是程焕文教授在 2015 年阅读推广峰会（秋季）的专题报告中提出的概念。他说：“做世界上最强盛的民族，就要所有人的素质都要提高，民众生活到达一种高级状态，让读书成为他们生活的一部分，成为一种生活方式。《公共图书馆宣言》第一条就是从小培养并加强儿童的阅读习惯，阅读只有成为一种习惯，才是阅读推广今天应该做的事情，成为一种习惯，也就成为生活的一部分……只有达到了这种境界，我们才能说全民阅读，才能说书香社会。”程教授的讲话明确了当下阅读推广应该关注的重点，指出了“全民阅读”未来发展的方向，并为“全民阅读”“书香社会”提供了一个具象的考量标准——阅读成为普通民众的一种生活方式。要达到这种境界，“全民阅读”必须从国家发展和民族未来的战略高度予以规划和推进。该种模式需要公共图书馆介入家庭亲子阅读推广，公共图书馆指导学校、幼儿园阅读推广，公共图书馆联合社会公益组织进行体验、激励阅读推广。

（二）基于绘本载体的儿童阅读推广模式

所谓“贯穿模式”，就是图书馆联合基金会组织，从孩子出生起，通过免费发放读物的方式，倡导从出生就开始的儿童阅读理念，并定期举办阅读活动，促进儿童阅读。

1.贯穿模式

（1）英国“阅读起跑线”（Bookstart）运动1992年，英国伯明翰图书馆联合图书信托基金会和基层医护服务信托基金会，联合发起“阅读起跑线”（Bookstart）运动，旨在缩小贫富家庭儿童之间的阅读水平差异，鼓励婴幼儿体验阅读的乐趣，培养儿童建立良好的阅读审美和阅读习惯。该运动免费为每个儿童提供读物，将0～4岁婴幼儿按照年龄段分成三个阅读层级，每个层级发放相应的读本，开展“蹒跚起步来看书”的儿童阅读活动，采用“阅读证书”的形式吸引儿童到图书馆参加阅读活动。

（2）美国“从出生就阅读”（BorntoRead）计划

1995年，美国H.LesliePerry纪念图书馆、匹兹堡卡内基图书馆和普洛佛市立图书馆共同展开“从出生就阅读”（BorntoRead）计划；1996年，加州Sutter郡图书馆加入该计划；1997年，田纳西州Memphis-Shelby郡公共图书馆加入该计划，形成了五家图书馆联合推动儿童阅读的合作局面。这五家公共图书馆联合基金会和医疗机构，通过不懈践行，开展多种多样的儿童阅读活动，尤其关注社会弱势群体家庭中的儿童阅读状况，为低收入社区的儿童开展绘本阅读和绘本讲述活动，上门提供儿童借书证的办理。该计划帮助父母树立“从出生就阅读”的理念，帮助儿童从出生就接触阅读，掌握自主阅读的基本技能，享受阅读的乐趣，成为终身阅读、终身受益的阅读者。

（3）持续工程项目

持续工程项目模式主要是以年为限的长期持续规划的推广项目，一般都事先制订详细而周密的规划，其中最具代表性的是中国科学院主导的“ZeitPunktLesen”项目的系列活动。“ZeitPunktLesen”为德语，翻译成汉语的意思是“时间阅读”。该项目是2006年在下奥地利州发起的阅读推广倡议，是一个历时7年的长期推广项目，主要面向群体是儿童和青少年，宗旨是使下奥地利的儿童、青少年在阅读中学习，在不同的项目推广中主动阅读、自我激励，无论是在校内还是学校外都能以一种愉快的方式进行阅读。项目的重点是发展非传统的阅读服务，部分项目以父母或儿童照顾者为主要的支持对象，与他们一同培养孩子的独立的阅读能力及自我负责的学习态度。

2.分级模式

“分级模式”，是指根据儿童的身心特点和阅读能力，有针对性地提供阅读推介、阅读指导和阅读活动的阅读推广模式。德国布里隆市图书馆的“阅读测量尺”活动利用直观的尺子形象，结合儿童年龄和身高的对应程度，按照不同年龄段儿童的心智发育程度为其提供合理的读物推介和科学的阅读计划。“阅读测量尺”分为十段，由赤、橙、黄、绿、青、蓝、紫、粉红、桃红、橘红十种颜色加以区分，提供0～10岁儿童的最佳阅读读本信息、阅读建议及家长在该阶段所应掌握的阅读指导技巧。儿童在图书馆根据“阅读测量尺”上的身高，就能获取阅读的相关信息，吸引儿童的阅读兴趣，为家长进行阅读引导提供了极大便利。奥地利施泰尔马克州公立图书馆开展的系列活动，如“阅读从娃娃抓起”在婴儿出生后会向他们发放婴儿包，里面包含一些精选读物及为其家长准备的阅读指南。在孩子的第二个生日时，家长都会收到一本图画书和一个“阅读测量尺”，“阅读测量尺”根据儿童的年龄阶段给出相应的阅读指南，供家长参考。

3.接力模式

“接力模式”是指图书馆以借助绘本不断推进儿童阅读为主旨，不断地、持续地、有规划地开展系列绘本阅读活动，并形成自身品牌的儿童阅读推广模式。

（1）广州图书馆“爱绘本爱阅读”儿童阅读推广系列活动

2009 年 6 月起，广州图书馆以“由绘本爱上阅读公共图书馆少年儿童阅读推广实践研究”科研项目为契机，开展“爱绘本爱阅读”系列儿童绘本阅读推广活动，该活动分为“周六晚，温馨夜”亲子读书会和“让阅读动起来”绘本创作活动。“周六晚，温馨夜”亲子读书会以故事讲述推动自主阅读，重点在于培养儿童的阅读意识和阅读习惯。在读书会活动的策划、组织、开展过程中，广州图书馆馆员不断加以总结和研究，制定出一套切实可行的绘本阅读推广模式，并形成了几十个经典案例以供参考和应用。“让阅读动起来”绘本创作活动是广州图书馆开展绘本阅读推广的又一项重要举措，在馆内读书会当中穿插简单的绘本创作会，把绘本单页制作成小卡片，由儿童根据故事内容进行重新编排，发动他们跳出局限，把绘本阅读扩展到无限的自我创作中去，倡导从“做一本绘本”到“认识绘本、爱上绘本、爱上阅读”的理念。

（2）江阴市图书馆“幸福的种子”儿童阅读推广系列活动

江阴市图书馆从 2008 年起关注儿童阅读推广，在不断地探索中打造“幸福的种子”儿童阅读推广品牌，该活动包括“苗苗故事会”“妈妈加油站”和“绘本之旅”三个项目。“苗苗故事会”每个月都制定一个特定的主题，按照一个个主题逐步开展绘本的阅读推广实践，借助绘本的独特表达形式和语言、图片的力量，让儿童在绘本故事当中探寻自身、感受世界，将阅读和他们的成长过程紧密关联，塑造他们的人生观。“妈妈加油站”是江阴市图书馆绘本馆的特设版块，妈妈们将孩子阅读绘本的故事、经历及阅读过程中的问题和心得通过“妈妈加油站”和其他妈妈分享、交流，使得绘本馆成为亲子共读和亲子关系的乐园。“绘本之旅”交流窗为儿童和家长提供了一个绘本互换和阅读交流的平台。

4.联动模式

“联动模式”是指在统一采购、编目、配送和通借通还的公共图书馆“总分馆”制度下，由总馆协调各分馆，联合开展阅读推广各项活动，拓宽影响范围，达到联动效果。台北市立图书馆联合各个分馆，开展了富有创新性的绘本阅读推广活动。总馆开展儿童英语阅读活动和“美籍老师美语说故事”活动，针对儿童的身心发展、知识储备和生活经验，启发儿童对阅读的兴趣，了解绘本的创作背景及风格，儿童根据导读进行默读、共读和轮读，提高儿童英语阅读能力和口语能力，建立阅读兴趣和主动表达观念，培养阅读鉴赏能力，落实深度阅读之内涵，同时指导儿童利用图书馆开始阅读生涯；民生分馆、内湖分馆“周末来电”影片欣赏活动，葫芦堵分馆“糖葫芦电影院”，文山分馆“假日电影院”，借由绘本改编的影片，以视听的感官刺激释放阅读魅力；万兴分馆举办“非读BOOK”儿童读书会，精选萨奇尔的经典绘本系列为阅读素材，带领儿童以共读和人际互动的方式养成阅读习惯，丰富其阅读体验，提升其阅读技能。

5.名人媒体效应模式

奥地利联邦教育、艺术和文化部资助，奥地利图书馆协会曾联手发起了一项令人印象深刻的新闻插入运动。这项活动通过邀请一些具有高度知名度且没有负面影响的人气偶像来做宣传大使，如奥地利歌剧爱好者，歌手C.Sturmer，滑雪赛世界冠军M.Walchhofer，奥地利国家足球队团队教练J.Hickersberger，奥林匹克帆船竞赛冠军Hagam和Steinacher等一大批享有世界声誉的艺术家和顶级运动员参与儿童阅读宣传，并争取到奥地利国家广播电视台和广播公司的支持，以公益广告的形式在国家电台等媒体的黄金时段播出，利用名人效应提高活动的知名度，调动公众参与关注儿童阅读的积极性和主动性。

第十五章　公共图书阅读推广实践

第一节　公共图书馆多维度阅读推广实践

一、晋江市图书馆阅读推广实践

基层图书馆开展阅读推广活动面临着多方面的困境，为了解决困境，改善公共图书馆阅读推广活动“自娱自乐”的局面，晋江市图书馆经过多方努力，连续成功地举办了三届晋江市“悦”读节，逐渐形成了“由市委市政府牵头领导、晋江市图书馆具体推动开展、其他社会组织共同参与合作”的活动机制。“悦”读节以活泼、新颖的形式吸引了众多市民参与其中，掀起了晋江市全民阅读活动的热潮，营造了阅读求知、阅读明理、阅读成才的良好学习风尚。现以晋江市图书馆开展的“悦读节”为例，总结出以下几点提升基层图书馆阅读推广工作的经验。

（一）找准策划方位，寻求政府经费支持

一个好的阅读活动策划应该更切合不同读者的品位和偏好，在更大程度上增强对读者的吸引力，提高读者的参与度。晋江市图书馆将承办的读书节命名为“悦”读节，将“阅读的快乐”这最核心的宗旨贯穿于整个活动中，给读者留下了深刻的印象，提升了读者的感知力。此外，其还对“悦”读节的活动项目进行了科学性的安排组合，有效地提升了活动的社会效益和影响力。

1.化零为整，用统一的思想内核串联一体

在承办“悦”读节之前，晋江市图书馆开展的阅读推广活动虽然场次多，但活动之间相互独立、零散，没有统一的阅读推广思想，活动存在跨度短、影响力小、参与面窄、宣传度低等问题。从2011年开始，为了积极打造城市文化品牌项目，晋江市图书馆将全年零散、独立的活动整合为一年一届的“悦”读节工作项目，并用统一的主题贯穿其中。例如，2012年晋江市第二届“悦”读节活动共有10个活动项目（包括“时光·足迹”微电影大赛、创意书签设计、“我心中的少儿图书馆”金点子征集大赛等），鼓励读者开展创意性的思维活动，并将“自由“悦读·创意生活”的核心主题贯穿于整个“悦”读节当中，使读书节宗旨的内涵和外延得以深入和扩展。

2.贴近时政热点，提升政府的关注度和支持力度

“悦”读节工作要规模化、深远化发展，就需要得到相关政府部门的推力，而活动经费的保障更需要政府部门的支持。将活动项目策划贴近时政领域热点，是得到政府支持的有效方式。2011年晋江市首届“悦”读节的主题为“悦读人生·品味城市”，策划的子项目包括“晋江文化”摄影展览，“描绘新家园·展望新晋江”少儿绘画征集、展览活动等，这些项目在传播晋江文化的同时，也营造了积极向上的城市精神和文明晋江人的良好社会氛围，契合了晋江市2011年“城市建设年”的城市发展定位。晋江市委、市政府审批通过了该策划项目，并针对其成立了以晋江市委副书记、宣传部部

长及晋江市政府副市长为总顾问，市委宣传部副部长为组长，各联办单位领导为成员的“悦”读节领导组，同时其明确了各联办单位的工作职责，使活动组织实施得到了有力的保障。

“悦”读节工作的策划做到了主题统一完整、项目贴近时政，形成了“政府满意”“群众认可”的良好活动局面，因此得到了历届市委、市政府的充分认可和大力支持，连续三年给予约每年 19 万的经费支持。随着“悦”读节活动的深入开展，其已成为晋江市每年一度的重要文化品牌活动之一。

（二）主动“搭高”合作平台，提升活动权威性

“实践证明，政府机构、文化教育单位、广电传媒及商业机构等利益相关者的积极参与是读书节取得成效的重要保障”。读书节活动的开展，需要政府部门的推动和努力，以其权威和影响力协调各利益相关者的资源和利益，使“悦”读节活动落到实处。

1.寻求上级合作单位

晋江市图书馆主动联系上级有关部门合作开展活动，以达到宣传效果的最大化。例如，在与晋江市总工会联合开展的“送您一本好书”大型图书漂流活动的过程中，晋江市图书馆在做好具体活动方案（包括活动深远意义、具体内容、漂流方式等完整的活动流程）、精美宣传手册的样稿等材料准备工作后，采取主动上门洽谈的方式，得到了市总工会的充分认可和支持，并促成由晋江市总工会下发红头文件号召全市各基层工会单位组织广大干部职工参与到读书活动中，营造了“多读书、读好书”的良好社会氛围，极大地提升了本次活动的知晓率和号召力。

晋江市图书馆树立的良好合作形象吸引了多个政府机关单位的主动合作支持（如晋江市妇联、晋江市直机关党群系统党委等），参与人员扩大到市直机关党群系统代表、市直机关党群系统各支部挂钩联系村团组织负责人等，突破了由晋江市图书馆自行组织参与人员的局限性。

2.整合社会合作资源

“悦”读节不仅建立了与各级政府机关、事业单位的合作平台，还积极与企业、学校等单位开展阅读推广活动。例如，与晋江市新华书店联合开展的“阅读始于悦读”阅读指导讲座、“科学也可悦读”科普宣传活动，邀请了中国知名儿童作家秦文君、中央电视台知名主持人芝麻来图书馆为晋江少年儿童读者、老师及家长带来了一堂堂妙趣生动的讲座。为了确保活动秩序，晋江市图书馆将 100 多份座位示意图分发给参与人员及各单位负责人，现场虽座无虚席，但是秩序井然，有效地提升了活动的人气和图书馆的形象。

2013 年，晋江市图书馆联合市委文明办、市文体局、市团委等单位启动了“寻找晋江最爱读书的孩子”读书创意展示大赛暨擂台总决赛，活动预复赛阶段分别设在市一小、二小、三小、青阳街道中和中心小学及普贤小学，各指定学校将从报名参赛者中择优进入擂台总决赛。整个活动历时 3 个多月，参与及关注的读者达到上万人次。这种在学校中层层选拔、最终由晋江市图书馆承办总擂台赛的方式在扩大选拔活动影响力的同时，也提高了晋江市图书馆这一平台的权威性和认可度。

3.搭建新式合作平台

2013 年“寻找晋江最爱读书的孩子”读书创意展示大赛总决赛的地点设在晋江市

最大的商业广场——晋江市万达广场。活动全程由晋江市图书馆组织实施，杜绝任何商业化的行为及活动主题冠名行为。比赛采取智力知识比拼的形式，充分展现了参赛少年的聪明才智。活动现场吸引了众多前来购物民众的眼光，参与人数达300多人。此次活动在商业之地融入浓厚的书香气息，让更多的民众了解到了晋江市图书馆所开展的读者活动。而晋江市万达广场所聚合的社会媒介资源，也为本次活动的传播及影响铺开了更多的宣传渠道。

（三）在细节上进行创新，提高活动吸引力

"悦"读节系列活动不仅注重主题内容上的创意，更加注重突出细节上的亮点、组织方式上的新意、活动的人性化参与方式等，使活动的影响力更上一个台阶。

1.注重主题创意融合

为了让读者零距离体验中华传统家具的文化魅力，晋江市图书馆举办了"明韵汉风"仿明清古典家具鉴赏展，共展出床、书柜、桌椅等近20套仿明清样式的古典家具，现场还开展了馆藏古典家具及古典建筑图书展、少年儿童"穿汉服、展汉风"摄影活动，来自晋江市图书馆"一生阅读计划"的10名儿童代表身着汉服，向读者展示汉服饰飘逸、大气的文化内涵。这种"动静结合"的创意方式向广大读者、市民生动、立体地展现了明清家具"精、巧、雅"的独特魅力和华夏文明的精髓内涵，得到了读者的热烈认可。而"与礼同行晋善晋美"文明礼仪歌谣征集活动将文明礼仪与易于传唱的歌谣形式相结合，得到了晋江一中、季延中学、中和中心小学、阳溪中学、金屿小学等20所中小学校的积极响应，共收到200余篇来稿，在社会掀起了讲文明、学礼仪的良好风尚。

2.注重人性化参与方式

不同于以往随机赠送图书的活动方式，在"忧思晋江·担当未来"活动之图书漂流活动中，参与人员可以自由在晋江市图书馆采书乐坊挑选一本喜爱的漂流图书。在"送您一本好书"图书漂流活动中，广大市民读者可根据晋江市图书馆推选的"2012年好书榜200本书目"挑选出所喜爱的一本图书，再由主承办单位公益赠送给读者。活动一开始便得到了市民的积极响应，共赠送出优秀图书1000本。在"智力拥军"文化进军营活动中，除了参观部队、赠送图书等常规活动内容外，晋江市图书馆还开展了"国防知识"对抗赛活动，在活动正式开展之前将"必答题200道题库"分发给官兵及学生熟悉记忆，让所有参与人员在紧张又愉悦的"对抗"方式中收获知识与快乐。这种人性化的组织方式延伸了读者主动参与权的内涵，有效增强了读者的参与积极性，真正达到"快乐阅读、提升阅读"的活动效果。

3.注重活动深度性和广度性

在"送您一本好书"图书漂流活动中，晋江市图书馆面向广大市民漂出图书之后，采取短信温馨提醒的方式统一回收，并在晋江市第三届"悦"读节闭幕式上，将回收的图书面向企业、学校等单位继续进行漂流。在考验读者诚信度的同时，也向社会传递了一种"诚实守信"的公德理念及"图书漂流""循环利用图书"的绿色阅读理念，让更多的爱书人感受图书带来的精神力量，实现真正意义上的"书香漂流"。此外，本次活动向读者推荐的"2012年好书榜200本书目"是选取自凤凰网、新华网、新浪网、《纽约时报》中文网、《光明日报》、中华读书报、中国图书商报等14家权威报刊及网站推出的 2012 年度好书榜及第八届文津图书奖获奖书目（由国家图书馆发起、全国图书馆界共同参与的公益性图书评奖活动）。相对以往的活动项目，本次活动的组织宣传更加注重内涵的挖掘延伸、服务对象阅读层次的提升，得到了上级有关部门及媒介单位的关注支持。活动受众教育层次高、参与度广，收获了社会各界（包括晋江市党政机关、部队、企业等单位工作人员及社会人士）“很有意义”的赞许之声，真正达到了“好书齐分享”的目的意义。

（四）多方宣传，扩大活动影响力

“悦”读节活动宣传的多方到位，也是“悦”读节活动成功举办的重要因素之一。晋江市图书馆从细节入手，点滴积累，逐渐形成了较为稳定的宣传资源。

1.主动邀请媒体跟踪报道

为了吸纳更多的媒体资源，晋江市图书馆建立了一份“媒体联系方式表”，每次开展活动均主动联系媒体，并将活动具体内容、策划亮点告知媒体，以吸引媒体的眼光。例如，在 2012 年、2013 年两次开展的省外现场采书中，晋江市图书馆邀请媒体记者全程随行，先后对活动进行了前、中、后期的跟踪宣传报道，有效地提升了活动的影响力和知晓率，受到其他媒体的关注和转载。三年来，中国文明网、中国图书馆学会网站、新浪网、福建日报、泉州晚报、海峡都市报、晋江经济报、晋江电视台等多家媒体单位对“悦”读节活动进行了多次的跟踪采访和报道。为了展示近年来所开展的“阅读推广活动”形象，2013 年 11 月晋江市电视台主动联系晋江市图书馆，制作了一期以“豆豆姐姐”为主题形象的专门报道，得到有关部门的关注与好评。

2.主动对外传播活动信息

晋江市图书馆在活动前期主动传播信息，2009 年以来一直坚持于每周末通过中国移动、中国电信短信平台面向广大读者及市领导、上级部门领导群发信息预告读者活动，此外还根据活动的特殊性在市委大院等重要场所放置活动海报，以提升活动关注人群的层次；在活动现场做好活动的宣传布置工作，如在第二届及第三届“悦”读节闭幕式暨表彰大会上，将整个“悦”读节系列活动的回顾浓缩成一份图文并茂、配有专业播音人员讲解的 PPT 视频在现场滚动播放，生动、立体地展现了“悦”读节取得的成果，得到了有关市领导的肯定；在每场活动结束后，及时将活动的新闻简讯、图片发送至中国图书馆学会、福建省图书馆、晋江市政府办信息科、晋江市委文明办、上级主管部门等单位，以通过更高级别的宣传平台扩大后期宣传力度。

（五）充实人员队伍，提升工作活力

1.设置专职人员

为了保障晋江市图书馆阅读推广工作的连续性，开拓活动新局面，2011 年初开始，晋江市图书馆专门成立了活动拓展部室，设置两名编制内专职人员专门负责活动的策划、组织、实施，并配备专门的办公室、档案柜、彩色打印机（用于打印活动海报、入场券等，在注重美观宣传的同时节约活动成本）等，以利于及时跟进、组织开展活动。

2.引进社会人士

2014 年元月，晋江市图书馆开始面向社会公开招募有才艺技能的志愿者，相对于图书馆员来说，这些人员更具有专业性，能够使现场教学、互动效果更佳。当报名的志愿者达到一定规模时，晋江市图书馆将会经常性地开展讲故事、现场折纸、现场绘画等丰富多彩的少儿读者公益活动。这些“引进”的外力资源将有效地节约图书馆的人力资源，提升活动的质量。

二、吉林省图书馆阅读推广活动

近年来，吉林省图书馆重视传统文化阅读推广工作，将阅读推广作为重点工作之一，开展各类阅读推广活动，培养读者的阅读习惯。

（一）开设“文化吉林”讲坛

吉林省图书馆自 1995 年开始，面向社会公众，举办公益讲座。延续至 2017 年 9 月，已举办近千场。从 2014 年 9 月开始，吉林省图书馆将公益讲座正式更名为“文化吉林”讲坛，每周日下午 1：30 准时开坛，邀请国内知名专家、学者，陆续开展了系列公益讲座，传播传统文化知识。

（二）举办“天下书香读书会”

吉林省图书馆为了更好地推广传统文化阅读活动，与吉林省全民阅读协会联合打造了

“文化吉林·天下书香读书会”，以吉林省著名作家、学者与大众分享中外经典好书为主体内容，打造高品质的读书会群落。

（三）构建吉林省公共文化交流推广平台

吉林省图书馆与吉林艺术学院、吉林人民广播电台一起，共同推出了图书与音乐相结合的吉林省公共文化交流推广平台。利用这一平台，吉林省图书馆策划举办了“新年音乐会”“爵士乐演奏会”“古典乐曲演奏会”等丰富多彩的文化活动。

（四）开展展览展示活动

吉林省图书馆充分发挥阵地作用，全方位举办各类展览展示活动。年平均举办各类展

览展示活动 20 余项，既为读者提供了精美的展示空间，也展示了中华民族丰富多彩的传统文化。

（五）依托农民工子女阅读基地开展青少年活动

青少年是祖国的未来和希望，吉林省图书馆自 2011 年开始，建立了农民工子女阅读基地，依托这一基地，在农民工子女聚集地开展青少年活动。主要开展：①学生书房建设。通过提供文献资源和志愿者服务并行的方式，长期为学校提供服务，找准公共图书馆服务与学校教育需求的结合点，最大限度地支持和协助学校工作。②志愿服务。组织大学生志愿者在农民工子弟校开展活动。③农民工子女书画精品展。收集农民工子女书画摄影作品，进行集中评选，将优秀作品进行集中展示。④图书漂流活动。在农民工子弟校之间进行图书漂流，增强孩子们对图书的热爱，增强他们保护图书的意识。⑤亲子故事会。以游戏、手工制作等方式为孩子们解读故事，将孩子们带入美好的阅读环境，提高孩子们的理解能力和动手能力。

（六）全省范围内建设“百姓书房”

“百姓书房”的概念是吉林省图书馆 2009 年提出的一个全新概念，在吉林省范围内，依托企事业单位、党政机关、区、街道、学校等场所，建立“百姓书房”，开展阵地服务，让吉林省图书馆的阅读辐射范围覆盖全省，让老百姓就近就地实现阅读需求。

目前，该馆在全省范围内已建设153家“百姓书房”，阅读辐射面积覆盖全省。

同时，吉林省图书馆在日常读者活动中也重视传统文化阅读推广工作，形成了许多具有吉林省图书馆特色的读者活动，有效地推广传统文化，为实现全民阅读而努力。

（七）利用互联网技术实现“互联网+阅读”的新思路

随着互联网技术的迅速发展，人们的生活方式、学习方式、工作方式也发生了巨大的变化，人们可以利用网络进行学习、交流、购物、生活……互联网技术的存在，导致人们的阅读习惯和阅读方式发生了巨大的改变，从而也为继承优秀文化，进行阅读推广提供了新思路、新想法。

1.完善现有阅读平台，实现阅读新技术

公共图书馆在“互联网+”时代下，要着力打造包容PC、手机、平板电脑、电子书等阅读终端的立体化、交互式的“全渠道阅读平台”。目前，公共图书馆在阅读平台建设方面，已经作出了努力，实现了纸质与数字相融合。然而，现有阅读平台无法满足日益增长的需求，公共图书馆要充分融合新媒体平台，利用新技术，整合线上线下资源，完善现有阅读平台，推动全方位的阅读体验服务。通过利用互联网技术，建设新媒体阅读平台，进而推动传统文化阅读推广工作。

2.推出全新阅读平台，尝试阅读新体验

在“互联网+”时代背景下，公共图书馆要借助互联网手段来拓宽服务的渠道、扩大服务的面积、提升服务的质量，在原有阅读服务平台的基础上，形成全新的互联网式阅读服务平台，让阅读推广工作更进一步。一是以省为单位，在全省范围内建立“传统文化阅读推广服务平台”，利用互联网的链接特性，消除信息孤岛，将全省阅读推广工作整合，形成统一的一站式导航服务。大众只需要通过这一平台，就能了解到资讯、讲座、展览、演出等相关信息，在线浏览电子图书、视频等服务。二是建立数字图书馆虚拟网，形成数字资源共享网络。虚拟网以省级公共图书馆为中心、各市级公共图书馆为节点，形成资源的共建共享，为读者提供海量的电子文献。三是建立“微信图书馆”。形成以省级公共图书馆为中心，各市级公共图书馆相互配合的微信服务群，在全省范围内进行阅读服务指导、资讯推送等阅读服务推广工作，形成阅读服务推广规模，促进全民阅读。

3.丰富互联网阅读服务内容，满足阅读需求

目前，公共图书馆在推出阅读服务平台时，要根据不同的读者类型，提供不同特色的阅读资源，形成不同服务形态的特色阅读体系。如针对中小学推出自然、科学、历史等题材的科普类读物；针对高校推出专业性书籍和期刊，以满足其研究需求；针对普通成人读者推出小说、人文、社科、财经、军事等方面的大量读物；针对工薪族推出短小精悍的文章等，利用图书馆微博、微信、APP等为不同类型的读者进行推送式服务，以迎合不同读者的阅读需求。同时，利用现代技术，将数字阅读与音视频相结合，提供全方位的阅读体验服务和推广服务，让传统文化阅读推广工作变得生动、有趣。

4.建立“互联网+阅读”多元合作模式，实现全民阅读

“互联网+”时代下的公共图书馆要适应时代的发展，在服务方式和服务模式方面进一步提升，通过技术角度、资源角度等多个方面进行多元化合作，发挥公共图书馆

的阅读推广优势，实现全民阅读。从技术角度方面来看，公共图书馆可以与运营商进行合作，利用公共图书馆现有的文化资源，借助供应商的运营策略，通过他们的技术手段，实现移动互联网阅读，打造城市文化的特色和亮点。从资源角度方面来看，可以考虑将阅读推广与行业工作有机结合，让阅读元素融入到行业发展。比如，可以与地铁、机场、餐饮等人员密集型场所合作，建立地铁图书馆、机场图书馆，创立阅读主题餐饮等全新阅读新风气。定期推荐优秀书目，在各工种场所进行二维码推介，使市民随时随地能够扫描阅读，让公共图书馆资源真正发挥阅读效益。

三、辽宁省图书馆阅读推广活动

（一）打造公共阅读平台，全面推进社会阅读

多年来，辽宁省图书馆坚持“平等、公益”的办馆方向，为社会公民提供无障碍、零门槛、全免费服务，最大限度地开放馆藏。虽然各项经费有限，但辽宁省图书馆千方百计顺应社会公众文化需求日益多样化的趋势，以“读者至上”的理念引领自身的建设和发展。不断改善馆舍条件，完善馆藏文献结构，增加开架文献数量，提高科学管理水平，提升服务人员素质，加强读者服务工作，努力发挥图书馆在经济社会发展和社会主义现代化建设中的作用。作为市民的“公共大书房”，辽宁省图书馆为促进公共阅读提供保障，为构建阅读社会发挥了一定的作用。丰富的信息资源、先进的各种设施、完备的服务功能、优雅的读书环境，为广大读者提供了一个阅读的理想场所，搭起了传播公共文化信息知识的平台。辽宁省图书馆积极地为读者提供专业的图书馆利用指导服务，如设立咨询台，主动向每一个第一次踏进图书馆大门的读者进行馆情、服务窗口介绍，讲解办证须知、借阅规则和方法，指导读者掌握文献检索的一般知识，提高读者的借阅能力和使用效率，留住走进图书馆的每一个读者，保障和满足最广大人民群众的基本文化权利。

（二）精心策划阅读活动，倡导全民阅读

1.打造品牌活动

开展读者活动是图书馆阅读推广工作的重要组成部分，通过广泛开展读者活动，进一步在图书馆和广大读者之间架起共同进步和谐发展的桥梁和纽带，使图书馆更加贴近读者，读者更加了解图书馆、利用图书馆，充分发挥图书馆在阅读推广中的重要作用。近年来，辽宁省图书馆一直坚持广泛开展有意义的读者活动推广阅读，并借此来打造品牌特色。

（1）辽图展览

辽宁省图书馆依托丰富馆藏资源，自 2010 年至 2017 年 9 月共组织举办各类展览 40 多场，累计受众达 20 万余人次。展览内容涵盖了文化艺术、科普专题、时事热点等。展览主题突出，内容丰富，制作精美。展览以丰富读者文化修养和知识为基础，构建一个符合时代要求的文化艺术阅览环境，引起了读者强烈的反响，到图书馆看展览成为读者休闲、娱乐和学习的重要生活方式之一。辽宁省图书馆积极探索和尝试走进社区、机关、部队、学校等基层读者活动中心的巡展，开展省际交换展和国际文化交流的展览项目。

（2）辽海讲坛

“辽海讲坛”是覆盖全省各城市和广大农村地区，内容涵盖经济、政治、文化等

多个领域的大型哲学社会科学系列公益性讲座平台。自2006年草创至2017年，坚持以传播先进文化、弘扬科学精神为宗旨，以满足人民群众日益增长的精神文化需求为出发点和立足点，致力于打造具有辽宁特色的普及性、社会性、标志性的公益文化产业。经过多年的探索和实践，"辽海讲坛"已经成长为规模宏大、组织严密、受众广泛、影响深远、声名远播的辽宁文化事业的品牌项目。为了进一步树立形象，凝聚人气，近年来辽海讲坛百姓讲座邀请多位全国知名专家和学者来到馆内登台献讲。如邀请知名文化学者易中天讲授《三国这段历史》史学讲座、袁岳讲授《阅读的解构》等，大大提高了辽海讲坛在省内乃至全国的知名度和美誉度。

2.重视大型文化活动的传承

近年来，读书月、阅读节活动在国内众多城市有声有色地开展起来，在推进全民阅读方面发挥了重要的作用。在城市阅读节的举办中，公共图书馆作为一个城市文化的心脏，应该起主导作用，通过阅读节的平台策划、举办读书活动，营造阅读氛围，激发市民读书热情，组织开展丰富多彩的阅读和宣传活动。

（1）读书节活动

辽宁省图书馆"读书节"系列文化活动于每年的4月23日至6月23日在辽沈地区全面举行。作为地域覆盖面广、大众参与性强、内容丰富、形式多样的大型公益系列活动，读书节以辽宁省图书馆为龙头，以点带面，联合社会各行业和社团，发挥联动和辐射功能，是一场意义重大、影响深远的群众读书盛宴。

（2）科普周活动

根据辽宁省委宣传部、省社科联关于辽宁省社会科学普及周的通知及要求，每年的5月第三周举办辽宁省社会科学普及周系列活动。活动紧紧围绕广大人民群众生产生活实际，积极协调相关单位和部门，组织动员广大社会科学工作者，开展形式多样、内容丰富的社会科学普及活动，普及社会科学知识，宣传社会主义先进文化，满足人民群众日益增长的精神文化需求。

（3）服务宣传周活动

以图书馆服务宣传周为契机，辽宁省图书馆紧密围绕宣传主题，通过举办形式多样的阅读推广活动，吸引公众充分利用图书馆，读好书，用好书，引导读者和社会公众参与图书馆举办的各种文化教育活动，促进社会的和谐发展。

（三）关注弱势群体，壮大读者队伍

1.少年儿童阅读推广活动

少年儿童阅读习惯的培养是全民阅读的基础。关注少年儿童健康成长，正确引导少年儿童阅读，让他们从小树立正确的人生观和价值观是图书馆义不容辞的责任。辽宁省图书馆将引导少年儿童阅读作为一项重要的长期性工作来抓，利用周末与节假日定期开展一些有益于少儿阅读的活动，如"快乐阅读、快乐棋牌、快乐玩具坊"等丰富多彩的亲子活动，把少年儿童的注意力吸引到图书馆的阅读活动中来，通过轻松阅读、快乐阅读，培养少年儿童的阅读兴趣，激发他们的读书热情，启迪他们的智慧与创造力。

2.老年读者阅读推广活动

关爱老年人、尊重老年人、满足老年人的需求，是全社会的责任，公共图书馆应积极为老年人提供全面、有效的服务，提高老年人晚年生活质量。辽宁省图书馆近年来加大了对老年读者的服务力度。在服务人员的选择、使用环境的布置、阅读设施的设计、文献资源的配置等方面，都作了精心的安排，力争为老年读者创造一个明亮、清新、幽雅、舒适的环境，使图书馆成为老年读者向往的文化娱乐休闲中心。并通过定期举办老年学电脑、老年英语角等活动，丰富老年人的业余文化生活，使图书馆成为老年人了解社会、结交朋友、学习文化知识和休闲娱乐的场所。

3.农民工阅读推广活动

近年来，辽宁省图书馆将农民工作为重要的服务对象，主动为其提供文化信息服务，极大地丰富了农民工的精神文化生活。2011 年中秋节期间组织开展了“同乡同龄同梦想共学共享共月圆文化服务农民工”活动，通过建立工地图书室，送文艺演出进工地，组织“农民工风采展示”等活动，有效地拉近了农民工和图书馆的距离，丰富了农民工的文化生活。另外 2010 年还分别在沈阳沙山四校和打工子弟小学建立了爱心图书流动站，为农民工子女主动提供适合他们的服务，让农民工子女感受到社会的关爱。

4.残疾人阅读推广活动

公共图书馆作为社会知识保障体系的重要组成部分，其服务触角应该覆盖所有有阅读需要的人群。关注残疾人群体的阅读需求，为他们提供便捷、周到的文化服务，引导更多的残障人士走进图书馆、利用图书馆，这是公共图书馆的责任。辽宁省图书馆面对残疾人的知识需求，建立专门的残疾人阅览室，为其提供专门的服务，真正把他们当作自己的服务对象。辽宁省图书馆与省残疾人联合会联合举办了“手语世界”活动，为健全人与残疾人的沟通与交流架起了一座爱心之桥，每周开办手语培训班，请专业手语教师为志愿者教授手语。组织开展残疾读者能够参与的阅读活动，是培养残疾人自强自信、热爱生活的良好载体，是激发他们阅读兴趣的关键所在。

（四）建设基层图书馆网络，扩大图书馆阅读范围

辽宁省图书馆在做好馆内读者阅读工作的基础上，延伸服务触角，将阅读推广活动延伸到基层，为基层群众创造就近阅读的社会环境和阅读条件。近几年，辽宁省图书馆着力打造以省图为龙头，“辽东、辽西、辽南、辽北”4 个片区为基层中心，辐射市县级馆，不间断地深入到军营、社区、学校、农村，为广大农民群众送资源、建站点，为基层文化建设出谋划策。目前辽宁省图书馆已经建立图书流通站 132 个，积极地推进了新农村的文化建设和全民阅读活动为建设阅读型社会进行了积极而有益的实践探索。

（五）借助现代技术，建立多元化的阅读平台

面对读者日益增强的网络阅读需求，公共图书馆应适应信息时代的需要，实现网络服务与传统服务并重，在保障实体图书馆优质服务的基础上，打造资源丰富的优秀网上阅读阵地，建立多元化的阅读平台。辽宁省图书馆特别注重开发具有馆藏文献特色和地方历史文化特色的数据库，将普及地方历史文化知识、促进地方文化的繁荣创新与拯救馆藏文献放在重要位置。数字化资源的内容日益丰富，形成了一批具有鲜明馆藏特色和地方特色的资源库；开展了多媒体阅览、网上阅读等服务；开设专题网页、好书推荐、影视阅读等栏目，满足广大读者的网上阅读需求；在尊重读者阅读习惯的

前提下，加强对读者网络阅读的引导，大力推荐优秀的网站和电子杂志、电子报刊。计算机、多媒体、互联网技术的发展及在图书馆的广泛应用，为读者提供了多元化的阅读推广平台。

四、广州图书馆阅读推广活动

广州图书馆占地 2.1 万平方米，总建筑面积 10 万平方米，总投资达 13.14 亿元的广州图书馆新馆，被视为世界上面积最大的城市公共图书馆之一。自 2013 年新馆启用以来，把阅读推广与馆藏空间的设计结合起来，开阔的空间和错落有致的分隔将承载着知识信息枢纽、终身学习空间、促进阅读主体、多元文化窗口、区域中心图书馆等五大功能，配合图书馆各个部门的服务转型，广图新馆正在以“第三空间”的形式成为一个公共文化交流平台，并引领现代都市文明的生成。

（一）广州图书馆阅读推广现状

1.致力于都市文化空间的开拓

除了传统的阅读推广活动之外，广图成立了专门的社会活动推广部，与社会各界建立起紧密联系，以合作或者协作的方式策划和组织了各种面向公众的大型文化活动，并把“人作为图书馆服务的重点，将阅读推广延伸至文化交流层面。目前，广图先后与广州市委宣传部及社科联、广东省文化学会、广州大剧院、《诗歌与人》杂志、广州市非物质文化遗产保护中心、文仕文化博物档案馆等 50 多个机构建立了合作伙伴关系，特别在书香羊城阅读月、书香岭南·全民阅读活动、广州国际纪录片节、广州国际漫画节、广州国际微电影节等重大社会文化活动方面结成了固定的合作伙伴关系。2011—2015 年，主办或者协办社会文化活动超过 500 场，参加公众达 120 余万人次，举办了“我的文学行当黄永玉作品展”“你是这样的人纪念周恩来诞辰 115 周年珍品展”“纪念邓小平同志诞辰 110 周年暨百色起义 85 周年图片展”“珍图真像海上丝绸之路近代三百年珍藏展”及“《广州大典》：千年古城的根和魂”主题展等 60 余场大型展览，形成了“羊城学堂”讲座、雅村文化讲座、“意犹未尽”充电站系统讲座、书香岭南·悦读生活摄影大赛、广州新年诗会、“捐书”微公益行动等品牌活动。

2.加强数字资源及移动阅读服务

为应对新媒体的挑战，广图也以实现服务网络化为目标，投资建设数字图书馆及移动阅读设备、资料。截至 2015 年 6 月，广图数据库数量（含购买、自建、试用数据库）达 40 多个。其中自建及共建发布的数据库有 12 个，包括广州大典网络服务平台、广州人文数字图书馆、中国政府公开信息整合服务平台（广州站）、广东历史文献书目数据库等。2014 年广图开通微信服务，微信关注用户已超过 10 万人次，且以日均百人次的关注量在不断地增加，成为广图很好的宣传与服务平台。在微信平台中，提供了书目查询、借阅查询、图书续借、活动公告等服务，并定期推送广告图活动信息。

3.向智能化服务转型的全开放自助式阅读服务

为了吸引更多的公众走进图书馆，落实公共图书馆所秉持的“提供普遍而均等的服务”理念，广图不仅实现了零押金借阅及馆内一卡通等便利措施，同时大量使用自助设备方便读者借阅，如 24 小时图书馆、自助借还机、自助办证机及读者预约取书机等，更适应新媒体时代的要求，开通了微信公众号。读者可以绑定读者证和公众号，获得二维码读者证，实现扫一扫借还书，将自动化服务提升至智能化服务的层面。

4.建设多元文化交流平台

广图根据对外交流发展的实际需要，于2010年制定了《广州图书馆2011—2015年发展规划》，并在规划中指明了多元文化交流服务方向，提出“发展地方性专题服务，保存地方文化遗产，弘扬岭南文化“和”加强国际合作，以文献服务为基础，拓展多元文化交流活动”。目前，广图在与友好图书馆交换馆藏的基础上，多元文化馆已设立了9个服务专区，并与7个城市建立了友好图书馆关系，提供英语、日语、法语、德语等多语种的馆藏资源，为居住在广州的外籍人士提供普遍均等的图书馆服务。同时，平均两个月将举办一次多元文化之旅展览，向公众展示广州与多个国家及城市的文化交往。在与其他国家及友好城市交往的过程中，广图意识到传承和保护本土文化的重要性，设立了以研究和收藏本土文化典籍为主的广州人文馆。

5.以“再现阅读史”为核心理念的阅读体验区

为营造一个以阅读为主的文化空间，广图在读者集中的一楼设置了以“再现阅读史”为核心理念的阅读体验区，将各个时代的阅读特征和文字载体特征融合起来，采取“从今到古”的倒序手法，展示中国阅读史的发展过程。体验区共分为现代阅读、印本阅读、抄本阅读和口耳相传等四个体验区。体验区每月配套举办悦读沙龙、阅读体验区等品牌活动。

（二）关于阅读推广的思考

1.关注读者的阅读需求及特点

在新媒体环境下，用户的阅读需求、心理、行为都呈现出与传统阅读推广不一样的特点。阅读推广活动要讲究实效，需要对读者调研，了解读者对阅读推广活动的实际感受，了解读者需要什么样的阅读推广。目前的研究多是从图书馆的角度和立场出发，应转换视角，从读者角度，根据读者的需求及特点，开展形式多样的活动，吸引更多读者走进图书馆、利用图书馆。

2.引导读者进行深层次的传统阅读

新媒体环境下，公共图书馆仍然要肩负起引导读者进行深层次传统阅读的重任，倡导经典阅读、纸质阅读、慢阅读、深阅读，发挥公共图书馆的专业性和权威性。一方面，帮助读者养成良好的阅读习惯，让他们意识到传统阅读的重要性，学会深度阅读、深度思考；另一方面，也要培养读者对书本阅读的兴趣，形成良好的读书风气，从而全面提高大众的阅读素质和阅读质量。

3.开展形式多样的阅读推广活动

阅读推广活动可分为阵地服务类和延伸服务类阅读推广活动。前者主要是指图书馆立足于本馆，面向到馆读者开展的活动；后者主要是指图书馆与各种社会组织、机构、团体合作通过活动将阅读理念、阅读资源等推送到学校、家庭、社区等场所。新媒体时代，公共图书馆更应分析阅读推广的未来表现形式，大胆进行阅读推广创新，力争赶上甚至引领读者的阅读趣味和阅读体验，在开阔读者视野的同时，直接为大众阅读提供指导、服务。

阅读乐民、阅读和民。指导大众阅读，共建阅读社会，既是公共图书馆的主要任务和核心服务之一，也是新媒体环境下图书馆服务创新的新方向，同时也是公共图书馆开拓生存和发展的需要。公共图书馆要顺应时代发展，明确自身定位、宗旨和社会责任，满足不同阶层的大众阅读需求，为打造阅读社会作出积极的贡献。

五、济南市图书馆阅读推广活动

（一）济南市图书馆阅读情况现状

济南市图书馆以推动全民阅读和普及科学文化知识，解读社会热点、难点为重点，定期举办各种形式的读书活动，每年举办各类讲座、展览、读书征文、知识竞赛等公益性文化活动 100 余次（场），10 万余人参加，产生了广泛的社会影响。其中“天下泉城大讲堂”“女性讲堂”“读书人”摄影比赛暨展览、老年人免费电脑培训班等成为全市公共文化服务的品牌和亮点。几年来，积极争取社会力量参与，精心策划富有泉城特色的读书活动，打造“书香泉城”读书活动品牌，营造良好的泉城读书氛围。连续两年举办“书香泉城”全民阅读节活动，开展济南市读书朗诵大赛、换书节、图书馆一日体验、“我阅读，我快乐”阅读箴言手机短信创作大赛、“成功父母大课堂”公益系列讲座、“欢庆十八大，喜迎十艺节”共享工程广场放映与视频展播、“泉城记忆”老照片征集等系列活动，成为推动全民阅读、推动学习型社会建设的重要服务品牌。济南市图书馆还不断扩大公共文化服务范围，想方设法拉近与普通读者的距离，积极走进社区、基层开设分馆，让广大群众能够与图书“零距离”“低成本”接触。目前济南市图书馆已在社区、学校、部队、厂矿企业、机关、农村等建立图书服务网点、分馆 55 个，年累计送书刊 160 次以上，册数达 10 万余册。同时，积极开展捐书助农、送书下乡活动，受到农村群众的好评。近年来，济南市图书馆每年都要举办各类读者活动 100 多次，吸引读者近 10 万人参加。

（二）济南市图书馆阅读推广活动的具体做法

1.努力打造品牌讲座

济南市图书馆公益讲座诞生于 2001 年。10 余年来，累计举办各类公益讲座逾 500 场，听众达 16 万人次，服务触角延及企业、学校、军营、社区、农村和机关等，讲座内容和形式也不断创新。成功打造出以“成功父母大课堂”“女性讲堂”和“天下泉城”大讲堂为首的三大系列主题讲座，内容涵盖文化、教育、时政、健康、情感、艺术、军事、法律、科技、历史等多个层面满足了不同受众多样化、差异化和个性化的需求。其中，主要与新闻媒体联手，共建大众文化服务新品牌“与孩子一起成长——成功父母大课堂”公益系列讲座，共推出精品讲座 157 场，该系列公益讲座被山东省文化厅授予山东省“图书馆特色服务品牌”称号。

积极开发特色品牌，满足读者的个性化需求，举办“女性讲堂”公益系列讲座。相继邀请著名节目主持人含笑、时尚礼仪教母周思敏、犹太母亲沙拉·伊马斯等开办专题讲座。与济南经济广播强强联手，多次举办“泉城鉴宝会”“《财富直通车》节目听众见面会”，以及“法在身边——大型法律讲座和现场咨询会”等活动，满足了广大藏友、股民和法律爱好者的需求。注重“名人效应”，是济南市图书馆公益讲座的显著特点之一，讲座名家荟萃，影响力和号召力显著提升。众多文化名人的参与，不仅提升了公益讲座的文化层次与品位，也为受众提供了与“大师”亲密接触的良机。把公益讲座作为图书馆工作的重点内容进行科学组织和认真规划，不断将讲座品牌做大做强，努力形成多领域、多层次、立体化、亲民性的讲座服务格局，保障了人民群众均等共享文化的权益。

2.创办汽车流动图书馆

2006年，济南市图书馆创建了汽车流动图书馆，以客车为载体，承载图书4000余册，设置借阅服务台、共享工程专用服务台、笔记本电脑、投影仪、条码阅读器等，采用现代无线通信技术和网络技术，将文化信息资源迅速地传送到各地。6年来，汽车流动图书馆已建立馆外服务点30多个，先后深入企业、社区、部队、机关、农村及其他单位、公共场所服务3000余次，借还图书近24万册，办理借书证1.5万余个，服务读者10万余人次，同时举办讲座、展览、电影放映等活动，观众（听众）逾4万人，被市民誉为"身边的大书房"流动的电影院。汽车流动图书馆多次开进泉城广场、舜耕国际会展中心广场、章丘文化广场及济南大剧院建设基地，为广大市民提供现场办证、信息咨询等服务，有效拓展了图书馆的服务半径。

3.设立24小时自助图书馆

2010年11月，市图书馆率先在全省图书馆中成功引进阿发迪（RFID）图书馆智能管理系统，让自动借还图书成为现实。为进一步延伸图书馆服务时间和空间，分别在泉城广场和赤霞广场设立两个24小时自助图书馆，每个内置图书450册，采用智能环形轨道实现图书自动上下架，读者可自助完成借书证办理、书目查询、图书借还、图书续借及预约等多项服务。从开通至2017年，2个自助图书馆新办理借书证1000多个，借阅图书近1万册。

4.注重青少年阅读引导

中国有3亿多儿童，占人口总量的近1/4，但对儿童的阅读问题却很少有人给予高度的重视。自2004年起，济南市图书馆连续八年在济南市中小学生中开展了"暑假读一本好书"征文活动，由济南市教育局、济南市文化局、济南市关心下一代工作委员会主办，济南市图书馆承办，明天出版社协办。其目的在于丰富学生的暑假生活，让学生多读书、读好书，用阅读打造暑假活动品牌，从而推动全社会形成良好的读书风气，进一步营造书香社会氛围。活动主题鲜明，组织科学，迎合童趣，依据学生阅读特点科学拟定推荐图书，深入基层，多渠道宣传发动，为了让越来越多的学生了解活动情况，积极参加到活动中来，工作人员亲自到学校发放征文通知和推荐书目，将"暑假读一本好书"活动与各学校读书活动结合起来，增强读书活动参与度。采取了名家导读、一举多得、事半功倍的办法，8年来，每一届的颁奖大会征文活动组委会都组织备受孩子喜爱的童书作家和儿童阅读推广人与小读者见面，互动交流，分享自己的阅读和写作心得。"暑假读一本好书"活动的规模越来越大，机制越来越成熟，效果也越来越显著，全市参加征文活动的中小学生逾百万人次。该活动已成为济南市暑期活动的一个品牌，受到广大师生及家长的一致好评。首届"暑假读一本好书"活动征文作品集《好书让我感动》已由明天出版社编辑出版。

5.与企业联手，共同打造"重汽杯"济南市"读书人"摄影比赛

"重汽杯"济南市"读书人"摄影比赛展览，由中国重汽集团有限公司工会主办，济南市图书馆承办，济南市摄影家协会协办，活动对象主要为全市市民和广大摄影爱好者。活动目的和宗旨是通过摄影这一民众喜闻乐见的艺术形式，展现人们读书、爱书、惜书的感人场景和精神风貌，并通过比赛、展览等形式，激发人们的读书意识和创作热情，弘扬读书学习的优良传统和文化精神，营造读书学习的良好氛围和社会风

尚，引导市民共享读书之乐，共建文化泉城。活动围绕“读书人”这一主题，主要包括摄影作品征集、评选、颁奖和优秀作品巡展等活动内容，每年举办一届，是一项全市规模的读书活动，截至2017年已成功举办6届，活动规模和影响不断扩大，目前已成为深受济南市民和摄影爱好者喜爱的读书活动的品牌。活动经费和奖金由重汽集团有限公司提供，并冠名“重汽杯”。活动形式新颖，特色鲜明，展览集阅读、摄影两种不同的文化活动于一体，引导市民用镜头聚焦与阅读有关的人和事，并通过对摄影比赛和展览活动的有机结合，为市民参与摄影比赛、艺术欣赏和读书活动提供了一个多功能的活动平台，引导市民共享读书快乐，共建文化泉城。活动具有时间跨度长，连续性强，多方参与，合作共赢的特点。通过活动，涌现出一大批高质量的摄影作品，先后共收到社会各界人士提交的参赛作品近4000幅，其中60余幅分获一、二、三等奖，300余幅被评为优秀奖或入选作品。这些作品通过人们在生活、校园、图书馆、大自然等环境中读书、学习的一个个精彩瞬间，记录下人们爱书、惜书，渴求知识的感人场景，不仅给人以精神上的愉悦，而且对人们学海泛舟、读书求知也具有一定的激励作用，给人以智慧和启迪，推动了济南市全民阅读活动的深入开展，进一步激发全市市民的读书热情。

（三）阅读推广活动的几点体会

第一，阅读推广活动是图书馆联系社会的良好结合点。公共图书馆开展阅读推广活动旨在通过内容丰富、形式多样的活动，吸引广大民众参与其中，促进阅读社会的发展。第二，商业机构的积极参与是阅读推广活动的有益补充。推广阅读是全社会的共同责任，图书馆开展阅读推广活动要充分调动社会资源，将社会的资金和资源整合而吸纳到读书活动中来，引起全社会的关注和参与。第三，大众传播媒体的作用不容忽视。现代传媒形式多样，这些大众传媒覆盖面广、社会影响大，对增强读书活动的辐射力、营造浓厚的阅读学习氛围有极大的促进作用。应积极借助媒体来营造节日氛围，扩大读书节活动的声势和影响力，提高市民的参与度。

六、甘肃省图书馆阅读推广活动

（一）甘肃图书馆阅读推广活动整体状况

近年来，在构建现代公共文化服务体系的大背景下，甘肃省图书馆坚持阵地服务与延伸服务相结合的方针，积极拓展和完善对外宣传与公益服务途径，发挥全民阅读重要阵地的积极作用，开展了讲座、展览、培训、文化沙龙、读书交流、体验活动等形式灵活多样的阅读推广活动。并且，这些形式还会随着社会发展、受众需求的变化等而不断更新，力求满足不同读者的多样性需求。与此同时，通过遍及全省城乡的69个分馆和图书流通站，103个数字图书馆推广工程服务网点，以及1.6万个文化共享工程各级基层中心和服务点，甘肃省图书馆的全民阅读推广活动不断向基层延伸，向纵深发展。甘肃省图书馆在长期的全民阅读推广活动中也形成了自己的阅读活动的一些品牌，诸如“周末名家讲坛”“阳光工程”“国学讲座”“书画讲座”“亲子阅读”“外教英语沙龙”“24小时街区自助图书馆”“流动图书车”“掌上图书馆”等，这些阅读活动品牌又引导着更多的人走进图书馆参与阅读活动。在此基础上甘肃省图书馆还充分利用“世界读书日”“图书馆服务宣传周”“全民读书月”及各类节假日组织开展丰富多彩的阅读活动，积极倡导全民阅读，被中国图书馆学会授予全民阅读活动“先进单位”和“全民阅读基地”称号。

（二）甘肃图书馆阅读推广活动主要特点

1.注重传统文化教育

拥有百年历史的甘肃省图书馆，在全民阅读推广活动中，历来注重中华传统文化教育，依托丰富馆藏文化资源，2007年推出的“周末名家讲坛”，先后有300多位省内外专家学者、社会名流登坛开讲；2013年推出的“书画讲座”，为广大书画爱好者提供了一个良好的学习交流平台；2014年推出的“国学讲座”，打造了一个感受传统文化魅力的大众平台。此外，每年不间断举办的公益展览，内容涵盖馆藏珍品、馆史回顾、政策宣传、文化科普、书画摄影、主题集邮等，并与全国多家图书馆签订了讲座展览资源共建共享协议，举办特色资源巡回展览，深受读者欢迎。《四库全书》藏书馆精心打造的“四库全书展”已成为兰州重要的文化名片。

2.注重弱势群体阅读

弱势群体，又称弱势社群，指的是社会中的弱者群体，比如儿童、农民工、残疾人等。甘肃省图书馆在全民阅读推广中非常关注营造弱势群体阅读环境，比如面向少年儿童的“亲子阅读活动”，每周定期开展内容丰富、形式新颖的“亲子系列活动”，活动形式包括手工制作、才艺展示、亲子故事会等，深受小朋友的喜欢；面向盲人读者的“阳光工程”，建有全省设备最先进的盲文及盲人有声读物阅览室，针对盲人读者到馆不便的情况，设立服务热线，开通接送专车，确定专职人员，免费接送盲人读者来馆阅读、学习，并提供免费午餐；面向农民工的“农民工之家”，在为进城务工人员提供图书阅览、上网娱乐等传统服务的基础上，积极开展用工信息、劳动保障、法律维权等方面的咨询服务，在春节前后，还为其提供网上购票、视频团聚等送温暖活动。

3.注重新技术应用

近年来，随着网络通信技术的飞速发展，新型数字出版和数字阅读模式不断涌现，阅读载体发生了巨变，带来了阅读的种种新气象，阅读内容、阅读速度、阅读方式、阅读习惯也在发生着深刻的变化。为此，甘肃省图书逐步推进馆藏资源数字化，订购超星电子书等近30个数据库，建立了24小时街区自助图书馆，开通了掌上移动图书馆，设立了电子书借阅机、阅报机等新技术设备，并充分利用网络和各种交互平台等新技术工具，将广大读者特别是青少年读者对阅读和新技术的热爱充分地结合起来，提高了他们的阅读兴趣。此外，甘肃省图书馆还结合近年来国家实施的文化信息资源共享工程、数字图书馆推广工程、公共电子阅览室建设计划等文化惠民工程，初步建成了覆盖全省的省、市、县、乡、村五级服务网络，并组织开展了丰富多彩的阅读推广活动。

4.注重城乡联动

为了更好地发动各级群众参与全民阅读活动，甘肃省图书馆在优化阵地服务的同时，常年坚持开展送书下乡、文化帮扶等活动，使阅读推广服务走进校园、企业、工地、社区和乡村，变被动服务为主动服务，让越来越多的人能够享受到阅读的快乐。经过多年的实践探索，甘肃省图书馆逐步建立了以图书配送为核心，以省、市、县三级公共图书馆为纽带的“三级流通模式”，截至2015年底，甘肃省图书馆在全省各地建立各类分馆、图书流通站69个，每年配送图书60万册，使阅读推广服务的触角延伸到全省各地，并通过举办一系列向纵深开展、向基层延伸、向全民拓展的读书演讲、体会交流、知识竞赛、读书征文等丰富多彩的阅读活动，吸引了城乡群众的广泛参与。

（三）甘肃图书馆阅读推广活动存在的问题

组织全民参与、培养阅读习惯是推动全民阅读的工作重点和难点，公共图书馆在阅读推广中要以各种手段激发用户阅读兴趣。审视甘肃省图书馆的阅读推广现状及特点，可以看到甘肃省图书馆阅读推广活动不断丰富，取得了一定的成绩，但仍存在一些亟待解决的突出问题：①没有建立全民阅读组织领导机构，推广活动尚未制定整体规划，缺乏有效的指导机制和长效的推广机制；②专业人才匮乏，无法开展高层次的阅读推广，缺乏大型阅读推广品牌，很难激发读者的参与热情，读者的阅读持久力不是很足；③宣传策略缺乏创新，社会各界参与度不够，呈现出应景性和短期性倾向；④阅读推广活动在策划、组织等方面与其他机构的合作较少。以上问题在一定程度上影响了全民阅读推广活动向更深、更广、更规范有效方向发展。

（四）全民阅读推广策略

1.建立全民阅读组织机构，健全长效阅读推广机制

全民阅读推广活动的开展不应该是一个应景和应时的活动，为确保阅读推广活动的健康有序发展，建立全民阅读组织领导机构，健全长效阅读推广机制，完善全民阅读工作体制机

制，显得尤为重要。公共图书馆可以考虑设置阅读推广的专职部门，譬如成立全民阅读推广委员会等组织机构，并在经费、人员等方面进行长期的规划和安排，力争通过长效性阅读推广模式吸引越来越多的读者，使读者在其中能够感受到浓厚的文化氛围，实现开展全民阅读活动的广泛性、持续性和有效性。当然，建立全民阅读推广活动的组织协调部门，要着眼于图书馆实际，建立一支高效、专业的推广阅读队伍，形成一支具备理论与实践能力的骨干队伍，从事阅读活动的策划、组织、研究和实施工作。

2.以重点活动为抓手，做大做强全民阅读活动品牌

全民阅读推广是一项长期的活动，在长期阅读服务的过程中，应该注意凝练出阅读推广项目的品牌。公共图书馆要在现有阅读品牌的基础上，进一步将阅读推广活动载体充实化，策划实施全民阅读推广项目，创造性地推出更多大型的全民阅读活动品牌，诸如“读书节”“读书月”等，并以此为契机，进行形式多样的“书香家庭”“读书达人”“书香校园”等评选活动，以“身边的典型”作为榜样示范，吸引更多群众关注阅读、参与阅读活动。此外，还要充分利用春节、清明节、端午节、中秋节、重阳节等传统节日开展具有民族文化特色、生动活泼的主题阅读活动，如文化讲座、经典诵读、征文活动等，引导广大市民走进图书馆以阅读的方式欢度传统佳节。

3.研究新型阅读方式，拓展全民阅读新领域

大阅读时代是一个内容多元、方式多样的阅读时代。互联网、云阅读、电子书、阅读器等带来一场阅读革命，使所有好书可以在方寸间随身携带，数字阅读影响力不断攀升，数字阅读时代正在加速到来。为了使更多的人投身到全民阅读活动中，我们必须意识到，传统与现代的融合、纸质图书阅读与电子网络阅读并存是未来阅读的趋势。阅读的未来是数字阅读，阅读推广的未来也将是数字阅读的推广，所以说公共图书馆在推进传统阅读的同时，要更进一步积极研究网上阅读、手机阅读、电子阅读等

新型领域，并以此为重点，努力实现数字媒体和纸质媒体的对接与共荣，不断拓展阅读领域，努力打造网上全民阅读公共文化服务平台，探索适合新形势需求的数字阅读服务的新模式、新载体、新平台。

4.加强与社会力量的合作，共同开展全民阅读推广活动

虽然公共图书馆历来是全民阅读推广活动的主体，但是在目前图书馆社会影响力不突出的情况下，仅仅依靠图书馆的力量倡导全民阅读活动是远远不够的，图书馆必须加强与其他社会力量的合作，借助其他机构的优势和条件，将阅读推广活动持续地开展下去。首先，要加强与政府部门的合作，取得政府在政策、资金等方面的支持；其次，应加强与学术团体的合作获得其专业性的指导；最后，应与媒体加强沟通，充分发挥媒体信息传播的作用，将宣传工作做到位。公共图书馆不能孤军奋战，而要努力加强与社会力量的紧密合作，充分利用各种社会资源推动阅读活动深入社会生活。

第二节　公共图书馆数字阅读推广实践

一、上海市图书馆阅读推广实践

（一）活动现状

1.市民数字阅读计划

（1）起步阶段：上海图书馆数字阅读计划起步于2009年2月，成功将馆藏电子书通过外借电子书阅读器实现了移动阅读服务。2011年底上海图书馆正式启动了市民数字阅读计划，建成基于元数据深度整合的一站式阅读推广的服务平台。“市民数字阅读”网站上的数字资源整合了馆藏的报纸、期刊、图书，实现了不同资源之间的无缝连接，满足了读者对移动阅读的迫切需求。当时在国内图书馆界属首创。为了加大力度推广数字阅读服务，上海图书馆联合新华书店开发并推出了市民数字阅读平台APP，新华书店直接嵌入到图书馆平台，读者登录可直接翻阅，弥补了新书在图书馆上架前的空档；另外，通过与盛大文学合作，开创了图书馆界和网络文图学产业界合作的先河。该合作意味着原生数字资源开始正式进入图书馆馆藏流通领域，开创了企业通过图书馆向读者提供服务的业务新模式，读者用上海图书馆读者证登录“市民数字阅读门户”，选择“网络文学”版块，可实现免费借阅，为读者带来更多数字阅读体验。

（2）发展阶段：为了进一步推广数字阅读，上海图书馆成功研制了带有触摸功能的“上图爱悦读”数字阅读自助机。这种为读者提供在线阅读、图书下载的智能移动客户端交互设备，适合推广到地铁站等人流量大的场所。读者直接对着大屏幕上选中的书“扫一扫”“摇一摇”就借走了，1秒钟之内“装书入机”，使得借阅更方便快捷。

2015年，“市民数字阅读平台”支持多种载体的移动阅读，提供中文电子图书近40万种、网络文学万余种、中文期刊3000种，中文报纸近千种的检索与阅读，真正成为“掌上图书馆”。

目前已经发展到市民数字阅读4.0阶段，其目标重点是进一步整合资源，完善平台建设。与此同时，为了顺应数字阅读的需求，上海图书馆开始探索纸质与数字资源并重的复合型的资源建设模式，馆藏特色数字资源正逐步形成。截至2015年，通过多

种渠道获取245万种电子资源，其中近200万种中文全文电子图书，5万多种外文全文电子图书，4万多种中外文全文电子报刊。另搜集整理13万余种开放获取（OA）期刊，全文近5000万篇。这在世界范围内也是居于领先地位的。

2.入驻支付宝、微信，“互联网+”结合“图书馆+”

根据移动互联网的调研数据，数字阅读APP的下载占比仅次于游戏。以手机、平板电脑等移动终端为载体的社交平台成为目前“互联网+”时代的“宠儿”，成为人们阅读和获取信息的主要方式。调研上海市民阅读的生态，关注和研究年轻人的阅读方式和阅读习惯，才能了解读者需求，以便提供精准、对口服务。在全力打造网络版市民数字阅读平台的基础上，在互联网+强势发展的浪潮之下，上海图书馆在2013年底推出“上海图书馆”微信公众服务号，提供微信平台的书目查询、续借咨询、活动宣传等服务。迈出了积极融合新媒体、借助移动社交平台开拓图书馆数字阅读推广等新的服务领域的第一步。

2015年4月，上海图书馆分别在微信和支付宝的“城市服务”中开通“图书查询”服务，在支付宝内免费开放了可供在线阅读的图书。作为全国第一家入驻支付宝“城市服务”的图书馆，用户通过支付宝，闲暇时刻就可以便捷地阅读育儿、健康、文学等各类书籍。上线仅3个多月，就有超过100万人次通过支付宝查询、关注与参与阅读。让图书馆真正体会到了“互联网+”带来的巨大流量红利。“互联网+”结合“图书馆+”可提供更多优质服务，倍增了图书馆参与全民阅读推广的效率和能力。同年6—12月，先后在“上海图书馆公众号”、支付宝和微信的“城市服务”平台上，推出图书馆城市服务微站和大众类市民数字阅读网站微阅读频道，提供图书全文阅读服务，读者可通过手机阅读。此举不仅使数字阅读推广获得了良好的效益，也在半年左右的时间内为上海图书馆获得了近40万的注册办证读者。

如今，上海图书馆每周精选7本优质电子书向读者推荐，可以直接在客户端阅读，多平台、多渠道的数字阅读和服务推广平台已经初步构成。2016年在“微阅读”频道上线电子期刊和多媒体视频资源，资源类型更加丰富。截至2016年5月，共推荐图书315种，平均每本书的使用量187次。微阅读频道还定期结合热点图书内容进行阅读分享、线上读书会、线下实践等互动活动，受到了读者的追捧，进一步激发了市民移动阅读的热情。

3.拓展数字阅读服务的新领域

（1）家谱探学开卷寻根——馆藏家谱数字服务新举措：上海图书馆是全世界收藏中文家谱（原件）数量最多的机构。为了更好地展示和促进家谱文献的阅读与利用，上海图书馆推出三大“互联网+”服务举措：①藏以致用。作为普通民众寻根问祖的重要资料，家谱数字服务的需求呈逐年增长趋势，2015年初，上海图书馆逐步在互联网上开放家谱全文阅览，精选500种家谱供读者在线阅览。②以技证道。2015年3月开发完成并推出面向数字人文研究的家谱原型系统，实现了基于概念而非关键词的精确查询。一方面以可视化、可交互的方式展示家谱整理研究成果，另一方面促进了馆藏资源更深入的利用。③弘扬社会正能量。借助3D和虚拟现实等技术，通过互联网，普及中国家谱的家训家规文化。

（2）“无障碍数字图书馆”：2011年12月中国首家“无障碍数字图书馆”项目在

上海图书馆启动，旨在为残疾人士、老年人等提供阅读无障碍的图书馆信息获取平台，提供有声电子书和讲座的数字化服务。该馆首批提供可全文阅读的电子书300种，通过语音导航、内容跟随朗读等实现全程无障碍阅读。可免费在线观看680多部上图讲座视频，阅读或收听2000多册有声电子书。此项目获得上海市文广局科技进步一等奖。上海图书馆也因此被上海市残疾人联合会授予“上海市助残志愿服务先进集体”，被中国盲人协会、全国盲人阅读推广委员会等授予“2014年盲人阅读推广优秀单位”的全国荣誉。

（3）“上海图书馆Overdrive少儿数字图书馆”上线：Overdrive（赛阅）是一家有30多年历史的数字内容提供商，从早期的磁带、CD制品到现在的互联网数字图书，他们与全球范围内的34000多家图书馆和学校建立了合作伙伴关系，致力于向读者推荐优质阅读资源。2016年上半年“上海图书馆——Overdrive少儿数字图书馆”上线，成为国内首家和美国数字图书发行商Overdrive合作的少儿数字资源公共图书馆，推出了英文数字图书借阅平台。提供近2000种英文原版电子图书及有声读物，其中包括各种主题的英文电子书和英文有声书，如文学、青少年小说、儿童绘本、科幻小说与奇幻作品等题材。上海图书馆的读者可以从图书馆的收藏中借阅并享用数字内容。Overdrive的运营模式，是把原来传统图书馆的运营完全变成在数字环境下完成，不仅保留了传统图书馆优点，又利用了数字图书馆的便利。

（二）公共图书馆推进数字阅读的思考

1.数字阅读“逆袭”，公共图书馆需要顺势而为

（1）数字阅读正在快速崛起

数字出版能够满足人们快速便捷获取和阅读的需求，第一时间把制作精美的电子书提供给读者，这一点具有无可比拟的优势。例如，2016年10月13日诺贝尔文学奖发布，《鲍勃·迪伦传》版权方第一时间联系国内知名的数字阅读品牌掌阅。14日掌阅宣布上架该书，也就是说诺奖公布的第二天，全球150个国家和地区的掌阅用户便可以用手机APP下载阅读，包括中文版和中英文对照版。

根据Overdrive第一季度排名前50的公共图书馆电子书借阅数据（2016年1月1日至2016年3月31日），电子书、视频读本和数字化杂志比2015年增长了30%～40%。年轻的读者越来越喜欢图书馆的儿童和青年电子书读物。虽然传统的读书俱乐部（BookClubs）在美国十分流行但是现阶段数字化的BookClubs正在迅速成长，许多图书馆利用OverDrive平台来组织和宣传“电子书阅读俱乐部”“城市阅读”和“一本书，一个社区”等活动。

国内的一系列调研数据也说明了这种趋势：中国成年国民数字化阅读方式接触率连续7年持续上升，2015年达到64%，而1999年只有3.7%的人使用互联网。《中国网民数字阅读状况调查报告（2016）》显示，62.7%的受访网民认为数字阅读迟早会取代传统阅读，其中，持此观点的20岁以下的受访者比例高达82.9%。可以说，这种趋势在很大程度上代表着未来方向，表明数字阅读的影响力正日渐增大。一方面与移动互联网的发展密不可分，深度移动化的生活让人们逐渐养成了移动阅读习惯；另一方面，也得益于数字化书籍内容的日臻丰富。以累计6亿用户规模的掌阅为例，可为读者提供海量的优秀内容，目前精品书、杂志等类型的数字阅读内容在掌阅快速崛起，从简

单的电子书发展到现在全方位的数字阅读资源，拥有各类优质图书的数字版权 42 万册，年发行图书 15 亿册。

（2）数字网络与传统阅读互为补充融合发展

"互联网+"结合"图书馆+"为图书馆阅读推广提供了广阔的发展空间，让图书馆的优质阅读资源和服务获得更大的触及率。越来越多的人利用碎片化时间通过手机等移动媒体进行阅读。虽然数字阅读多以短文章和资讯为主，但是一年下来集聚起来的阅读量对全民阅读具有不容忽视的推动作用。掌阅活跃用户阅读量 2014 年年均 8 本，2015 年达到了 12 本。毋庸置疑，数字阅读的飞速发展有利于促进中国从人口大国向阅读大国一步步前进。"行听书、坐看书"，使得碎片化的时间得到有效利用，如果每天阅读半小时，一年就是 180 多小时。如果读者能够用自己思路加以链接和整理，累积起来形成系统化和条理化的知识，就不是碎片化的知识。

事实上，数字时代为我们的阅读选择和阅读层次提供了更多的可能性，阅读的书香不仅在纸本里，也在网络、手机里。只是传统纸本阅读的价值早已被证明，而数字多媒体阅读的价值还正待被充分挖掘：当前如何根据读者需求提供优质的数字阅读，通过数字阅读实现从-本书到另一本书，从一个知识点链接到更多领域，提供诸如此类高附加值的服务是图书馆阅读服务的关键。

当今时代数字阅读不能完全取代传统阅读，传统阅读也远未到没落的时候，那就应该接受其共存共荣、互为补充的关系，基于共生理念实现数字阅读和传统纸本阅读的融合发展取长补短，更好地为读者提供个性化和精准化服务。拿着手机和拿着书一样，都在阅读，共同创造阅读的未来；传统阅读与数字阅读应该"和谐共生"，互为补充，共同为全民阅读构建起各有所长的良性生态。

2.利用移动互联网推进数字阅读

（1）数字阅读：图书馆转型发展的抓手与助力：图书馆永远走在创新的路上，包括理念的创新、新技术在图书馆的运用，以及由此带来服务方式、服务内容、传播手段的创新等。"互联网+"图书馆的数字阅读使得服务无所不在、无时不在，有利于人们普遍均等地享受获取知识和信息的权利，因此成为图书馆转型突破的抓手与助力之一。"一旦全球使用智能手机人口达到 50%的临界点，全世界便无可避免跨进数字化阅读时代"。当前数字资源迅速增长，越来越多的读者选择数字阅读方式，转型发展中的公共图书馆有责任顺应需求，重视数字资源的采集，促进全民阅读；注重将新媒体、新技术、新服务引入公共图书馆，借力移动互联网做公共文化服务。2016 年上海图书馆"市民数字阅读"PC 端使用量保持稳步增长，上海图书馆 APP 的使用量也呈递进态势，通过微信、支付宝的"微阅读"进行移动阅读的读者不断增长。通过多平台的建设，上海图书馆数字阅读服务面大幅拓宽，开辟出一片阅读推广的新天地。

（2）精耕细作，建设数字阅读精品：事实证明，移动数字阅读借助社交平台不仅可以扩大读者群，也能实现阅读深度化。以 2015 年上海图书馆与新华书店合作为例，上海书展期间首次采用读者需求驱动采购的模式，推广 7 种近三个月内出版的电子版新书。

纸本阅读对应的不一定就是深阅读，屏幕上的阅读也不等同于浅阅读。两种阅读方式的关键还是在于书的内容。以往我国数字阅读市场还是平台之争，目前数字阅读更注重推动内容品质建设，迫切需要更多独创性、思想性和文学性的数字阅读精品。阅读推广的本质就是让人们看好书及更好地看书，内容是重中之重，打造数字阅读精品，建设馆藏特色数字资源库成为大势所趋。

（3）建设多元化数字阅读平台，致力于数字文化空间的开拓："互联网+"时代阅读推广的渠道更加多元，数字阅读为阅读活动注入新的生机。在坚守图书馆传统业务的同时，探索图书馆与新媒体、新平台融合的可行性。根据数字阅读特别是移动数字阅读日益普及的现状和增长速度，应该调研各类读者的不同需要，建设多元化数字阅读服务，致力于图书馆数字阅读服务和文化的开拓。

"互联网+阅读"越来越成为一种大众化的阅读新形式。图书馆顺应现代人的新阅读形式，对"阅读"的传统概念进行新的内涵扩展是大势所趋。例如，电子书把图书馆装进口袋采用移动终端来进行阅读。有声书、有声阅读可看成是纸质阅读的一种延展。在美国和欧洲

有声书"阅读量"已被计入国民人均年阅读量统计之中。公共图书馆与互联网、移动互联网数字出版等服务商合作，为数千万用户提供精彩的有声阅读服务。现在已进入"立体化阅读"的时代，讲座、展览、真人图书馆、表演、阅读有声书（听书）划入阅读推广的一部分。因此，我们坚持多载体、多平台、多类型的数字阅读推广，使图书馆能最大效能地履行其社会职责，推进全民阅读、打造书香社会。

3.具体策略

（1）用户中心思想：上海图书馆一直秉承"读者第一、服务至上"的宗旨。近年来，在调研读者需求的基础上，推出的系列活动频频受到读者热捧。根据读者利用图书馆的海量信息和数据，通过数据挖掘，统计分析出一系列阅读指数，判断读者的阅读爱好、阅读习惯、阅读需求，以此发布上海图书馆的年度阅读报告，基本上全面反映了区域内图书馆用户的阅读状况。从2013年开始为不同的读者发布不同的个性版阅读账单，使用过数字阅读平台的读者会收到一份数字阅读账单，内容包括借阅量、借阅偏好、借阅行为等个性化统计和分析，在动态展示的页面中还穿插有交互内容，读者可从中获得新书推荐、周边馆推荐等个性化体验。

另外，上海图书馆重视用户体验和反馈，以此来完善图书馆数字阅读服务，以便提供更优质、对口的服务。调研各类读者群体的阅读方式和阅读习惯，掌握读者的阅读需求，有针对性地策划阅读推广活动。

（2）推动跨界合作：上海图书馆将传统媒体和新媒体组合进行阅读推广宣传造势并创新阅读推广内容形式可以最大化扩大阅读推广的效益与效果。率先与互联网金融如支付宝和微信的合作，通过融合渗透使双方能够充分发挥合作双赢的优势，打造集阅读、消费、理财等活动为一体的数字化平台，实现互联网思维与公共文化服务的有效对接。此举也给图书馆在未来与其他新业态的融合提供了宝贵的经验，具有开拓性意义。上海图书馆的实践证明，"互联网+"时代是寻求跨界联手的绝佳机遇。图书馆通过与社会行业合作，共享彼此资源，利用网络搭建新的服务平台，既能够有效降低成本、实现双赢，还能促进传统业务的转型升级，最终带动图书馆事业转型发展。总之，图书馆实行跨界合作不仅有利可图，而且势在必行。

（3）线下与线上的融合并进，关注图书馆数字阅读服务建设：上海图书馆较早意

识到数字阅读推广是图书馆转型的抓手，树立互联网思维，较早利用微信、微博等社交平台发布数字阅读推广信息，通过线上与线下结合的方式，借力新媒体提升阅读体验。新媒体、移动互联网的发展为移动阅读崛起提供了最好契机。各类新媒体中，手机有携带与使用方便的优点，图书馆可借助社交平台的可发布评论、转发及交互性强等优势，开发和提供手机服务，真正实现“无时不在，无处不在”的图书馆服务，将极大提升图书馆的利用率。手机是目前图书馆进行阅读推广和拓展最值得关注和倚重的载体。因此，图书馆可开发移动数字图书馆 APP，为读者提供个性化服务，分类筛选读者感兴趣的阅读内容，为其推送感兴趣的资源；对阅读内容可进行标记、评论、分享和收藏；开设阅读社区，提供阅读交流分享的平台等。

（4）打造数字阅读的重要平台和场所：建设作为数字阅读平台的图书馆，要加大数字资源建设与整合力度。多采购最新的、高质量的、有品位的数字资源，可采取共建共享数据库资源或建设本地数字图书馆联盟的方式，以低成本共享更多数据库资源和其他类型的数字资源。另外，图书馆要重视自建特色数据库。

了解读者的数字阅读需求，开展各种阅读素养培训活动和阅读推广活动，调动读者利用图书馆进行数字阅读的兴趣，将图书馆打造成数字阅读的乐园和平台，努力建设健康的数字阅读生态。

（5）提高馆员的数字素养能力，建设专业人才队伍：推广数字化阅读，并想做大做强，没有一支专业队伍基本上是不可能的。为了更好地开展数字阅读服务，上海图书馆对相关馆员的专业知识、数字素养及服务意识提出了更高的要求。在探索实践中，把伴随着互联网和移动互联网而成长起来的 80 后、90 后馆员，投放在数字资源建设和数字阅读推广服务的第一线，重视培养和建设一支专业的青年数字人才队伍。

（6）加强数字资源及数字阅读服务宣传与营销

重视图书馆数字阅读推广服务的宣传和营销。加大对数字资源的宣传力度，既通过网络媒体、微博、微信公众号等自媒体平台开展新媒体阅读营销，也利用传统讲座、读者互动等方式推广宣传数字阅读，定期举办数字资源宣传活动，提高用户对图书馆资源的认知度。为了让更多的市民了解“市民数字阅读”，上海图书馆曾在本市几家纸媒上刊登了“市民数字阅读”的大幅广告；还把“市民数字阅读”二维码印在巧克力上，两方小巧的白巧克力，一方印着“上图爱悦读”的字样，一方印着二维码图样。读者拿出手机“扫一扫”，就进入“市民数字阅读”APP 的下载页面。如此推广数字阅读，其成效显著。

二、广西壮族自治区图书馆阅读推广活动

（一）“阅”动云尖数字阅读推广活动实践分析

近年来，全国公共图书馆的数字资源总量迅猛增长。广西壮族自治区图书馆先后引进了中外文数据库 83 个，2013—2016 年期间可供读者使用的总电子文献主要包括电子图书、期刊和报纸，合计数量 537 万册，而随着数字资源的不断增长，其访问量却长期停滞不前。为了将内容丰富、种类齐全的数字资源惠及广大读者，让更多读者享受数字资源带来的便利，充分发挥公共图书馆的社会职能，广西壮族自治区图书馆为宣传和推广本馆具有特色的数字资源内容，在分析了目前数字资源使用群体和群体特征的基础上，依托微信平台，结合图书馆数字资源实际情况，有针对性地开展了“阅”

动云尖数字阅读推广一系列活动（以下简称“阅”动云尖）。

1.“阅”动云尖活动前期工作

（1）成立活动小组

“阅”动云尖数字阅读推广活动打破了传统的以部门为单位策划活动的模式，跨越部门成立了由21位年轻馆员组成的“阅”动云尖工作小组。小组成员涵盖了广西壮族自治区图书馆办公室、网络数据中心、少儿部、借阅部、辅导部、信息服务部、财务科等多个部门人员，成员们集思广益，充分发挥了青年人善于利用新兴社交媒介平台，积极推介馆藏特色数字资源的集群优势。在选定活动名称、活动内容、宣传方式、合作单位等过程中，无不充分发挥了小组成员的主观能动性，大到活动的名称——“阅动云尖”的诞生，小到每个小游戏名称的选择，都是共同磋商、集体投票的结果。

（2）选取活动对象

分析广西壮族自治区图书馆近5年新增读者年龄段数据得知：近5年广西壮族自治区图书馆新增活跃读者的年龄在19～35岁的有3.394万人，占总新增活跃读者人数的39.9%。据《2016年度数字阅读白皮书》显示，目前数字阅读的主要群体为“80后”和“90后”，其占比高达64.1%。鉴于此，广西壮族自治区图书馆数字阅读推广活动拟定活动对象为年龄在19～35岁的“80后”和“90后”年轻群体。

（3）确定活动形式

微信作为一种新兴的社交方式已被人们所熟知并使用，微信以“微”为主要特点，能通过精简的消息传达准确、全面的信息，且互动性强、受众面广，作为新型传播媒介有着传播成本低、信息互动传播性强等优点，因此越来越受年轻人的喜爱。据不完全统计，截至2016年底，微信用户已达5.26亿人次，可以说微信已经成为很多人生活的一部分。结合数字资源使用不受时间、空间限制的特性，以及人力资源、平台活跃用户基数、效果评价标准等因素进行综合考量，“阅”动云尖选取微信公众平台为活动平台，最终活动内容体验设计以微信小游戏形式呈现给广大参与者。

2.“阅”动云尖推广模式分析

“阅”动云尖利用广西壮族自治区图书馆微信公众号平台，于特色节庆推出。活动以小游戏的形式呈现，采取“吸粉—粉丝行为诱导—转化成目标用户”的模式，通过简单的游戏及

微信的线上传播低门槛性提升图书馆微信公众号关注度，将数字资源检索与利用的知识融入游戏，通过激励机制激发关注用户持续参与活动的热情，再适当调节游戏中相关知识比重，促使关注用户登录数字资源平台检索答案，让参与者在完成游戏的过程中了解图书馆的数字资源，引导读者办理电子证，完成关注用户向数字资源读者的转变。

（1）活动前期“吸粉”

“阅”动云尖“吸粉”模式主要体现在游戏的设置上。在游戏设置方面增加转发分享环节，通过将游戏转发分享至朋友圈，让微信好友帮忙即可完成任务，同时参与抽奖。游戏简单有趣且易于完成，吸引了原有的“粉丝”进行大量分享转发，由于需要朋友圈好友帮忙完成因此游戏将众多“路人”转变为“粉丝”，同时游戏的分享与转发让更多人了解该活动，对活动也起到了良好的推广宣传作用。

（2）“粉丝”行为诱导

对“粉丝”行为进行诱导主要体现在活动中引导参与者使用图书馆数字资源导航进行检索从而完成游戏。如第一期活动中三月三“文曲星”游戏，游戏设置有关“壮族三月三”的知识问答，引导读者利用图书馆数字资源平台进行检索，让读者在了解有关壮族三月三知识的同时，对图书馆数字资源的使用有了大概了解。第二期活动中的“看图答题”游戏，游戏通过让读者辨识广西壮族自治区图书馆现有的不同数据资源库的图标名称，回答有关数据库资源的相关问题，从中获悉广西壮族自治区图书馆现有的数据资源库，以及如何使用这些数据资源库。第三期活动中的“方踪易寻”游戏，让读者进入广西图书馆主页的数字资源导航平台，在万方数据资源中查找一篇喜欢的论文，按照相关操作即可完成线上活动参与抽奖，该活动能引导读者使用数字资源进行文献的检索。以上几个小游戏均是通过寓学于乐的方式，让“粉丝”在参与游戏的同时大致了解图书馆馆藏数字资源的概念，为下一步转化为目标用户做了铺垫。

（3）转化成目标用户

活动在推出小游戏的同时还推出了电子调查问卷，第一期活动的调查问卷主要涉及读者获取活动的渠道、对活动的满意度、对馆藏电子资源的了解情况及对活动的意见和建议等方面内容。第二期活动的调查问卷通过巧妙的题目设置，在揭示图书馆数字资源（包括数字资源的总量、种类等）的同时调查读者的偏好，同时引导读者对图书馆电子证的免费办理及办理后能享用的数字资源进行了解。通过填写调研问卷，使读者了解到图书馆数字资源的价值，同时也是读者参与活动、完善图书馆资源建设的一个渠道，能让读者对活动产生归属感。许多读者在参与游戏、填写调查问卷后主动要求办理图书馆的电子证，这就实现了从“粉丝”转化为数字资源用户的目标。

3.“阅”动云尖推广实践效果分析

（1）直接效果分析

活动推广的直接效果，主要体现在最直观的数据变化上，包括活动参与人数、通过参与活动办理电子证的人数及最直接的图书馆数字资源使用率的变化等，下面以“阅”动云尖前两期活动数据对活动的直接效果进行分析。

①公众微信号的关注数量：对比分析“阅”动云尖前两期活动，广西壮族自治区图书馆微信公众平台原有微信关注用户数量从19458名增加至28904名。通过两期活动，新增微信关注用户分别为5099名和4347名，两期活动吸引的用户关注数总量占活动前关注数总量的48.5%，该组数据可说明“阅”动云尖极大地增加了广西壮族自治区图书馆公众微信号的关注度，活动取得了理想的效果。

②活动的参与人数：“阅”动云尖前两期活动参与人数分别为8212人和4364人，第二期活动时间的设置仅一天，且要求到馆现场参加，故参与人次的总量相对第一次较少，但是平均每天参与活动的人次却大幅度上涨，从侧面反映出活动能得到广大读者的认可，活动的推广宣传效果也逐渐显现，越来越多的读者积极参与到活动中来。

③活动转化目标用户数（即增加的持电子证人数）：“阅”动云尖前两期活动期间电子证持证读者增长数分别为321人和1046人，第二期活动电子证持证读者增长数约为第一期的3.3倍，可说明活动使越来越多的微信关注用户向数字资源读者转变，即活动将“粉丝”转化成为目标用户。

④数字资源的使用频率：与上年同一时间段相比较，“阅”动云尖前两期活动结束后

广西壮族自治区图书馆数字资源使用频率由43363次上升到284932次，同比增长了557.09%，可说明活动引导方向较明确，参与者通过活动了解到图书馆数字资源是对自己有益并且能免费使用的，这也提高了图书馆资源的利用率。

⑤活动调研问卷的收集：前两期活动收到的问卷调查数分别为857份和3812份，第二期活动调查问卷数量约为第一期的4.4倍，可看出读者对该活动的认可度逐渐提高，也有意愿通过该活动，积极参与到图书馆活动乃至图书馆建设中来。

（2）参与者对活动的认同度

以第一期活动调研数据为例。参与调研活动的857人中，有831人认为活动以微信小游戏的形式呈现给参与者的模式可取，占比97%；对活动的满意度做调研统计，对活动表示满意的有781人，占比高达92.3%。调研数据可说明活动的形式较受欢迎。

（二）开展数字阅读推广活动的经验总结

1.多元化的推广渠道

活动的成功与否与前期宣传推广密不可分，多元化的推广渠道能让活动传播更广，能最大限度地发挥数字阅读推广活动的传播优势。“阅”动云尖采用了线上与线下相结合、馆内与高校相结合、多种宣传媒体投放的多种宣传手段。线上宣传主要是采用馆内网站、微信平台、自媒体等方式；线下宣传主要是采用活动展板宣传、现场宣讲等方式；馆内宣传主要是采用发布公告、微信转发等方式；高校宣传主要是联合了广西大学图书馆等9个高校图书馆，投放活动展板、网站飘窗、微信群发消息等方式；多种宣传媒体投放主要是利用多种媒体力活动提前造势。对于宣传手段的选择和投放，“阅”动云尖工作组运用自如，从而使得此次活动在短短10多天内获得极大关注，参与人数空前，在特色节庆活动期间“阅”动云尖到馆参与读者人数常常达上千人。

2.多样化用户群的拓展

尽管数字阅读的用户越发趋于广泛，但是目前最大需求群体仍以19～35岁的青年人为主该群体大部分为学者、科研人员及数字产品爱好者等，细分读者群体有助于提高传播内容的使用率。“阅”动云尖针对不同用户群的特点在每期活动推出的同时都会有相应的主题，如第三期活动主要针对科研、音乐爱好者，为此，在游戏的设置上就会引导参与者使用相关的数据库。在未来规划中，“阅”动云尖还将拓展更多用户群，根据不同年龄段的用户特点推出相关主题活动，以期让数字资源惠及更多读者。

3.大众化的操作模式

简洁易于操作的活动体验模式，能有效提高读者参与的积极性。在快节奏工作生活的当

今，若一个活动的参与方式不受时间、地域限制，且游戏可操作性强，则能很大程度地吸引读者参与。“阅”动云尖采取的游戏模式，一般大众都能参与且游戏内容丰富、游戏的说明简洁易懂、游戏操作便捷，这便吸引了广大读者，即使是路人都能停下脚步参与并完成游戏。

（三）开展数字阅读推广活动的思考与展望

数字阅读推广正逐渐成为公共图书馆阅读推广的发展趋势，成为公共图书馆不可

或缺的公共服务部分，目前我国图书馆数字阅读推广活动大致处于一个探索阶段，存在不足在所难免，这需要在日后的实践活动中不断探索和完善。

1.准确处理数字阅读推广内容与传播的矛盾

图书馆过多的数字资源载体类型及复杂的内容都会增加传播推广的难度，在开展数字阅读推广活动时要掌握体验内容和传播效率两者之间的平衡点，在不降低活动体验内容质量的前提下最大限度地保证活动的传播效率。鉴于此，每期活动安排的主题以一至两个为宜，有针对性地进行宣传，最大可能地吸引对相关主题感兴趣的读者参与，获取有效的读者行为数据，保证传播推广效率最大化。

2.正确处理读者的个性和共性矛盾

在开展数字阅读推广活动时，通过对每个读者的个性进行细化，能够提供针对性较强的精准服务，但是在实际操作过程中，受多方面因素的影响，图书馆很难为每个读者提供一对一的专属数字阅读推广服务。因此，需要在了解读者个性的基础上寻找其共性，力求准确划分广泛而又不失特性的目标群体。鉴于此，建立读者分类模型，划分读者群体便很重要。

3.长远规划推广目标以打造活动品牌

目前，我国大多数公共图书馆在开展数字阅读推广活动时，较多依赖于国家图书馆“网络书香”活动的主题，活动如出一辙，缺乏新意，且多在春节等较大节庆日开展，缺乏长远规划。公共图书馆开展数字阅读推广活动需要结合图书馆自身数字资源特色，有针对性地进行长远规划，制定目标。在活动形式上可适当将当下的流行元素与传统元素相融合，同时做好品牌定位，打造出具有当地图书馆特色的活动品牌。就数字阅读推广活动而言，品牌定位直接关乎推广活动的长远规划发展，为此，广西壮族自治区图书馆一直努力打造具有广西壮族自治区图书馆特色的数字阅读推广活动品牌，经过调查分析及实践探索，于2017年初正式推出“阅”动云尖系列数字阅读推广活动，正努力将其打造成广西壮族自治区图书馆数字阅读推广活动品牌。

三、重庆图书馆阅读推广活动

（一）重庆图书馆阅读推广模式

重庆图书馆是我国公共图书馆中积极开展阅读推广模式创新实践的典型代表之一。重庆图书馆在分析了现有的新媒体传播手段后，选择与重庆科技馆建立战略合作关系，通过科技与图书的强强联合，为市民提供更加便捷高效的阅读体验。目前，合作双方通过有效开展人文和科技的优势互补，已经在阅读推广模式创新实践活动中取得阶段性成效。这些阶段性成果的典型表现有：首先，信息化服务上实现了网站、微信、微博等网络新媒体的多维运用，共同构成了一个综合性的新媒体信息提供平台。其次，在图书馆和科技馆的场馆中互置“数字图书馆”，也就是在场馆中安放网络电子书刊阅读器和数字科技馆，从而用高科技将两个场馆的精华部分浓缩到阅读器中，让更多的人了解图书馆的魅力。最后，联合打造“科普大篷车+流动图书车”同步行动，让图书馆的馆藏图书走出图书馆的书架，走进需要知识的小学生中间，为重庆的小学师生创造科普教育活动和图书借阅福利。重庆图书馆通过采用高科技新媒体手段，从多个角度开展创新的阅读推广活动，已经在科普教育培训、虚拟场馆建设、“科技与人文”主题展览策划等方面取得非凡的成果，真正实现了为人民服务，将知识传播到需要的人群中去，共享公益科普平台，为提高全市人民科学文化素质作出积极贡献。

（二）新媒体时代对公共图书馆阅读推广模式的建议

1.完善服务功能，营造阅读氛围

馆藏图书是整个国家的一项重要资源，图书馆是以纸质馆藏为基础的文化组织，因此保存纸质馆藏图书文件是图书馆的基础功能。但是，对于图书馆来说，如何提升馆内图书的阅读率成为工作的重点和难点。哪怕是处于无纸化的新媒体时代，公共图书馆还是要发挥自身的基础作用，努力吸引读者走进图书馆阅读馆内藏书。为了实现这一目的，公共图书馆应该创造一个优雅舒适的阅读氛围。阅读环境也包括硬件环境（包括阅读空间、阅读资源、阅读设备等）和软件环境，例如阅读行为规范、阅读服务和阅读指导。

2.借助微博、微信，开展信息推送服务

在公众中普及率极广的微信和微博是新媒体时代公共图书馆实现信息推送的最好选择，借助微博和微信这两个平台，公共图书馆可以发布有效信息，让读者借助这两个平台能够第一时间查询自己想要获得的公共图书馆阅读服务，比如新书推荐、图书评论、图书馆新闻发布、讲座培训等，通过微博和微信传播的信息的速度将远超于任何其他传播媒介。但是，在使用这两个媒介时，要充分注意到信息服务需要定位准确、更新及时、服务全面、善用标签和管理到位。这也是开展这方面应用的工作难点之一。

3.建设移动图书馆，开展手机阅读服务

手机阅读正在成为阅读的新潮流。图书馆有必要开展对手机阅读的研究和讲解，适时地为读者提供手机阅读服务。手机服务是基于 WAP 的图书馆移动信息服务，为读者提供更加完善的个性服务。将图书馆网络阅读延伸到手机上，使读者可以及时查询，如书目信息、借阅信息，以及预约、续借等，使读者可以随时随地利用手机阅读书刊。

第三节　公共图书馆经典阅读推广实践

一、南京图书馆阅读推广活动

（一）南京图书馆经典阅读推广的特色分析

1.着力打造品牌经典阅读推广活动——南图阅读节

（1）精选主题、宣传经典，多媒体营造氛围

围绕中国经典名著，结合地域特色文化，与强势媒体联合互动，打造主题鲜明的阅读盛会，是南京图书馆经典阅读推广工作的一个重要特色。2010 年起，南图阅读节每年举办一届，每届选择一部经典名著，举办系列推广活动，经过 4 年的积累，已取得了较好的社会效益，形成了一定的品牌效应。2010 年，首届南图阅读节以“红楼梦”为主题，一改以往只对进馆读者进行宣传的被动局面，在宣传工作上积极开拓创新，阅读节举办 15 天来就有各类新闻报道 300 篇。

2011 年、2012 年、2013 年南图阅读节连续围绕《西游记》《水浒传》《三国演义》等主题，从哲学、文学和历史的角度对名著进行学术探讨和人文解读，完成了对四大

经典名著的深入解读，活动的持续性开展不仅吸引了社会大众对经典名著的热切关注，而且对来年的经典阅读主题也充满了期盼。

（2）论坛讲座、互动交流，多层次解读经典

邀请业界顶级专家、中青年学者、普通百姓共同互动，以主题发言和互动点评的方式，从不同层面、不同角度解读经典、感悟经典，传授阅读经典的方法和经验，激发读者探索经典的兴趣，是南京图书馆经典阅读推广工作的另一大特色。如 2010 年首届南图阅读节围绕文学名著《红楼梦》，邀请了多位国内权威红学专家，从红楼梦的作者、红楼梦人物形象塑造、南图版红楼梦、红学文化与红学思想等多个角度进行学术探讨和主题演讲。2011 年第二届南图阅读节特邀的是国内知名《西游记》研究专家；2012 年第三届南图阅读节围绕《水浒传》邀请到的是国内著名宋史专家，分别从社会与人性的角度为读者呈现不一样的经典名著；2013 年邀请的专家则围绕《三国演义》从“战争与人性”的角度对作品进行了深入剖析。此外，对于不能到现场聆听讲座的听众，南图网站上还开辟专栏供网友点播视频，进行在线互动交流。

（3）馆藏图展、影视赏析，多角度呈现经典

围绕精选主题，整合馆藏珍品，二次开发馆藏资源，突破传统的“文本”阅读推广方式引入“图”阅读——设计、引进主题展览吸引读者关注经典，“影”阅读——赏析经典改编的电影作品启发读者思考经典，“赛”阅读——把经典名著融合到知识竞赛中调动读者学习经典的热情，采取多样化的经典呈现方式是南京图书馆经典阅读推广工作的又一大鲜明特色 4 年来南图阅读节分别围绕《红楼梦》《西游记》《水浒传》《三国演义》制作了馆藏不同版本文献插图展，运用经典名著元素创作举办了动画设计作品大赛、不同版本名著影视戏曲片赏析、人物画邀请展、读者知识竞赛等丰富多样的形式，大幅提升了读者对经典作品的关注度。

（4）推荐书目、评选颁奖，多项目推广阅读

南京图书馆除了在官网上开设年度、季度图书推荐专栏，发布各种书目推荐榜，还开辟专门的馆室陈列经典图书，供读者阅览参考。同时，于 2010 年首创“南京图书馆陶风读书奖”，一方面根据全国各地阅读情况，提供推荐书目供读者评选，另一方面由书评、图书出版发行、图书馆和相关领域人士组成专家委员会进行最终评定。它成为国内首个由省级公共图书馆主办的图书评奖活动，与“国家图书馆文津图书奖”形成互补。在公共图书馆引导经典阅读、促进公众的人文素养和科学素养提升方面，形成了“北有文津，南有陶风”的格局。此外，在优秀图书评选揭晓后，南京图书馆还与江苏省作家协会联合推出“江苏作家与读者见面会”，定期在江苏作家作品馆举办读书沙龙、作家作品朗读会。

2.利用品牌延伸服务活动，倡导经典阅读

（1）每逢双休日固定开讲南图讲座

“南图讲座”是由南京图书馆主办的面向社会大众的公益性、普及型人文系列讲座，自 2005 年 7 月创办以来，截至 2017 年 9 月已举办 813 期，听众人数累计达 29 万人次。周末到南图听讲座，已经逐步成为南京市民的休闲生活方式和文化体验形式。在对经典作品进行导读的系列讲座策划上，南京图书馆注重从三个层面邀请不同的专家从不同的角度解读经典作品，启发听众对经典作品的思考与感悟。首先是针对阅读

积淀不多的初学者，主要从字句的理解、对历史文化背景的阐释来引导读者理解古典文学作品，如《唐诗入门谈》《唐宋文化与宋词》等主题讲座；其次是与地域文化特色结合，引导读者感悟身边的古典文学作品，如《韵流金陵濯千秋》《唐诗宋词中的南京》等主题讲座；最后则把视野投射到海外，通过分析中国古典文学作品的海外传播和影响，中外比较，加深理解经典作品对人性的关照、对社会的影响，如《海东唐音：域外唐诗排行榜的构想与尝试》《漫谈东亚文学史上的杜诗》等主题讲座。

（2）定期在专业展厅推出南图会展

一直以来，南图会展坚持积极、健康、向上的准则，以雅俗共赏、寓教于乐为导向，围绕馆藏资源、自主设计制作系列展览，以“图”阅读的形式，引导读者走近经典。自 2007 年首次办展以来，截至 2017 年 9 月已设计制作 59 期，服务读者 38 万人次，并获得中华人民共和国文化部颁发的“全国第十四届群星（服务）奖”。“名著插图系列主题展”是南京图书馆以“图”阅读的形式开展经典阅读推广活动的核心展览，它的突出特色在于从古今中外的众多馆藏文学名著中选材，对世界各国的优秀经典作品进行专版介绍。考虑到小读者的经典阅读需求，还专门设计制作了“儿童文学名著主题展”。“名著插图系列主题展”每年定期推出 1 期或 2 期，目前已对 400 多部经典名著进行了导读介绍。所有展板不仅由专业人员设计制作，版式精美耐看，为读者创造了良好的视觉阅读体验，使得读者基于图片的快阅读需求得到了很好满足。

（3）推广品牌经典读书活动——陶风读书会

早在虎踞路旧址，南图就陆陆续续开始举办以“诵读经典陶冶心灵”为主题的经典诵读活动。2007 年南图新馆建成后，经典诵读活动无论规模和频率都大幅度增加，并在 2009 年进一步整合了传统的“诵读经典 • 陶冶心灵”活动，正式成立了“陶风读书会”，主要对传统诗词、文赋和经典作品做简单的释读，该活动在普及、推广中国传统文化方面的努力得到读者的普遍认可，曾获得“第七届江苏读书节优秀活动项目”称号。该活动主要分两大版块，其一是传统节日版块，主要是在元旦、春节、清明、端午、中秋等中国传统节日举办。其二是寒暑假版块，主要是以“缤纷的冬日”“七彩的夏日”为代表的系列经典阅读推广活动，如选取《论语》《大学》《中庸》《千字文》《笠翁对韵》等经典作品向儿童、青少年普及古典诗文，弘扬传统文化。

（二）关于深化公共图书馆经典阅读推广活动的思考

南京图书馆多年来积极开展各类经典阅读推广活动，并逐步形成了规范化、系列化、特色化、多样化的特点，但要想准确把握免费开放后读者及其精神文化需求呈现出多层次、多方面、多样式的特点，将专业性、学术性和知识性、趣味性、观赏性有机结合，打造公众喜闻乐见的文化品牌，经典阅读的推广工作还有很长的路要走，还有很大的提升空间。可以在继承现有经典阅读推广经验的基础上，进一步把握读者的阅读需求，通过做好以下几个方面的工作，构建出一个多维的经典阅读推广体系，切实提高经典阅读推广活动的深度和广度。

1.面向读者，开展“大众点评”，票选本年度经典阅读主题

有学者认为，评定一本书好与不好有三个标准：看完后你的感觉是积极的还是颓废的？看完后你有没有向别人推荐的激情？若干年后你如果再次遇到这本书，会再看一遍吗？从这三个标准中，我们可以深切感受到阅读内容对于读者的重要意义，无论

阅读载体如何多样化，内容永远是我们在经典阅读推广中需要牢牢把握住的，而对内容最有话语权的当属读者。为此我们认为公共图书馆有必要搭建有效的平台推动经典读物的“大众点评”工作，如在图书馆季度、年度借阅书目排行榜中，单独列出经典阅读书目排行榜，并增加读者点评功能，并以统计数据为依托推介经典读物；还可以邀请年度优秀读者、读书沙龙会员免费试读纸质及电子版当年新出版的经典读物，作出好评或差评、编写个性化经典书目推介；甚至还可以请读者根据年度借阅图书、作者、题材等多角度进行投票，预选年度经典阅读主题。

2.邀请名人，加盟经典阅读，为活动内容注入更多正能量

名人的成长往往得读书之益，他们的阅读方法和经历可以成为阅读推广的极佳案例。因此，公共图书馆在经典阅读推广活动中，可以充分利用社会大众喜欢对名人跟风模仿的心理促成名人与经典阅读的联姻。比如每年策划一期“影响名人的一本经典读物”活动，邀请社会精英，通过访谈对话的形式，讲述名人的成长故事和阅读体验，吸引社会大众关注经典阅读为社会普通人的成长注入更多的正能量。同时，在活动中还可以请朗诵名家现场朗诵经典作品的片段，为经典阅读赋予更多艺术化的感受，提高阅读的审美体验。

3.融合促进，联手高校馆，打造“大学城”“百姓城”双城阅读盛宴

调查显示，南京图书馆的用户主要集中在具有较高文化程度的人群，大专以上人群占68.33%，而其中在校学生是南京图书馆的读者主力军，占到42.73%。目前，南京图书馆已经与南京大学、东南大学等高校图书馆合作，逐步开展了馆际互借和文献传递的业务，从融合发展和阅读促进的角度来看，还可以在经典阅读推广活动中开展更多的馆际合作。比如在经典阅读推广活动中，除了在公共图书馆开设主会场外，还可以在各高校图书馆轮流开设分会场举办经典作品赏析活动，吸引更多青年学生对经典阅读的关注与思考，为高校学生尤其是理工科院校的在校生带去更多人文精神的滋养。

4.优势互补，帮扶引导民间阅读组织，推动和引领全民阅读

有学者提出，“一群人共同阅读，才使阅读成为一种生活方式”。而推动阅读尤其是经典阅读成为整个社会生活方式的一个不可忽视的力量，就是民间阅读组织。公共图书馆可以采取一“扶”、二“展”、三“评”、四“引”的方式，为民间阅读活动注入新的发展活力。“扶”就是为一些尚在起步阶段的民间阅读组织，配送经典阅读作品，建立“图书流通点”；“展”就是在图书馆网站开辟专栏介绍民间读书组织的经典阅读实践活动；“评”就是在年度优秀读者评选中增设“优秀民间读书组织奖”；“引”是邀请国内知名专家开设讲座，举办民间经典阅读组织人员培训班，提升民间阅读组织的格局，促其健康发展。

5.开通微博，搭建交流平台，广泛分享经典阅读感悟

经典阅读推广不仅仅是我们做了多少，更重要的是读者感悟到了多少，读者在这样的一些活动中，有没有真正有所触动，有没有平台去抒发自己的阅读体会。从这个意义上说，经典阅读其实是一种社会交流活动，时下最为活跃的网络社交平台，就可以成为读者亲近经典、抒发体悟的阅读助推器。南京图书馆可以结合自身服务特点，以阅读节的举办为契机，开通适合自己的微博或博客服务，引导社会大众在新兴的交流平台上享受经典阅读。同时，还可以积极关注读者所分享的使用图书馆过程中的愉

快经历，并加以转载和评论，实现图书馆的积极营销。

6.结合年度经典阅读推广主题，建设“经典记忆”专题数字资源库

面对信息环境的飞速变化，南京图书馆锐意进取、不断创新，每年阅读节都在提升服务层次、探索资源存储与服务方式上推出一些全新的项目组织模式。在今后的经典阅读推广活动中，可以在以往数字资源推广服务的基础上，结合年度经典阅读主题，建设“经典记忆”专题数字资源库，如国家图书馆的“中国记忆”项目、美国国会图书馆的“美国记忆”项目，都在“变藏为用”“以用促建”、创新资源使用方式方面作出了很好的探索。“经典记忆”数字资源库一方面以梳理馆藏已有和新建文献为主，另一方面可以面向全社会公开征集相关文献照片、手稿、实物、口述等资料，鼓励个人自愿捐赠、上传文献来丰富和补充相关馆藏，带动社会大众“亲近经典资源，享受数字阅读”。

二、杭州图书馆经典阅读推广活动

（一）杭州图书馆阅读推广现状

1.打造本馆经典阅读品牌，倾情诠释经典

很多文学经典尤其是古代文学因其文言文语体晦涩，缺少专业人员对阅读方法和内容的讲解，导致很多读者有心阅读却止步于扉页。专业学者对经典的解读与诠释能对公众阅读经典起到引领、点拨、启示的作用。杭州图书馆积极打造良好的阅读与社会化合作阅读宣传机制，倾情诠释经典。比如，与台湾海峡两岸文教经贸宗教交流协会共同举办的“国学九十九讲”活动，是杭州图书馆的经典阅读品牌。目前已举办20余场，邀请到台北市立教育大学进修部主任、台湾德明财经科技大学前校长陈光宪讲授《诗经与家风》，深受读者好评。《诗经》是古代儒生必读的教材，也是古时人们立言、立行的标准，诗句里反映出的社会万象、生活哲理是中华优秀传统文化的重要组成，蕴涵着丰富的家教家风文化。陈教授挖掘、提炼、升华古典诗词里的优秀家教家风文化，让传统文化焕发出现代的生机，对当下家教家风的建构和发展，具有重要的启发意义。以杭州图书馆为主要平台及“发射站”，各地国学名师为“弘道者”，弘扬中华传统文化，传承国学文脉，从现代眼光解读国学经典。通过互联网等方式向海内外的各著名大学、图书馆及全世界孔子学院与侨胞们，辐射中华文化之光芒与正能量，以此全面弘扬中华文化、提升文化软实力，并推广于世界。

2.抓好重点人群经典阅读的启蒙

当下，在青少年中更应该提倡经典阅读。梁启超曾云：少年智则国智，少年富则国富，少年强则国强，少年独立则国独立。杭州图书馆联合都市快报开展“名师公开课”阅读推广活动，邀请著名作家、教育界专家、编辑等围绕阅读、写作等话题为家长们定期开课。比如作家、编辑袁敏曾给家长们上了一堂生动的作文辅导课，引导孩子阅读经典和行走，尤其是行走，是一种更感性、更人文的阅读，能扩大孩子的视野、丰富孩子的知识面、锻炼孩子的人际交往能力，这些都对提高孩子的写作起到了潜移默化的作用。没有功利化的应试技巧，没有贪图方便的捷径，袁敏老师给出的这两条写作文的良策，让现场的家长恍然大悟。袁敏老师还列出一批书单，古典四大名著，以及现代作家鲁迅、曹禺、老舍、莫言，当代作家舒婷、顾城、海子，外国作家康•帕乌斯托夫斯基、托尔斯泰、茨威格的作品等都是推荐阅读书目。

3.注重创设国际化、多元化阅读情境体验

将阅读融入我们的日常生活，突破场地和空间的限制，不拘泥于书架与图书馆，而更应让读者看得见、摸得着、放不下。改变以往忽视阅读环境场景建设的弊病，而是扩展看似不搭界的场景，无论是物理场景或是虚拟场景，为宣传经典阅读所用。杭州图书馆在经典阅读的推广方面，注重场景体验，运用多元化形式为公众介绍和引入国外经典。比如，在3月20日世界法语日当天，杭州图书馆联合浙江工商大学法语联盟推出“纪念雅克·普莱维尔——全球法语日特别活动”，现场配合小提琴伴奏朗诵了《话语集》。2016年，杭州图书馆联合韩国文学翻译院举办了“拥聚力量的短距——中韩文学的视野融合”的对谈，韩国当代最重要的小说家吴贞姬、诗人金基泽，在杭州与著名的小说家、诗人、诗评家艾伟、江弱水、舒羽、泉子、颜炼军等一起，就中韩文学的视野融合、写作艺术等进行深度对话。公众得以在杭州图书馆这个平台上立体化地接触到世界文学的经典。

（二）公共图书馆经典阅读推广的思考

1.组织多种活动形式，激发全民阅读热情

公共图书馆应组织形式多样的阅读推广活动，激发全民阅读热情。例如，联合社会力量组织“释放活力，激扬文字”的人文走读等“阅读+行走”系列活动，精选古迹众多、人文荟萃的路线，邀请“当地通”沿途讲解历史典故、风物传说，引领读者运动健身的同时，体会“诗意的栖居”；组织“阅读+摄影”系列活动，联合杂志社、摄影艺术学会及网站举办“镜头下的阅读”摄影系列活动，从不同角度展示精彩的阅读瞬间，展现市民热爱知识的精神世界，挖掘书香文化；组织“阅读+朗读”系列活动，联合媒体举办“让我们一起朗读”系列朗读沙龙活动，邀请来自各行各业的普通人登台朗诵经典，讲述自己的故事。无论何种经典阅读推广的形式，其实质就是针对不同的读者群体制定出相应的阅读活动，从而培养读者的阅读兴趣和阅读习惯，同时教授读者阅读方法，提升其阅读能力和阅读品味，最终使越来越多的读者把阅读经典作为自己生活的内在追求。

2.打造专业导读人团队，加强志愿者队伍建设

公共图书馆应组建民间阅读联盟，加大、加深与民间阅读组织的联系，挖掘专业阅读引导人，组建一支素质过硬的导读人团队，加强推广的权威性和深度。在公共图书馆内可以设立“阅读指导咨询师”岗位，为读者提供阅读方面的指导咨询，与读者分享阅读经历、阅读体验、阅读观，并针对不同的读者群体推荐不同的阅读书目，让读者能有针对性地进行有效阅读。同时，应注意做好志愿者队伍的培训。公共图书馆应吸纳有一技之长、有教育经验、有阅读推广热情的业余爱好者，邀请他们积极参与到阅读推广活动的具体策划、宣传和实施中，并加强对其阅读指导、评价引导等专业化的培训，建立人才培训、认证、评价及激励体制。在这方面，高雄市立图书馆2005年起就开展了“故事妈妈”的培训认证工作，台北市立图书馆也为讲故事志愿者设立了特殊贡献奖、资深服务奖和服务热忱奖。这些举措能使志愿者在亲身参与、体验阅读推广活动的同时，逐步提高自身的阅读推广能力，成为公共图书馆阅读服务的一支有生力量。无论是组建专业队伍还是吸纳更多的志愿者，其目的都在于让更多的人参与到经典阅读推广中去。

3.顺应读者思维，建立有效激励机制

阅读推广不是阅读教学，不能把经典阅读变成负担式阅读，应设身处地站在读者角度顺应读者思维方式与行为方式，建立相应的激励机制，以促进其更为持久、广泛的阅读。杭州图书馆联合浙江党建网推出的读书汇“在有故事的地方阅读”就是一个成功的范例，该活动得到了广大读者的积极参与。在宣传读经典好书、鼓励读好书的同时，读者既能表达自己的观点，还能聆听他人的想法，在图书馆提供的交流平台上满足了读者分享阅读的需求。余华、张爱玲、莫言、王安忆、曹文轩、雨果、欧·亨利、莫泊桑和契诃夫等中外名家的经典作品有很高的点评率，深受读者的喜爱。在之后的分享会上，大家也表达了这些经典读物给予自己的人生启迪。图书馆的阅读推广活动可以建立相应的激励机制，奖励可以是特别定制的小礼品，也可以是虚拟的等级、积分、排行榜等，从而有效吸引读者，让读者有一定的荣誉感，以此来达到宣传与推广经典阅读的目的。

4.依托新技术，提供个性化经典阅读服务

个性化服务是未来图书馆的一大趋势，在引导读者经典阅读的同时应该注重提供个性化服务。依托新技术，杭州图书馆先后推出“悦读”服务和“悦借”服务。“悦读”服务可以让读者前往书店选购自己喜欢的图书，凭有效证件借阅，由图书馆支付购书费用。此举的推出使得读者从文献资源的接受末端转变成发起者，解决了传统模式的图书借阅周期慢、新书借阅难等问题，大大提高了读者的阅读兴趣，为读者阅读经典读物开启了方便之门。网上“悦借服务则只需要读者在线搜索经典读物，网上下单后通过快递送书上门。在互联网背景下，图书馆完全可以打破书店、图书馆、读者之间的壁垒，给予读者更大的阅读便利，提升其阅读兴趣。图书馆也可针对大数据分析进一步提供个性化阅读推荐活动，推动经典阅读深入、持久发展。

除此以外，公共图书馆还可以利用其特有的环境、设备及资源优势对读者进行相应的检索培训、现代新媒介技术应用培训，使阅读媒介多元化与图书馆推广经典阅读新模式有效衔接。如通过开展微媒体推荐优秀经典；在图书馆网站上设立经典导航，可查询经典书目、经典介绍、经典评论、经典阐释等；借助网络平台，开展在线名家指导、课程讲座、网络论坛、虚拟读书会、微博互动、微书评等。另外，公共图书馆还可以推荐系列经典影片供读者选择。运用现代化的技术使阅读获取的方式更加多样、阅读的形式更加丰富，从而提升经典阅读的服务能力。

参考文献

[1]魏奎巍.图书馆信息化建设与服务创新研究[M].长春：吉林出版集团股份有限公司,2022.

[2]李平，张旭芳，陈家欣著.数字化档案管理与图书馆资源建设[M].长春：吉林人民出版社,2022.

[3]王欢.高校图书馆信息资源建设与实践[M].长春：吉林大学出版社,2022.

[4]罗颖.图书馆管理与数字化建设研究[M].长春：吉林出版集团股份有限公司,2022.

[5]张永清.图书馆信息资源建设与服务研究[M].长春：吉林人民出版社,2022.

[6]褚倩倩.现代图书馆文献信息资源建设与利用研究[M].昆明：云南科技出版社,2022.

[7]韩春磊.公共图书馆馆藏文献资源数字化建设[M].长春：吉林摄影出版社,2022.

[8]李杏丽.智慧社会建设背景下大数据与图书馆管理研究[M].长春：吉林摄影出版社,2022.

[9]朱蕊著.公共文化服务视角下图书馆的采编业务建设[M].青岛：中国海洋大学出版社,2022.

[10]张文彦.中学图书馆建设研究[M].北京：人民邮电出版社,2022.

[11]王清芳，于景红，张新杰.大数据时代下数字图书馆建设与创新[M].长春：吉林文史出版社,2022.

[12]阚丽红.智慧图书馆建设与服务创新研究[M].长春：吉林文史出版社,2022.

[13]蓝开强.高校图书馆建设发展与智慧服务创新研究[M].汕头：汕头大学出版社,2022.

[14]孙振强，刘慧.图书馆特色资源建设研究[M].北京：北京工业大学出版社,2022.

[15]刘淑玲.图书馆管理与资源开发建设[M].吉林出版集团股份有限公司,2022.

[16]孙宇，杨佳，赵亮.图书馆新媒体服务建设与应用[M].上海：上海科学技术文献出版社,2022.

[17]邓润阳.图书馆阅读服务与现代信息管理[M].长春：吉林出版集团股份有限公司,2022.

[18]曲蕴，王晓樱，.大都市公共图书馆国际经验与上海特色[M].上海：上海科学技术文献出版社,2022.

[19]平安.图书馆文献资源采访实务教程[M].北京：知识产权出版社,2022.

[20]贾虹.智慧图书馆及其服务创新研究[M].北京：中国农业出版社,2022.

[21]陈雅，王丹.当代图书馆学基础[M].南京：南京大学出版社,2022.

[22]于源作.C#图书馆自动化技术与应用[M].大连：辽宁师范大学出版社,2022.